商业银行个人金融业务丛书

财富管理

主　编　周载群

副主编　祝树民　岳　毅

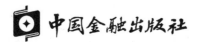

中国金融出版社

责任编辑：赵燕红　张黎黎
责任校对：潘　洁
责任印制：陈晓川

图书在版编目（CIP）数据

财富管理（Caifu Guanli）/周载群主编 . —北京：中国金融出版社，
2012. 12
（商业银行个人金融业务丛书）
ISBN 978 – 7 – 5049 – 6623 – 0

Ⅰ . ①财…　Ⅱ . ①周…　Ⅲ . ①商业银行—银行业务—业务管理—中
国　Ⅳ . ①F832. 33

中国版本图书馆 CIP 数据核字（2012）第 236693 号

出版
发行　中国金融出版社

社址　北京市丰台区益泽路 2 号
市场开发部　（010）63266347，63805472，63439533（传真）
网 上 书 店　http://www. chinafph. com
　　　　　　　（010）63286832，63365686（传真）
读者服务部　（010）66070833，62568380
邮编　100071
经销　新华书店
印刷　保利达印务有限公司
尺寸　169 毫米 ×239 毫米
印张　18. 5
字数　305 千
版次　2012 年 12 月第 1 版
印次　2012 年 12 月第 1 次印刷
定价　38. 00 元
ISBN 978 – 7 – 5049 – 6623 – 0/F. 6183
如出现印装错误本社负责调换　联系电话（010）63263947

商业银行个人金融业务丛书
《财富管理》编审人员

主　　编：周载群

副 主 编：祝树民　岳　毅

编　　委：梅非奇　钟向群　赵　蓉　车　军　王晓明
　　　　　刘旭光　赵春堂　高树钢　胡浩中　何　明
　　　　　姚　华　刘　敏　贺燕军　王运超　朱绩新
　　　　　赵　勇　张　录

执行编辑：郭　炼　付　欣　杨　茜

编写人员：赵建平　邓　璇　王　燕　金若筠　艾　菁
　　　　　刘伊宁　何　颖　严兆军　李淑君　魏　鑫

序　言

改革开放以来，特别是我国加入世界贸易组织以来，我国金融业发生了深刻的变革。这既为我国商业银行提供了良好的发展机遇，也带来了巨大的挑战。当前，个人金融业务已与公司金融业务和金融市场业务并列为商业银行的主要业务，逐渐成为利润增长的主要来源，因而成为竞争的重点领域。市场竞争促进了个人金融业务的转型和发展，产品多元化、业务处理集中化、服务渠道网络化、客户服务个性化和精细化，已经成为商业银行个人金融业务的发展方向。

由商业银行个人金融业务资深专家共同编写的《商业银行个人金融业务丛书》，涵盖了商业银行个人金融业务的五个主要方面，分为渠道管理、个人信贷业务、财富管理、银行卡业务和风险管理五个分册。丛书以先进的经营理念为指导，总结和提炼了个人金融业务的理论和发展规律，注重一般原理与实务操作的结合，并在把握业务发展方向、经营模式创新和管理创新等方面进行了有益的探索，有利于我们深入研究不断变化的客户金融需求，不断推动个人金融产品创新，为客户提供高效优质服务，培养个人金融业务优秀专业人才，提高商业银行的核心竞争力。

我国国民经济和社会发展十二五规划强调要加快转变经济发展方式，着力提高城乡居民收入，建立扩大消费需求的长效机制，进一步释放城乡居民消费潜力，逐步使我国国内市场总体规模位居世界前列，这将进一步促进个人金融业务的发展。商业银行应积极抓住这一重大发展机遇，为国民经济持续健康发展和金融业的成长进步作出贡献。

李礼辉

二〇一二年七月

前　言

　　本书中的"财富管理业务"是一个广义的概念，包括"个人理财业务"和"私人银行业务"等，是所有与个人理财相关业务的统称。

　　财富管理业务是当前中国金融界和居民关注的热点话题。一方面，中国三十多年来的改革开放加速了居民财富积累，中国成为一个快速增长的财富市场。在此背景下，居民对自身财富的保值、增值需求日益强烈，国家对增加居民财产性收入的倡导也推动着这种需求。另一方面，随着中国加入WTO后国内金融市场的开放，中国金融行业要在家门口与国外老牌及新兴金融机构同台竞技，迫使国内商业银行加快经营模式转型与业务创新，开始将触角从传统银行业务延伸到新兴的个人理财业务，巩固和争抢客户，并寻求新的利润增长点。这些无不为中国财富管理业务的发展提供了绝佳的契机与广阔的前景。

　　财富管理业务的兴起对于中国金融行业也是一场深层次的转型与变革。一方面，它标志着商业银行从被动地提供服务向主动适应客户需求转变，另一方面，也标志着商业银行盈利模式从以依靠净息差为主向依靠中间业务收费等多元化利润来源的转型。这对于中国金融行业的发展无疑具有历史意义。

　　财富管理业务在世界范围内的兴起与发展已有半个多世纪的历史，如果追溯到私人银行的起源，更是长达数百年，它早已成为国际领先银行的利润支柱之一。而财富管理业务在中国的实践尚不足十年，仍处于初级阶段，但受益于前述因素，其发展速度令人瞩目。中国市场上的中外资商业银行、投资银行、证券公司、基金公司和保险公司等金融机构纷纷投身于这一战场，理财产品不断推陈出新，种类繁多，令人目不暇接；服务内容从金融领域延伸到非金融领域，为客户生活的各个方面提供便利、创造价值；客户分层和服务越来越精细化和人性化；财富管理业务对银行利润的贡献度也不断提高，并带动了相关传统银行业务的发展。但2007年以来一场突如其来的全球金融危机，为正处于成长初期的国内财富管理业务敲响了警钟。迷你债神话的破灭和大量理财业务出现亏损与纠纷，使得沉醉于飞速增长中的中国金融机构和高度亢奋的国内居民猛然认识到这一业务潜在的复杂性和风险性。已经勇往直前奔跑了近十年的中国财富管理业务，需要静下心来进行一次全面扫描与检讨。

目前，国内从业界到学者已经开始对这一业务的发展规律、组织管理、盈利模式、风险控制、未来趋势等核心问题展开充分探讨。随着理论研究的积累和实践的发展，探索也在不断深入。为便于从业者全面了解财富管理这一全新业务，本书从其发展脉络入手，进而对其发展现状和遇到的问题进行了深入阐述，试图对当前国内的财富管理业务进行一个全面的介绍和剖析，使读者对财富管理业务的历史和发展有直观的了解，也希望对普通居民理解财富管理业务有所裨益。

本书内容共分为四篇。第一篇为基础篇，从宏观角度介绍财富管理业务，分析财富管理市场，并列举了在财富管理业务中广泛应用的经济和金融理论。第二篇和第三篇是具体业务篇，其中第二篇为个人理财业务篇，首先综合介绍个人理财业务，进而从产品、服务、品牌、客户关系、组织管理以及外部监管等角度逐一进行详细的介绍；第三篇为私人银行篇，介绍了私人银行业务的概况和竞争格局，并重点阐述了私人银行业务的特色产品、服务和业务管理模式。第四篇为未来篇，从全球和中国两个视角分别对未来财富管理业务的发展趋势进行了探讨和展望。

由于财富管理业务所涉内容广泛，相关业务发展及市场变化较快，本书所述内容难免有疏漏之处，恳请广大读者指正。

编者
2012 年 7 月

目　　录

第一篇　基础篇

第二篇　个人理财业务篇

第三篇　私人银行篇

第四篇　未来篇

第一篇 基础篇

第一章 导论

随着人民生活水平的提高，财富管理业务或个人理财业务越来越受到重视。财富管理业务和个人理财业务的名称虽然不同，但本质一致。本章将从各个角度对财富管理业务的定义和内涵进行介绍，首先从学术和企业实践两方面总结归纳财富管理业务的定义，然后介绍财富管理思想及相关的业务在中外的发展沿革，最后分析财富管理业务与零售银行业务和投资银行业务之间的关系。

第一节 财富管理业务的定义及特点

一、财富管理业务的定义

"财富管理"一词是从英文 Wealth Management 直译而来的。对其定义和内涵，无论在学术研究还是企业实践中目前都未达成完全共识。

（一）学术界定义

对于"财富管理"的定义，学术界讨论较多。牛津大学出版社出版的《财务和银行词典》（A Dictionary of Finance and Banking）认为个人理财策划是以当前的财务状况为依据，预测短期和长期的财务需求而制定的一套理财策略，包括财务管理、储蓄计划、投资计划、住房计划、子女教育计划、抵押计划、人寿保险计划、遗产计划和税务计划等。David Maude（2007）认为，财富管理可以基本定义为向富裕客户而且主要是个人及其家人提供的金融服务。施峥嵘（2007）认为，财富管理是在全面评估特定的高端私人客户各方面财务需求的基础上，提供有关现金、信托、保险、投资组合等相关管理及系列金融服务的综合过程，其整合了私人银行、资产管理与证券经纪等业务，具有服务长期性、对象特定性、服务个性化、同时提供产品和服务四个特征。张立军和张春子（2007）则认为，财富管理是银行通过一系列财务规划程序，对个人或企业法人不同形式的财富进行科学化管理的过程。其中，以个人高端客户为对象的财富管理是银行竞争的焦点。美林个人客户集团的 Robert J. McCann 在一个学术会议上对"财富管理"的定义为：（财富管理业务）通过顾问和高度个性化的方式涉足客户金融事务的方方面面，收集客户的各类信息，包括财务和个人生活方面，使用所有的产品、服务及策略为客户设计好一套量身定制符合客户实际需要的解决方案①。连建辉和孙焕民（2006）认为，财富管理是通过专业化的团队向客户提供系列化的顾问式服务，帮助客户制定一系列的解决方案，从而使客户实现个人理财目标。

国际金融理财师标准委员会（CFP Board of Standards）认为，个人理财是指由理财师通过收集整理客户的收入、资产、负债等数据，倾听顾客的希望、要求、目标等，为顾客制订投资组合、储蓄计划、保险投资对策、财产继承及经营策略等财务设计方案，并帮助客户实施的过程。而现代国际金融理财标准（上海）有限公司（FPSB China，中国 CFP 的认证组织，国际金融理财标准委员会会员组织）将个人理财称为金融理财，认为个人理财是一种综合金融服务，是指专业理财人士收集客户家庭状况、财务状况和生涯目标等资料，明确客户的理财目标和风险属性，分析和评估客户的财务状况，为客户量身定制合适的理财方案并及时执行、监控和调整，最终满足客户人生不同阶段的财务需求，使其最终实现在财务上的自由、自在和自主。并且该公司强调：金融理财是综合型的金融服务，而不是金融产品的推销；是由专业理财人士提供的金融服务，而不是销售人员的简单推介；是针对客户一生的长期规划，而不是针对客户某个阶段的规划；是一个过程，而不是一个产品。

中国银行业监督管理委员会 2005 年颁布的《商业银行个人理财业务管理暂行办法》对个人理财业务的定义为："商业银行为个人客户提供的财务分析、财务规划、投资顾问、资产管理等专业化服务活动。"商业银行个人理财业务按照管理运作方式的不同，分为理财顾问服务和综合理财服务。"理财顾问服务，是指商业银行向客户提供的财务分析与规划、投资建议、个人投资产品推介等专业化服务。"客户根据银行提供的理财顾问建议来管理和运用资金，承担由此产生的收益和风险。通俗来讲，理财顾问服务没有涉及客户资金运用，仅是提供顾问服务。"综合理财服务，是指商业银行在向客户提供理财顾问服务的基础上，接受客户的委托和授权，按照与客户事先约定的投资计划和方式进行投资和资产管理的业务活动。"综合理财服务按照服务对象的不同，可以分为向特定客户提供的私人银行服务和向特定目标客户群提供的理财计划服务。

---

① 戴维·莫德：《全球私人银行业务管理》，刘立达译，北京，经济科学出版社，2007。

由上述定义不难发现，虽然不同学者和组织使用的概念不同（"财富管理"或"个人理财"），但其内涵基本相同，均包括以下四个要素：

（1）对象（Who）：富裕的个人客户或家庭。

（2）途径（How）：收集客户资料，结合市场特点进行投资和资产管理。

（3）内容（What）：一系列产品和理财顾问服务组成的整体解决方案。

（4）目的（Why）：客户个人资产的保值和增值。

（二）企业实践的定义

而在企业实践中，为了更好地开展业务，金融机构特别是商业银行一般根据客户金融资产数量对客户进行市场细分，进而定义专门服务于该群客户的业务。有些机构将客户分为三个细分市场，如中国银行建立的个人财富管理三级体系，将金融资产在20万～200万元的客户称为中银理财客户，将金融资产在200万～800万元的客户称为财富管理客户，将金融资产在800万元以上的客户称为私人银行客户。中国工商银行、中国建设银行、招商银行、民生银行、渣打银行等银行也采取相似的客户细分方法，只是细分客户的金融资产标准不同。同时，还有一些银行只是将客户分为两个细分市场。如中信银行将金融资产在50万～800万元的客户称为中信贵宾理财客户，而将金融资产在800万元以上的客户称为私人银行客户；汇丰银行将金融资产在50万～700万元的客户称为卓越理财客户，而将金融资产在700万元以上的客户称为私人银行客户。类似的银行还有光大银行、上海银行等。图1－1总结了目前中国市场上主要银行财富管理业务的分层标准。

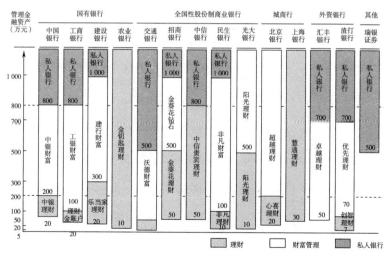

图1－1　中国主要银行财富管理业务分层标准

对各主要银行的调查发现，在金融机构实际业务开展中，"财富管理"服务一般是指服务于资产金额在100万~800万元的客户（不同金融机构确定的具体金额可能不尽相同，但类似），介于"贵宾理财"和"私人银行"之间，是一个狭义的"财富管理"概念，与学术研究中广义的"财富管理"概念不尽相同。

（三）本书的定义

综合学术研究和企业实践业务开展的情况，本书采用广义的概念定义财富管理业务，即：财富管理业务是指金融机构根据个人客户或家庭的信息及相应需求提供的包括产品和顾问服务的整体解决方案，它以达到客户个人资产保值和增值为目标，是所有与个人理财相关业务的统称。因为本书主要讲述财富管理业务在商业银行的发展，所以如果后文没有特殊说明，本书的财富管理业务是指商业银行开展的财富管理业务。

在实际业务开展中，根据所管理的客户金融资产规模的不同，财富管理业务又可细分为个人理财业务和私人银行业务。个人理财业务是指服务于金融资产在20万~800万元客户的业务，私人银行业务是指服务于金融资产在800万元以上客户的业务。个人理财业务又可分为贵宾理财服务和财富管理服务。贵宾理财服务是指服务于金融资产在20万~100万元的客户，而财富管理服务是指服务于金融资产在100万~800万元的客户。特别需要区分财富管理业务和财富管理服务两个名词：财富管理业务是广义概念，是指整个业务，而财富管理服务是狭义概念，是指服务于100万~800万元的业务。不同名词间的关系见图1-2。

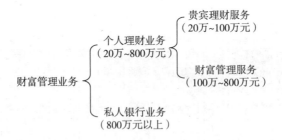

图1-2 不同名词间的关系

二、财富管理业务的分类

依照不同的分类标准，财富管理业务可以划分为不同的类型。常见的划分标准有以下几种：

（一）客户资产规模

为便于向客户提供分层化的服务，财富管理业务根据客户资产规模的不同可以划分为不同等级，由低到高依次为贵宾理财服务、财富管理服务、私人银行业务等。资产规模越大，客户享受到的理财服务等级越高，其专属性和私密性越强，服务内容越全面。

（二）理财服务涉及的领域

根据服务内容，财富管理业务主要可以划分为生活理财和投资理财。生活理财与客户的生涯周期相关，是指金融理财专业人士帮助客户设计与其整个生命的生涯事件相关的财务计划，包括职业选择、教育、购房、保险、医疗、养老、遗产、事业继承以及各种税收等，以实现客户人生各阶段的生活和家庭保障以及财务自由为目的；投资理财主要与客户的资产配置和投资相关，是指在客户基本生活目标得到满足的基础上，金融理财专业人士帮助客户将资金投资于各种投资工具，以资产的保值和增值为目的，在保证客户资产安全性和流动性的前提下，实现投资的最优回报。常用的投资工具包括股票、债券、金融衍生工具、黄金、外汇、不动产以及艺术品等。

（三）服务内容

根据 2005 年中国银行业监督管理委员会颁布的《商业银行个人理财业务管理暂行办法》，商业银行个人理财业务按照管理运作方式的不同，分为理财顾问服务和综合理财服务。

1. 理财顾问服务

它是指商业银行向客户提供的财务分析与规划、投资建议、个人投资产品推介等专业化服务。在理财顾问服务过程中，客户根据商业银行提供的理财顾问服务管理和运用资金，由此产生的收益和风险均由客户承担。

2. 综合理财服务

它是指商业银行在向客户提供理财顾问服务的基础上，接受客户的委托和授权，按照与客户事先约定的投资计划和方式进行投资和资产管理的业务活动。在综合理财服务活动中，客户授权银行代表客户按照合同约定的投资方向和方式，进行投资和资产管理，投资收益与风险由客户或客户与银行按照约定的方式承担。

综合理财服务比单纯的理财顾问服务更强调个性化和定制化，最高层级的综合理财服务为私人银行业务，它在为客户提供投资理财产品之外，还包括替客户进行个人理财，利用信托、保险、基金等多种金融工具来实现客户资产的保值和增值目标，此外还包括与个人理财相关的一系列法律、财务、税务、财产继承、子女教育等专业顾问服务。

三、财富管理业务的主要特点

（一）客户高端性

财富管理业务的对象就是富裕阶层，这是它与一般消费金融的较大差别。传统的个人金融主要是银行面向一般消费者提供的存贷款、信托、保险、投资等金融产品和服务。财富管理业务则主要面向高端客户，通过对财富的科学化管理实现银行和客户财富市场价值最大化。

（二）关系长期性

财富管理业务需要金融机构和客户建立长期关系，为客户提供终身的财富管理规划，而不仅仅是建立一个时点或一个时期的关系。所以金融机构需要综合考虑客户在整个生命周期内的特点，结合客户个人及家庭的财务状况，建立持久性关系，真正达到双赢局面。

（三）内容综合性

财富管理业务的内容非常丰富，不仅包括理财产品、保险、信托、金融衍生品等金融类产品，还包括投资咨询、税务规划、遗产法律合同等金融类服务。财富管理业务是为客户提供包括产品和服务的一个整体解决方案。

（四）方案定制性

为了满足客户个性化需求，由专业的、相对固定的专业人员根据客户需求量身定制专门的财富管理方案。整个方案根据客户的需求，配置相关的产品、法律合同、税务规划等，以达到客户期望的目标。

（五）收益稳定性

财富管理业务以帮助客户的资产保值和增值为主要目的，根据客户风险承受能力帮助客户管理财富，力图为客户带来长期稳定的收益。

第二节　财富管理思想的发展沿革

一、中国古代财富管理思想

（一）管理国家财富

管理财富的思想中国古人即有之。理财一词，在中国最早可以追溯到

《易传系辞下》："理财正辞，禁民为非曰义。"《大学》论述治国平天下时指出"生财有大道，生之者众，食之者寡，为之者疾，用之者舒"。"生财有大道"成为中国几千年来财富观的缘起。中国古代的财富管理主要是指对国家财富的管理，如《史记》中提倡"上则富国，下则富家"。

（二）管理个人财富

随着经济的发展，个人财富管理的思想也逐步出现。白圭是战国时期一位著名的经济谋略家和理财家，他提出了一套理财的原则，即"治生之术"，其基本原则是"乐观时变"。他根据丰收、歉收的具体情况来实行"人弃我取，人取我与"，通过低进高出牟利；他还强调理财要有丰富的知识，同时具备"智"、"勇"、"仁"、"强"的素质，既要有姜子牙的谋略，又要有孙子用兵的韬略，否则就难有成就。中国古代理财思想臻于成熟，司马迁的《史记》是中国古代理财思想成熟的标志，其中的《货殖列传》讲述了理财动因、理财起点、理财手段和方法等。

司马迁把人们的理财活动与人的思想道德相联系，认为逐利行为不但无可厚非，还能带来社会道德水准的提高。他引用"仓廪实则知礼节，衣食足则知荣辱"的古训，并说到"渊深而鱼生之，山深而兽往之，人富而仁义附焉"，"君子富，好行其德"，指出只有物质财富充裕才能达到高水平的行为道德标准。他还对理财的层次做了划分："今治生不待危身取给，则贤人勉焉。是故本富为上，末富次之，奸富最下。"即只要不是非法的行为和手段，只要不危及生命，都是可以鼓励的做法。

司马迁还讲到了具体的理财手段和方法。他指出："贫富之道，莫之夺予，而巧者有余，拙者不足"，即致富要通过正当的渠道，不能通过武力抢夺；"由是观之，富无经业，则货无常主，能者辐辏，不肖者瓦解"，即致富是没有固定的职业和手段的；"人各任其能，竭其力，以得其欲"，"各劝其业，乐其事"，即只要付出智慧与辛劳，不管什么职业都可以致富；"与时俯仰，获其赢利，以末致财，用本守之，以武一切，用文持之，变化有概，故足术也"，即要时刻注意商业的行情涨落，根据市场供求变化取得利润。

（三）财富管理原则

在财富管理原则上，中国古代主张"量入为出"。如《周礼》中就体现了量入为出、略有储备的思想。明代的邱浚十分推崇《礼记·王制》所说的预算度，并提出"量入为出"的原则。中国的传统蒙学和家训告诫人们"积厚不如薄取，滥求不如减用"，其重视的是节流。古语"积谷防饥，养儿防老"、"聚天下之人,人可以无财;理天下之财,不可以无义"都体现了管理个人及家庭财富的思想。

二、中国当代财富管理思想的发展

对绝大部分中国人而言,一直到20世纪90年代之前仍然没有财富管理的概念。这主要是因为计划经济时代,绝大多数人处于平均化低收入状态,而市场上除了存款和国债以外,几乎没有其他的投资理财产品。从20世纪90年代开始,商业银行的个人财富管理理念与业务逐步被引入中国,商业银行也开始为客户提供咨询建议、代收代付等简单的理财服务。

从2000年起,随着我国经济的快速发展、人们生活水平的提高,人们手中的余钱不断增多,人们逐渐意识到理财的重要性,逐步建立了"资产保值、增值"的财富管理观念。商业银行发现客户需求的变化,顺应时代地推出了一系列的理财服务,包括理财产品、外汇、黄金、基金等财富管理类产品,以及投资顾问、投资理财管理、金融资讯等财富管理类服务。

三、西方财富管理思想的发展

(一) 中世纪前的财富管理思想

在欧洲,经济学最早以家庭财产管理为对象。在西方传统文化中基督教文明对西方社会产生了深远的影响,对西方社会理财思想的形成和发展也具有重要的意义。《圣经》中写到:"智能人家中积蓄宝物膏油,愚昧人随得来随吞下","不劳而得之财,必然消耗;勤劳积蓄的,必加增","诚实人必多得福,想要急速发财的不免受罚"。在具有时代意义的古希腊和古罗马文明中,主要的致富手段是通过远洋贸易积聚财富,它充分体现了西方人积极而勇于冒险的精神。

(二) 现代财富管理思想的发展

16世纪初,宗教改革兴起,进一步肯定和宣扬了个人的权利和精神自由,对传统的基督教造成了极大的冲击。新教在西欧、北欧等工商业较为发达的地区传播,给资本主义新的生产方式提供了文化上的支持。18世纪末,西方国家进入工业革命时代,技术的创新、科学的进步、机械化的发展都极大地提高了西方社会的生产力。在工业化时代,投资者具有强烈的投资欲望,但整个社会的风险控制水平不高,造成部分投资人损失惨重,投资者开始意识到个人投资的局限性。在这时,大规模的委托理财开始出现,现代理财思想开始萌芽。

财富管理思想的发展直接推动了财富管理业务的发展，不同的思想也推动了两种业务模式的发展：一是起源于 16 世纪欧洲的私人银行业务模式，二是起源于 20 世纪美国的大众个人理财业务模式。

1. 私人银行业务的发展

在 16 世纪中期，法国一些经商的富裕家庭由于宗教信仰原因被驱逐出境，这些商人来到瑞士日内瓦，也同时带来了与其他欧洲国家权势阶级的密切联系和客户关系，正是这些遭受放逐的精神贵族形成了第一代瑞士私人银行家。欧洲的皇室高官们迅速利用这种新生的银行服务，享受这种服务所能给予的与众不同的高度自由。18 世纪，受惠于工业革命的影响，伦敦成为世界贸易与个人财富的中心，于是，伦敦的银行开始向富裕家族提供财富管理的特殊服务。19 世纪，随着美国经济的快速发展，美国逐渐成为世界经济的中心，也出现了大量富裕人士，花旗银行和 JP 摩根银行适时地推出私人银行服务。从那时起，私人银行由为极少数皇室和极富裕家族提供服务扩展到为高净值客户提供更多的服务。

2. 个人理财业务的发展

个人理财业务萌芽于美国 20 世纪 30 年代的保险业。20 世纪 30 年代，尤其是 1929 年 10 月美国股市暴跌后，从破产危机中清醒过来的人们逐渐萌生了对个人生活综合设计和资产运用规划的需求。保险的"社会稳定器"功能使得保险公司的地位空前提高。在这种背景下，一些保险推销员在推销保险商品的同时，也提供一些生活规划和资产运用的咨询服务。这些保险营销员就是理财规划师的前身。

财富管理业务的真正发展还是在 20 世纪 60 年代末期，马柯维茨资本市场理论和夏普的资本资产定价模型被提出之后，投资才成为一门科学，建立在金融理论、社会学和投资方法等基础学科之上的理财也逐步走向正规。20 世纪 70—80 年代，由于石油危机、美元危机的影响，个人金融资产膨胀，金融自由化浪潮兴起，个人财产管理观念、金融工具运用的时代背景发生了重大变化。这一方面使传统的理财手段难以适应需要，另一方面也促使人们对理财的需求急剧增加。作为社会变革和金融自由化改革所带来的一个结果，金融商品迅速增加，金融风险加大，个人已经无力自行解决自己的理财问题，人们迫切需要专业机构提供专业服务，这样就推动了财富管理行业的空前发展，同时理财的内容也从传统的保险、投资增加了养老、避险和避税等内容。20 世纪 80 年代是美国的大变革时期，里根领导下的美国经过十年的努力，重新确立了经济上的主导地位。而科学理财也跟随着美国的发展，最终走向了全世界。

第三节 财富管理业务与零售银行、投资银行业务的关系

一、财富管理业务与零售银行业务间的区别

一般商业银行业务包括零售银行业务和财富管理业务，零售银行业务是财富管理业务的基础。但两种业务各有不同，在以下方面存在差异：

（一）服务对象不同

零售银行业务针对所有客户，对客户资产没有特殊要求。而财富管理业务只针对部分客户，即富裕人群，用客户已拥有资产和未来收入作为衡量客户是否可以享受财富管理业务的标准。

（二）服务内容不同

零售银行业务涉及的服务内容广泛，几乎包括银行资产业务、负债业务、中间业务等所有业务，强调业务内容的广泛性。而财富管理业务是在零售银行业务基础上发展起来的，专门为满足客户需求而提供包括产品和服务在内的整体理财解决方案，涉及保险、税收、法律、投资管理等方方面面内容，更强调业务内容的专业性。

（三）技术需求不同

零售银行业务主要注重业务的中台和后台的监督、清算、分析等。而财富管理业务除了这些技术需求，还需要：（1）收集客户个人及家庭信息，以及其资产及收入情况、理财需求、风险承受能力等；（2）为理财经理提供相应的客户关系管理系统，用于管理客户资料，记录并提醒联系、拜访客户情况，评价客户经理服务等。因此财富管理业务对信息收集和管理的技术需求更高些。

（四）人员素质不同

从事零售银行业务的人员需要对业务操作熟练，对其的素质要求强调业务掌握情况的"广"。而财富管理业务的从业人员不仅需要掌握零售银行业务的操作，还需要对宏观经济形势、金融市场变化、政策监管新规等各个方

面都比较熟悉。对其的素质要求强调对整个经济金融形势的理解把握的"专"，因此对财富管理业务的从业人员综合素质要求也就更高。

二、财富管理业务与投资银行业务间的协同

（一）协同发展

随着金融市场的发展和高端客户的成熟，财富管理业务特别是最高端的私人银行业务，与投资银行业务的协同日益重要，这种协同关系对产品开发和销售具有双重意义。

理论上，金融服务业价值链在纵向上大致分为产品生产、分销与咨询三大功能，随着金融资产和投资需求的多样化、复杂化，咨询的重要性不断提升，并上升到与生产和分销具有同等重要性甚至超过的地位。一般而言，私人银行咨询深度非常高，其商业模式属于咨询驱动模式。投资银行和证券经纪商的产品相当宽泛，其商业模式属于产品驱动模式。在过去几年中，私人银行业呈现一种明显的变化趋势：从提供纯粹的私人银行产品转为提供结合私人银行、投资银行技能的综合性解决方案。几乎所有的私人银行都努力增加获得资本市场产品的通道，增强产品供给能力，花旗银行、瑞银集团、瑞士信贷集团、德意志银行等将其私人银行与投资银行部门紧密地结合，借助自身的大投资银行优势加快私人银行业务发展，从而形成了一种集私人银行精深咨询和投资银行产品技能于一体的财富管理融合模式。一些机构甚至将私人银行与投资银行合为一个事业部，实行统一管理。例如，2006年巴克莱银行将内部组织结构重组为两大事业部：全球零售和商业银行、投资银行和投资管理。后者由巴克莱财富、巴克莱资本和巴克莱全球投资者组成，巴克莱财富下有私人银行、资产管理、离岸银行、证券经纪、财富结构化和财务规划等业务单元。据高盛公司估计，在瑞士银行的投资银行证券业务收入中，有15%来自其私人银行业务。与那些没有强大私人银行部门的竞争对手相比，瑞士银行能为机构客户提供更为全面的服务，这也使瑞士银行在机构证券业务中赢得了更多的市场份额。拥有大量稳定的财富管理业务收入，也提高了投资银行在交易业务中的抗风险能力，使综合性投资银行的利润波动性变得更低。

（二）融合原因

徐为山和赵胜来（2007）认为，私人银行和投资银行的融合基于以下三个原因：

财富管理

1. 客户需求多样化和高级化

私人银行与投资银行的融合模式首先归因于客户的需求推动。早期的私人银行规模小，极度依赖于关系，财富主要来自遗产赠与，产品多是遗产或财富转移计划，资产配置多以股权和债券投资为主。20 世纪 90 年代以来，全球范围内财富创造和转移活动蓬勃发展，客户对价格要求更灵活，对传统私人银行的关系依赖和保密性要求降低，对产品和服务具有全球性的需求并注重银行的业绩表现，且寻求有影响力的平台和定制化方案的结合，这在根本上颠覆了传统的财富管理。表 1 - 1 列出了客户对财富管理需求的变化：配置于非传统投资和缺乏流动性的资产增加，财富管理由围绕可投资资产的服务转向集中于客户总财富（包括全部资产和负债类别）的综合管理，由主要提供财富"看门人"服务转型为提供解决方案和为客户创造价值服务，由提供地方市场知识和技能升级为提供全方位的国际私人银行服务。

表 1 - 1 客户对财富管理需求的变化

内容	20 世纪 80 年代	20 世纪 90 年代	21 世纪
咨询内容	投资建议	财务规划	资产和负债的综合管理
主要产品	经纪和委托	结构化产品	定制化个人解决方案
服务要求	可靠保密	国际送达	全球化服务

资料来源：徐为山、赵胜来：《私人银行与投资银行的协同：一种财富管理融合模式》，载《新金融》，2007（10）。

2. 增加客户钱包份额

私人银行借助投资银行业务，能够开展基于客户关系管理分析的交叉销售活动，拓宽和深化与现有客户的关系，增加客户钱包份额，从而增加营业收入和利润。例如，根据加拿大皇家银行测算，不增加新客户仅通过提升现有客户关系，其全球私人银行部门利润可增加一倍。私人银行业务愿意增加钱包份额的原因有两个：一是由于并购成本所带来的收益增长较少，增加钱包份额成为新资产、营业收入和利润增加的极好来源；二是较高的钱包份额能导致更高的客户满意度和更高的忠诚度，或者至少加大了客户转换成本，其他新进入者难以渗透介入。私人银行业务关系具有强烈的信托特点，银行能够获得详尽的客户信息，辅以先进的客户关系管理系统，交叉销售各种投资银行、资本市场产品和服务，增加现有客户的钱包份额。比如，花旗集团将其私人银行看成是高净值客户获取花旗集团全部资源的一个通道或门户，客户可以选购包括私人银行业务在内的综合性投资和银行服务。再如，欧洲富通集团的私人银行客户可以获得投资银行部门的私人股权投资产品和服务，以及资本市场部门的外汇交易和汇率、结构化信贷、权益、能源和大宗商品等产品与服务。

当然，互补的产品和服务有助于增加客户满意度，减少客户流失。大银行拥有最佳的投资管理技术，可以为客户提供特殊产品，客户可以利用其关系和规模获得普通投资者难以获得的资产投资机会。

3. 交叉引荐新客户

获取新客户对私人银行客户的增长管理非常重要。私人银行的传统服务对象主要是继承了丰厚遗产的高净值个人和家庭，近二十年来，客户类型发生了重大变化。新客户包括企业主、中产阶级、专业技术人员和管理人员、文艺界人士、专业运动员、中介机构和外部资产管理公司客户等。特别是企业主成为新财富的创造者，他们在全球创业活动中通过出售企业或上市套现，获得了高回报，积累了大量个人财富。他们往往将财富交由与投资银行关系密切的私人银行管理，也愿意投资于非传统的投资产品。对大型银行集团而言，通过投资银行与正在出售其企业或上市套现的企业主建立关系，在投资银行承销股票后，银行集团中的私人银行部门也会接触到大量富有的新客户。这意味着，在投资银行方面具有专长的全球性银行可以超越传统的私人银行，更紧密地联系私人银行与投资银行，为上述财富新贵提供服务，创造更多的增长机会。

第二章 财富管理行业分析

本章首先从全球、亚太地区和中国的角度分析财富管理行业的发展现状；然后从中国商业银行的角度分析目前财富管理行业的各个参与者，包括客户、竞争者、合作者和监管机构；最后对中国商业银行开展财富管理业务作 SWOT 分析，探索其发展机会。

第一节 财富管理行业的现状

一、全球市场的巨大机遇

全球的富裕阶层快速增长是由国内实际生产总值与资本市场的持续增长所驱动的。波士顿咨询公司（BCG）2011 年研究报告称，2010 年全球财富总额达 121.8 万亿美元，较 2008 年增长近 20 万亿美元。截至 2009 年末，全球拥有 100 万美元以上金融资产的家庭达 11 120 万户，较 2008 年增加约 14%，这些家庭占全部家庭总数的比例不足 1%，但却掌握了全部个人财富的约 38%，达 41.9 万亿美元。迄今为止，美国是拥有百万美元资产家庭最多的国家，其次依次是日本、中国、英国和德国。然而，一些较小市场仍是百万美元资产家庭最集中的地区。在新加坡和中国香港，百万美元资产家庭占比分别为 11.4% 和 8.8%。瑞士仍是欧洲百万美元资产家庭最密集的国家，全球排名第三，占比为 8.4%。百万富翁最密集的六个地区有三个在中东，它们分别是科威特、卡塔尔和阿联酋。尽管美国拥有的百万美元资产家庭最多，但其百万美元资产家庭密集度仅排全球第七，占比为 4.1%。

新兴市场显示了其资本市场的强大优势并帮助拉丁美洲、东欧和亚太等地区创造财富。韩国、印度、俄罗斯和南非富裕人数增长的幅度最高。财富的高增长使富裕人士对资产配置策略更具信心。尽管资产配置合理一致，但仍伴随着地区性差异。对私人股本的投资突然上升。对冲基金受欢迎程度下滑。富裕人士纷纷将基金从北美地区转移到亚太地区以期更高回报。

　　富裕人士投资行为和资产组合正逐渐全球化，财富转移速度加快。金融经济与文化艺术的衔接仍是全球财富管理的主题。富裕人士的投资及生活方式更具国际化。财富转移加速了新型服务战略的发展趋势，服务战略由公共关系经理人和财富管理提供者提供。关注更高回报、加强财富流通、淡化财富保值、敢于接受更多风险是近年来的主要趋势。

　　全球化带来的机遇增加了富裕人士的需求。富裕人士期望得到简明有效的财富报告，希望得到有针对性的资产组合战略建议和全方位的财富管理服务。因此，在世界各地建立财富管理战略专家团队，有助于满足富裕人士对于获取国际市场和其他金融投资热点信息的愿望。

二、亚太地区的财富管理现状

　　亚洲富人对财富管理有不同的看法。他们首要的目标是资本保值。他们主要通过在离岸地区持有房地产或现金等来对冲本国货币的汇率风险。随着经济的发展，富裕的亚洲人正在增强抗风险的能力，寻找各种投资机会。他们在财富管理和选择投资工具方面的意识还不是很强，这主要也是由于投资时可以选择的产品和服务有限。这给金融机构提供了机会。

表 2 - 1　　　　　　　　　亚洲富人对财富管理的偏好和需求

发达经济体	澳大利亚	综合性财富管理 财富倾向于留在本土 在股票、基金和选择性投资方面更有兴趣
	中国香港	对高收益投资很有兴趣 易于接受尊贵的全球服务 使用高科技工具敏锐关注实时信息
	日本	倾向于自我管理投资组合 财富上高度敏感地保持低调的文化 对选择性投资的兴趣越来越浓
	新加坡	强烈的国际品牌意识 依赖于较为随意的组合管理服务 使用高科技工具敏锐关注实时信息
	韩国	安全性要求高 偏重于投资大量安全的蓝筹股 喜欢客户经理的服务

续表

	中国	对私密性和安全性要求高 信赖有声誉的外资机构 对资本增值越来越关注
新兴经济体	印度	尽可能制订避税计划 喜欢把钱存在国外 对私密性要求高
	印度尼西亚	偏向于将钱存在国外 喜欢用外币（如美元）作为现金的保留形式 对私密性和安全性要求高
	马来西亚	倾向于把钱存在国外 喜欢用外币（如美元）作为现金的保留形式 对私密性和安全性要求高

资料来源：史蒂文·M. 巴特斯：《亚太地区财富管理机遇来临》，2007。

三、中国发展现状

中国财富市场经历了飞速的发展。根据波士顿咨询公司（BCG）2010年报告，2004—2009 年，全国中高端家庭数量的年复合增长率达到 22.4%，而中高端家庭总财富的年复合增长率更是达到了 30% 左右，至 2009 年末，中国财富总额达到 5.4 万亿美元，家庭金融资产达到 100 万美元的中高端家庭数量已达到 67 万户，较 2008 年增长了 60%，位列全球第三，仅次于美国和日本（见图 2－1）。这种快速增长势头在未来还将继续。

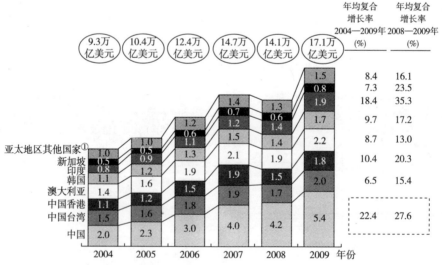

注：①亚太地区其他国家包括印度尼西亚、泰国、马来西亚、新西兰、菲律宾和巴基斯坦。
资料来源：2010 年 BCG 全球财富管理市场规模数据库。

图 2－1　部分地区中高端家庭金融资产总额

第二节　财富管理行业参与者分析

一、客户

表面看财富管理服务的对象是同一类细分客户。但各家金融机构对客户的总体需求或是某一种需求都有不同的理解。客户本身就是立体的，客户需求是多方面的，对客户需求的理解不仅决定了提供服务和产品的类型，还决定了运营及销售模式。

德意志银行财富管理的客户主要有三大类：第一类是高净值资产客户，即我们所说的"富豪"，包括创业家、家族企业、财产继承者、私营业主和富豪家庭；第二类是专门的机构客户，主要包括遗产管理机构、管理某个富豪的家庭办公室和教堂；第三类是一些中介机构，包括独立的理财顾问、律师和税收咨询师等。

在中国，成功地投资于房地产、制造业、信息科技等领域的企业家毫无疑问是财富管理的目标客户，但这些人群只是当代中国富豪的一部分。外企公司的"打工皇帝"、资深的职业名士或零售店的业主也可能属于富豪，而且这类人群占比呈现出上升的趋势。中国的富豪普遍风险偏好较高，对投资过程的参与度较高。这一点与他们成长的背景紧密相关。与欧美地区的财富组成相比较，中国富豪继承的财产占比不大。中国的富豪大多是新富豪，这些人中相当一批是与时代同发展的精英，说他们是"企业家"不如说他们是"投资银行家"更为准确些。他们已经习惯在不同实体项目中进入退出。一方面，这会造成新富豪的高淘汰率，如福布斯公布的"2003年中国富豪榜"中有40个富豪在一年内出现被取代、破产、入狱甚至失去性命的情况；另一方面，这也造就了这些新富豪很强的风险偏好及承受能力。同时，由于过去多年较好的项目回报率，他们有参与投资的强烈意愿。通常他们对资金短期、中期收益率的要求也相当高。他们对中国的财富管理行业提出了不小的挑战。

二、竞争者

中国财富管理行业是非常有潜力的行业，所以商业银行、信托公司、证券公司、基金公司、专业服务公司等各家金融机构都积极参与，相互渗透，共同竞争。财富管理业务已成为典型的交叉性金融服务。

（一）证券公司

证券公司的财富管理业务称为客户资产管理业务。证券公司借助自身的研究和经纪能力、投资银行客户关系以及证券公司在申请执照方面的潜在可能，建立以投资为主的财富管理业务，往往向客户承诺较高的保底收益。为达到较高收益，很多证券公司将客户资产投入股市进行操作。

（二）信托公司

信托公司从事的财富管理业务主要是资金集合信托业务。信托公司的资金集合信托业务包括投资于股票、债券及基金的证券类信托业务，投资于不同行业的产业类信托业务、投资于基础设施的信托业务和房地产信托业务等。其中房地产信托业务发展迅速。此外，在大型国有企业改制、不良资产证券化中也都有信托公司的积极参与。由于对集合资金信托业务有每份信托计划不低于5万元人民币、信托计划最多200份的限制，与商业银行和证券公司相比，集合资金信托业务在财富管理市场竞争中处于劣势。

（三）基金公司

基金公司作为目前国内最大的机构投资者，已经形成了较大业务规模和较为完整和成熟的理财产品群，如各种投资风格的股票基金、债券基金、货币市场基金、保本基金等类型。这些基金能够投资于除期货、外汇之外的大部分国内金融产品，最大限度地满足不同类型客户的需求。此外，由于基金行业的立法同步于行业的发展，因此基金运作透明度高，市场形象较好。基金公司开展财富管理业务也存在一些问题：第一，管理费率太高。目前股票型基金年托管费率约为1.5%，这个比例相当于一年期存款利率（税后）的80%，是国内金融机构财富管理业务中最高的费率标准。第二，国内还没有专业的、规模化的基金销售公司，基金的销售目前越来越依赖于证券公司和商业银行。如果这些金融机构推出自己的理财产品，基金的销售可能会受到相当大的影响。

（四）保险公司

保险公司具有理财性质的业务是人身保险业务中的投资连结保险和万能保险。很多投保人买这两类保险的目的已经由获取稳定保障变成了期望获得投资回报。投资连结保险的投资风险完全由投保人承担，因此，当资本市场收益低迷时，一些经济实力一般、风险承受能力不强的投保人，发现投资环境恶化、投资账户价值缩水时，就纷纷向保险公司退保，产生了大面积的退保现象。万能保险则通常对投资账户的资金提供保底收益率，因而其销售较为稳定。受投资渠道的限制，保险业近几年总体投资收益偏低，加之投资连结保险和万能保险收费相对较高，这两类保险一直在保险市场中所占比重不大。

（五）第三方理财公司

第三方理财公司是指那些独立的中介理财机构，它们不代表银行、保险等金融机构，它们独立地分析客户的财务状况和理财需求，判断所需的投资工具，提供综合性的理财规划服务。与传统模式下的金融理财服务相比，第三方理财机构目前在国内提供的服务大致有四种：专业理财规划建议与咨询、会员制服务、代销产品服务和委托理财服务。目前中国以"理财公司"、"投资咨询公司"等名字成立的第三方理财公司达上万家。在发达国家和地区，第三方理财方式其实占据着主流位置，第三方理财在美国拥有60%的市场份额，在澳大利亚也拥有超过50%的市场份额，在中国香港拥有30%的市场份额。而中国内地的第三方理财只拥有1%的市场份额。

第三方理财服务基于中立的立场，服务涉及范围广泛，根据客户个性化、多元化和长期的理财需求，判断所需要的金融理财工具，追求不同资产组合产生的专业价值。第三方理财业务涉及的金融理财工具来自现有不同金融机构甚至是其他增值服务提供商。其运作模式很简单：客户首先选择和聘用独立理财顾问，在理财顾问的协助下，先分析自身的财务状况，进而测试风险承受能力，在设定理财的目标后，选择不同的理财组合和投资工具，实现理财目标。第三方理财机构提供更多的是与财富管理相关的各类咨询服务。以国外成熟市场为例，很多第三方理财机构都是依托一个大的机构或者平台，为其客户提供相关咨询。

第三方理财收取的费用，主要来自所提供的理财规划的咨询费或者提供的其他一系列理财的服务费。美国第三方理财公司10%的收入来源是财务规划和咨询，90%的收入来源是管理资产组合收费。理财规划服务收费，按计费小时、项目固定费率或年度固定顾问费收取；客户管理资产组合收费，通常收取管理资产总额0.5%～2%的费用。美国第三方理财公司过去几年里的理财业务年平均利润率达35%，年平均盈利增长12%～15%。不过目前来看，国内的很多第三方理财公司，除了提供上述服务外，还在从事"销售商"和委托理财业务。据业内人士介绍，第三方理财公司在美国的收费模式主要有两种，简单来说，即向机构收费和向客户收费两种。有些公司采用两端收费模式，有的则采取单向收费模式。而在中国近万家的第三方理财公司收费模式呈现多样化的特点。

三、合作者

在财富管理业务中，商业银行也需要与其他外部机构相互合作，以更好地利用外部机构的专业优势，为客户提供更优质的服务。合作的内容主要体现在：

（一）多元产品

客户的需求是多样化的，而商业银行自身产品研发能力有限；同时商业银行作为一个重要的销售渠道，通过代理其他机构的产品销售也能增加自身的收益。所以从满足客户多样化的需求和提高自身收益两方面考虑，一般商业银行的财富管理业务会销售其他外部机构有特色的产品。这类合作者主要包括信托公司、基金公司、保险公司、私募公司等，商业银行客户根据自身的收入情况、风险承受能力等选择相应的信托产品、基金、保险、集合理财产品、私募产品等。有些外部机构还会根据大客户的特殊要求设计专门的产品。

（二）市场资讯

为了帮助客户及客户经理及时了解市场变化，作出合理的投资判断，商业银行财富管理业务也会提供各种各样的及时准确的市场资讯。对于市场资讯的收集、整理以及深度分析并不是商业银行的专长，所以一般商业银行会寻求相关的专业公司一起合作。这类合作者主要包括证券公司、新闻媒体、第三方资讯平台、学校及其他研究机构等。

（三）增值服务

财富管理业务除为客户提供基本的金融服务外，为了提升客户体验，增加客户满意度还提供其他一系列的增值服务，比如，机场贵宾休息室、高尔夫练习场、医疗体检服务、旅游出行等。而这些服务需要与相应的专业机构共同合作完成。这类合作者的选择主要与财富管理业务想提供增值服务的内容有关，常见的合作者包括体育场、医院等。

（四）系统建设

为了给客户提供服务，商业银行需要相应的硬件和软件提供支持，包括相应的网点硬件建设和操作系统、销售系统、客户管理系统建设等。这也需要商业银行提出需求，请相关的专业公司合作完成。

四、监管机构

为了保证市场可以正常运行，监管机构会制定相关的政策来规范市场。目前我国金融机构采取分业经营的形式，而财富管理业务涉及商业银行、证券公司、基金公司、保险公司、信托公司等各种金融机构，相应的财富管理业务也受到中国银监会、证监会和保监会三个部门的监管。

"分业经营，多头监管"使得快速发展的财富管理市场会受到更多的规则束缚和监管约束，这对于产品创新等都有一定的限制作用。

第三节　财富管理业务在中国商业银行的发展

长期以来，我国商业银行对个人的金融理财服务仅仅局限于储蓄、代收代付等；1997年，中信实业银行广州分行率先在国内成立了私人银行部，客户只要在私人银行部保持最低10万元的存款就能享受该银行的多种财务咨询。1998年，中国工商银行在上海、浙江、天津等地的5家分行进行"个人理财"的试点。2007年3月28日，中国银行私人银行部分别在北京和上海两地正式开业，由此掀开国内银行开展私人银行业务的帷幕。各家银行纷纷开设"理财中心"、"财富中心"或"私人银行"等，开展财富管理业务。

财富管理业务作为商业银行的新兴业务，各家银行都在摸索中发展。以下利用SWOT分析方法从外部机遇（Opportunity）、外部挑战（Threat）、内部优势（Strength）、内部劣势（Weakness）四个方面来分析财富管理业务在中国商业银行的发展情况。

一、外部机遇

（一）居民财富逐步增加

商业银行开展财富管理业务的必要条件是居民拥有大量的财富或可投资资产并可以将其委托给商业银行管理。改革开放以来，社会财富和个人财富快速增长的趋势十分明显。2010年我国GDP总额近40万亿元人民币，人均GDP近3万元人民币。

从国内居民的财富积累看，城镇居民可支配收入已从1978年的343元上升到2010年末的19 109元。居民储蓄存款余额从1978年的211亿元上升到2010年末的30.33万亿元（见图2-2）。居民财富的迅速增加，为财富管理市场提供了坚实的基础。

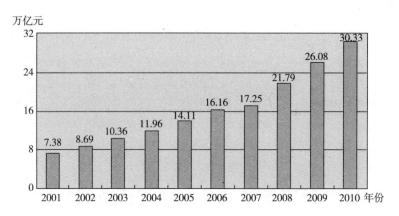

万亿元

图 2 - 2 2001—2010 年居民人民币储蓄存款余额

（二）人口逐步老龄化

随着人民物质生活水平的提高，中国的人均寿命提高，相应的人口老龄化程度也越来越高。我国 65 岁以上的人口数已经从 1982 年的 4 991 万人增加到 2010 年的 11 883 万人，65 岁以上人口占总人口比重也从 4.9% 增加到 8.9%（见图 2-3）。据劳动和社会保障部估计，到 2015 年我国 65 岁以上人口数将突破 2 亿人，2030 年前后将增至 4 亿人左右。随着老龄化速度的加快，人们对建立退休、教育和应急基金，管理个人资产和债务，为未来生活提供保险、合法避税和积累财富等将产生越来越大的需求，进而会寻求个人财富策划专家的咨询或建议。对商业银行而言，这是一个巨大的机会，商业银行可以凭借自己可信的形象，推出比现在范围广泛得多的投资和保障产品，充分发挥其在财富管理方面的独特优势。

（三）财富集中度增加

中国的财富分布比较集中，少数的家庭掌握着大量的财富。2008 年末，中高端家庭和高端家庭总和只占全国家庭数的约 1%，但其占据了全国家庭总财富的 70% 左右，而占全国家庭数不到 1‰的高端家庭，却占据了全国家庭总财富的 40% 左右，并且在现有政策环境和投资环境下，这一比率未来还将逐年增大。

中国居民财富的高集中度，为商业银行财富管理业务发展创造了良好的条件。有关调查数据显示，近年来金融资产出现了向高收入家庭集中的趋势。按照调查样本户金融资产由低到高五等分排序，户均储蓄存款最多的

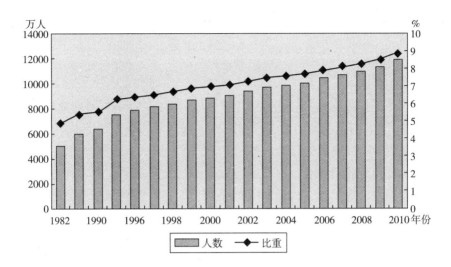

图 2 - 3 我国 65 岁以上人口数及所占比重

20%家庭拥有城市人民币和外币储蓄存款总值的比例分别为64%和88%，而户均金融资产最少的20%家庭拥有城市人民币和外币储蓄存款总值的比例分别仅为1.3%和0.3%。

　　截至2010年末，全国人民币储蓄存款余额为30.33万亿元，储蓄存款余额最多的五个省市分别是广东、江苏、浙江、山东和北京，储蓄存款余额分别为3.63万亿元、2.33万亿元、2.06万亿元、1.96万亿元和1.70万亿元，五个省市储蓄存款余额合计占全国的38.50%。而储蓄存款余额最少的五个省分别是西藏、青海、宁夏、海南和贵州，其储蓄存款余额合计只占全国的2%左右。截至2009年末，人均可支配收入前五名的省市分别为上海、北京、浙江、天津和广东，人均可支配收入分别为31 838元、29 073元、27 392元、24 293元和23 897元，都高于全国平均可支配收入的25%以上。居民财富在各地区不平衡分布的现实，要求金融机构必须在不同的地区实行差异化的财富管理策略。

　　（四）金融市场体系不断完善

　　经过多年来的金融改革，我国基本形成了现代金融市场体系的整体框架，这就在制度上和体制上为商业银行财富管理业务的开展，特别是为证券类投资产品和结构性衍生产品的推出，以及跨市场、复合型的金融产品的创新提供了保证。监管机构也不断根据业务的发展，发布各种规章，规范业务的开展，制定市场的规则。

二、外部挑战

（一）利差收入下降

现在，我国已经放开了大部分市场利率，仅对存款利率实行上限管理，对贷款利率实行下限管理。2007 年央行正式推出上海银行间同业拆放利率（Shibor），每日对外发布上海银行间同业拆放基准利率。利率市场化不仅意味着商业银行将面临逆向选择、重定价、储蓄分流、债券资产缩水等诸多风险，而且意味着利差缩小。由于国内商业银行长期在固定利率环境中经营，对金融产品缺少定价权，因而缺乏产品定价能力。在利率市场化加速推进、优质大企业大量通过发行短期融资券筹集流动性资金、同业竞争日趋激烈的背景下，金融产品定价能力和风险管理水平对商业银行日益重要。利率风险已经非常现实地摆在了商业银行的面前。利差收入的下降增加了商业银行寻找新利润增长点的迫切需求。

（二）金融危机频发

进入 20 世纪 70 年代以来，金融危机频发，周期越来越短，爆发频率明显加快。2007 年，由美国次贷危机引发的金融危机如海啸般席卷了全球金融市场。波士顿咨询公司（BCG）推出的《全球财富报告》显示，2008 年全球财富下降了 14%，管理资产额近 100 万亿美元。纵观近十年来全球发生的两次大的金融危机，即 1997 年亚洲金融危机和此次全球金融危机，都严重地冲击了国内金融市场，对金融机构特别是商业银行的业务发展形成了巨大的压力和挑战。

（三）资本约束更为严格

由于受到 8% 的资本充足率的监管约束，资本充足率已经成为监管当局的重点监管指标。资本约束不断强化将结束商业银行传统的以信贷快速扩张来抢占地盘的经营模式，要求商业银行改变经营理念与模式，加强资产业务及中间业务的创新，而这恰恰是国内商业银行的弱项。

（四）"脱媒"趋势日渐明显

资本市场的快速发展，使得企业大量在资本市场通过发行债券或股票来筹集发展所需资金，这导致商业银行存贷款业务减少，融资中介功能减弱。资本市场的快速发展，使商业银行面临着资金"脱媒"的巨大压力。银行间接融资在整个社会融资体系中的占比将会出现下降。

（五）竞争程度加剧

随着我国履行加入世界贸易组织的承诺，我国银行业已对外资银行全面开放。多家外资银行获准将其在中国境内的分行改制筹建为外资法人银行，并在境内提供人民币零售业务和财富管理业务。外资银行的进入将对国内高端市场产生更大的冲击。财富管理业务作为中国市场上的新兴业务，成为所有银行的必争之地，银行业势必存在更加激烈的竞争。

三、内部优势

（一）声誉优势

长期以来，我国居民都把存钱作为最主要的理财方式。和其他金融机构相比，商业银行被认为是最可靠的理财机构，因此客户更愿意把财富交给商业银行来管理。而且，与证券公司、信托公司、保险公司等金融机构相比，商业银行经营的时间更长，与客户接触的时间更长，因此与客户建立了更长久的关系，也更容易得到客户的信任。长期建立起来的信赖关系使得商业银行比其他金融机构具有更多的声誉优势，因此商业银行也更容易在财富管理业务市场上获得更重要的位置。

（二）客户群优势

商业银行因为开展零售银行的业务，长期以来积累了大量客户资源。随着中国经济的发展，这些客户的财富也在不断增加。这些客户也成为财富管理业务的潜在客户，构成了财富管理业务坚实的客户基础。而这些数量巨大的潜在客户群是其他金融机构远远不能比拟的，他们也成为了商业银行开展财富管理业务得天独厚的优势。

（三）渠道优势

经过多年的发展，商业银行一般都拥有大量直接接触客户的一线网点，如中国邮政储蓄银行约有 36 000 家网点，中国农业银行约有 30 000 家网点等。这些广泛分布于全国各地的网点，为商业银行有效地接触客户创造了有利条件。

（四）准入优势

商业银行财富管理业务的进入门槛为 20 万元左右（不同银行的具体数字可能有所差异）。但证券公司或信托公司等推出的产品进入门槛都比较高，一对一专户理财的认购金额一般为 1 000 万元，而一对多专户理财的认购金额一般也在 300 万元以上。商业银行财富管理业务因为进入门槛较低，在开展业务时具有一定优势。

四、内部劣势

（一）产品创新不足

目前，我国商业银行财富管理产品和服务特征可以用"靠硬件而非软件"来概括。各商业银行理财中心优良的硬件设施，并不能为客户提供量身定制的专业服务，以满足其不同的需求，而这些个性化的专业服务恰好是财富管理必备的要素。由于缺乏产品创新，不能跨市场设计产品，国内各商业银行提供的产品相对单一，同质化现象较为突出，既无法满足富裕人士个性化的需求，也很难为其分散风险，从而给商业银行开展财富管理业务带来了难度。

从范围经济的角度出发，发展财富管理业务要取得显著的效益，就需要提供充足的产品。如果说一个客户只享受一种或两种产品，那么银行对该客户的投入成本就不可能降下来，而当银行能在一个客户身上提供五种以上产品时，银行就能显现出范围经济。而我们的商业银行目前在产品的开发上比较单一，每种产品之间的关联度不够。如何增加满足客户需求的定制化产品、创新研发新产品是商业银行需要大力改进的重要目标之一。

（二）理财经理服务水平有待提高

财富管理需要大量专业人才，他们需要具备综合性的高素质以及丰富的从业经验，不仅要持有 AFP（金融理财师）、CFP（国际金融理财师）、CFA（特许金融分析师）等资质，知晓会计、法律、心理等学科的知识，还要掌握一些高品质生活的软技能，像会高尔夫球、懂艺术品鉴赏等。只有这样才能为客户提供个性化的服务，并得到客户的信任。

目前银行理财经理大致分为两类，第一类是学习能力较强但缺少客户关系基础的年轻毕业生，第二类是有深厚的社会关系但是专业知识不太足的"老资历"，两者组合较好的复合型人才是合格的理财经理，但却是市场最缺乏的。财富管理业务在国内发展时间较短，而合格的理财经理需要长时间的培养和积累。所以提高理财经理素质及服务水平，也是中国商业银行迫切需要解决的一个问题。

（三）服务环节薄弱

IBM 咨询服务公司的调查显示，在客户选择财富管理机构的前 10 个理由排序中，客户服务质量多年来一直排列第一，投资顾问质量及服务机构的形象和声誉排列第三、第四。与零售银行部门提供的服务相比，财富管理的客户和服务更高端，业务范围更广，金融产品的复杂程度更高，财富管理部门有时会按照客户需求量身定制相关产品和服务：从帮助客户管理庞大的资产（如投资规划、避税），到提供并购案的建议及标的，甚至还提供收藏鉴定，代表客户到拍卖场所竞标古董。通过私人银行服务，客户还可接触到许多常人无法购买的股票、债券，获得许多投资私人公司、优先购买 IPO 股票的机会。目前，我国商业银行提供的服务无论是内容还是深度都还有许多需要改进的地方。

（四）系统支持不足

开展财富管理业务的第一步就是对客户的资产、负债情况有一个尽可能全面的了解，建立必要的支持系统是为客户提供理财建议和规划的前提。然而，我国大多数商业银行的客户信息系统不够健全。各商业银行原有的系统基本是以账户为单位，无法得到针对一个特定客户的全面信息，无法有效地针对客户进行分析，因而无法为理财服务的深入提供必要支持和保障。而且，财富管理业务涉及资产、负债、中间业务，这些业务又有自己相对独立的系统，财富管理业务缺乏统一的有效整合系统，造成前台业务条块分割、协调成本高、利用效率低，难以为客户提供一站式服务。

（五）数据分析薄弱

当前银行业越来越强调开发个性化的细分市场，"细分市场，细分客户"成为几乎所有商业银行必须遵循的不二法则。在此背景下，同业纷纷开始建立差异化的服务模式，在客户细分的基础上初步构建了分梯次的结构较完整的理财业务体系，并建立了相应的服务模式。然而，大部分银行对客户的细分较为粗略，对客户研究不足、细分不够科学，主要是基于客户资产这一单一维度对客户进行划分。尽管当前有同业设计了根据客户综合贡献积分来细分客户的辅助分层方法，但也不够准确。大部分银行没有结合年龄、性别、婚姻、教育程度、家庭状况等因素综合考虑客户的金融需求，普遍缺乏更为细致的客户分层。

当前普遍执行的客户分层方法不够科学与全面，导致了一些负面影响。这些负面影响包括：（1）忽略了客户对银行的真实贡献度，如客户持有的产品个数和交易活跃程度，因而难以识别真正有价值的客户，可能会偏离真正的目标客户群，不利于集中资源维护最有价值的客户；（2）缺乏基于客户细分之上的全方位的客户关系管理，难以体现客户的需求类型和拓展潜力，因而难以针对目标客户开展精准营销，无法提供切合客户需求的个性化服务。这与当前国内各银行理财服务的营销能力相对落后、产品和服务营销方式单一的现状是互为因果的。

第三章　财富管理相关理论

与传统的银行存贷业务不同，财富管理业务有系统的理论为指导。生命周期理论为长期管理个人财富提供了依据，投资组合理论为如何配置个人资产奠定了基础，行为金融学融入了个人心理因素，提出更接近现实的理论，这些都为个人财富管理业务的发展提供了理论依据，下文将分别介绍。

第一节　生命周期理论

一、生命周期理论的诞生

1920 年，著名经济学家侯百纳（S. Huebner）首次提出了生命价值理论。在财务性的理财技术取得长足发展后，他于 1924 年又把财务管理技术引入了对"生命价值"的评估和管理。1927 年，他出版了《人寿保险经济学》，在书中提到"人类生命价值的概念比生命的经济价值广泛得多"，不过"从人寿和健康保险角度考虑，应用货币计量人类生命价值，它应定义为保险人赡养家属的收入的资本化"。他的基本观念可以归纳为三个要点：（1）人是最宝贵的资产，人寿保险保单可以实现生命价值的资本化；（2）管理物质财富的经验和技术应该及时移植到对人力资本的管理上来；（3）从个人投资者的终身储蓄和消费出发并充分考虑个人在储蓄和投资方面的弱点。简而言之，人们挣得的钱要比维持自己生活所需的费用多，生命价值就是一个人扣除自己生活费用后的将来净收入的资本化价值。换言之，每个人都拥有两种财产，一种是"已获得的财产"，另一种是"潜在财产"，应该把两种资产在整个人生中分配和使用。

二、生命周期理论的发展

侯百纳提出生命周期理论后，陆续有不同的学者在这一领域深入研究，推动生命周期理论的发展。到目前为止经历了三个阶段。

（一）第一阶段：20 世纪 20 年代至 20 世纪 50 年代

这个阶段的发展以侯百纳生命价值在寿险行业中的普及和推广为主。当时能够运用的数学工具和金融工具很简单，而在投资策略上已经能够自觉地运用审慎储蓄、分散投资和朴素的资产负债管理。侯百纳在 1920 年提出带有储蓄成分的保险产品（包括死亡险和养老年金）可以积累一笔准备金，即个人在有劳动能力的时候将一部分生命价值资本化，在个人失去经济活动能力的时候，已经积累起来的资金就可以通过养老年金变成以后的退休期的生活资料。侯百纳还特别指出：与储蓄相比较，人寿保险处在一个独特的位置上。从其体系、便利程度和自我约束的效果上来说，没有其他的储蓄计划能超过人寿保险。人寿保险的优点在于它能方便地将储蓄期扩展至一个人整个生命中的工作期间。

（二）第二阶段：20 世纪 50 年代至 20 世纪 90 年代

20 世纪 50 年代是一个重要的转折期，出现了大量数学模型，包括莫迪利安尼（Modigliani，1952，1954）的生命周期假设，萨缪尔森（Samuelson，1958）的代际重叠模型，马柯维茨（Markowitz，1952）的投资组合理论，雷丁顿（Redington，1952）的免疫理论和贝克尔（Becker）等人在人力资本方面的一些探索。在此基础上生命周期理论得到了迅速发展，在概念、实务和数学处理上都取得了很大进步，出现了大量以生命周期为框架的研究工作和模型。例如科特里科夫（Kotlikoff）和奥尔巴赫（Auerbach）合作建立了动态生命周期模拟模型（A－K 模型），该模型在政策评估中得到了广泛应用。此外，在这个阶段审慎投资和分散投资的观念和操作获得了严格的数学表述，其方法以马柯维茨的投资组合公式和布莱克—斯科尔斯期权定价公式为代表，这些数学公式进而改变了整个金融服务业的工作方式。

（三）第三阶段：20 世纪 90 年代中后期至今

这个阶段的边际风险日益加剧，衍生证券和金融服务一体化成为新的发展方向。越来越多的政府和企业在考虑雇员养老问题的时候倾向于采用累积性养老金制度。这种转变给大众带来更大的经济压力和不安全感，对于这个问题，博迪和塞勒都表现出一定的担忧。博迪认为"这在一定意义下是倒退"，而塞勒指出"未来的一个研究重点是选择账户的个人投资者的行为，更多的投资压力被转移给没有多少投资经验和技能的个人"。

三、生命周期理论的重要主张

1. 个人财富不仅取决于其生命结束时的财富水平，而且取决于其在整个生命期间对商品和闲暇的消费。该主张对商业银行为客户提供贯穿整个生命周期的财富管理服务具有重要的指导意义。

2. 管理长期市场风险的最好方法是多期风险对冲，而不是单期风险分散化。该主张可用于指导个人理财业务中的投资规划和养老规划。

3. 组合管理中对衍生金融产品的定价可以也应该最大限度地利用信息，例如利率和暗藏的风险对互换和期权的价格有很大的影响。该主张对个人理财产品的定价和投资规划中投资组合的确定有很大的指导作用。

4. 个人劳动收入的水平、风险和波动性是个人生命中任何一个阶段选择最佳的投资组合所需要考虑的首要因素。该主张正是在为客户量身定做理财规划特别是制订投资规划时需要参照的。

5. 习惯要求理财产品必须保障未来的消费水平，至少不低于以前最低生活水平下的消费水平。该主张可用于指导为客户提供因人而异的个人理财服务和理财产品的推荐。

6. 由于存在交易成本、代理问题和客户方面的专业知识缺乏等因素，动态的资产管理将由也必然由金融机构来完成，而不是让它们的零售客户自己去完成。该主张说明了金融机构在个人理财服务中的重要作用。

四、生命周期理论的应用

在不同生命阶段，个人或家庭具有不同的财务状况、资金需求和风险承受能力，个人或家庭的财务生命周期、家庭生命周期和个人成长生命周期是制定个人理财规划的基础。

（一）家庭生命周期

一个家庭生命周期包括家庭形成期（一对夫妻建立家庭生养子女）、家庭成长期（子女长大上学）、家庭成熟期（子女独立和事业发展到巅峰）、家庭衰老期（夫妻退休到夫妻终老而使家庭结束）。

处于不同生命周期的家庭，对财富管理需求都不同，对资金的流动性和收益性需求也不相同（见表3-1）。处于成长期的家庭对资金的流动性要求较高，处于衰老期的家庭对财富的收益性要求较高。随着家庭成熟度的提高，其风险承受能力变低。

财富管理

表 3-1　　　　　　　　不同家庭生命周期的财富管理重点

	形成期	成长期	成熟期	衰老期
夫妻年龄	25～35 岁	30～55 岁	50～65 岁	60～90 岁
保险安排	随家庭成员增加提高寿险保额	以子女教育年金储备高等教育金	以养老险或年金产品储备退休金	投保长期看护险，领取即期年金
信托安排	购房置产信托	子女教育金信托	退休安养信托	遗产信托
核心资产配置	股票 70% 债券 10% 货币 20%	股票 60% 债券 30% 货币 10%	股票 50% 债券 40% 货币 10%	股票 20% 债券 60% 货币 20%
信贷运用	信用卡 小额信贷	房屋贷款 汽车贷款	还清贷款	无贷款

资料来源：中国金融理财师资格认证培训。

（二）个人生命周期

个人处于不同的年龄，相应的家庭形态、财富管理目标、投资工具等也不尽相同，由此可以将个人的生命周期分为探索期（15～24 岁）、建立期（25～34 岁）、稳定期（35～44 岁）、维持期（45～54 岁）、高原期（55～60岁）和退休期（60 岁后），相应的财富管理情况见表 3-2。

表 3-2　　　　　　　　不同个人成长周期的财富管理情况

	学业事业	家庭形态	财富管理目标	投资工具	保险计划
探索期	升学或就业、转业抉择	以父母家庭为生活重心	提升专业能力，提高收入	活期存款、定期存款、基金定投	意外险、寿险，受益人为父母
建立期	在职进修确定方向	择偶结婚，有学前小孩	量入节出，攒首付款	活期存款、定期存款、基金定投	寿险、子女教育险，受益人为配偶
稳定期	提升管理技能，进行创业评估	小孩上小学或中学	偿还房贷，筹备教育金	自用房产、股票基金	依房贷余额购买保额递减的定期寿险
维持期	中层管理，建立专业声誉	小孩上大学或出国深造	收入增加，筹备退休金	建立多元投资组合	养老险或投资型保单
高原期	高层管理，偏重指导组织	小孩已独立就业	负担减轻，准备退休	降低投资组合风险	养老险或长期看护险
退休期	名誉顾问，传承经验	儿女成家，含饴弄孙	享受生活，规划遗产	以固定收益投资为主	领终身年金至终老

第二节 现代投资组合理论

现代投资组合理论包括均值—方差模型、资本资产定价模型（CAPM）、套利定价模型（APT）及期权定价模型等。1952 年马柯维茨（Markowitz）提出的投资组合理论通常被认为是现代投资组合理论的起源，也被认为是建立个人理财学的基础。马柯维茨的均值—方差模型使金融学开始摆脱纯粹凭经验操作的定性方法，将数量化方法引进了金融领域，给出了投资决策最基本的也是最完整的框架，是当今投资理论和投资实践的主流方法。

一、马柯维茨的投资组合理论

马柯维茨认为，投资者大多是风险厌恶者，他们总是在一定预期收益及风险水平上选择投资方法。理性的投资者总是希望，在已知风险条件下获得最大期望收益，或者在已知期望收益的条件下使投资风险达到极小，也就是在进行收益—风险分析的基础上使得两者达到最佳平衡。在考察了多种风险测度方法后，他最早同时采用风险资产的预期收益率和用方差（或标准差）代表的风险来研究资产的选择和组合问题，并提出模型：

$$\begin{cases} \min\sigma_p{}^2 = X'\sum X \\ X'R = R_0 \\ \sum_{i=1}^{n} x_i = 1 \end{cases}$$

其中，$R = (r_1, r_2, \cdots, r_n)'$，$R_i = E(r_i)$ 是第 i 种资产的预期收益率，$X = (x_1, x_2, \cdots, x_n)'$ 是投资组合的权重向量，$\sum = (\sigma_{ij})_{n\times n}$ 是 n 种资产间的协方差矩阵，$R_p = E(r_p)$ 和 σ_p^2 分别是投资组合的期望收益率和收益率的方差。此模型叫均值—方差模型，马柯维茨利用它分析得出通过投资组合可以有效降低风险的结论。

个人理财服务的一个重要原则就是尽可能降低风险、增加收益，马柯维茨投资组合理论为此提供了理论基础。该理论指出：投资组合可以有效降低风险，但是不能消除风险，在最初几种资产被加入资产组合时，对标准差的降低作用非常大，当投资组合含有许多种有风险的资产时，个别资产的方差（风险）将不能降低。通过扩大投资组合（即增加所包含的资产的种类）进行风险分散，可以消除非系统性风险，但不能消除系统性风险（见图3-1）。

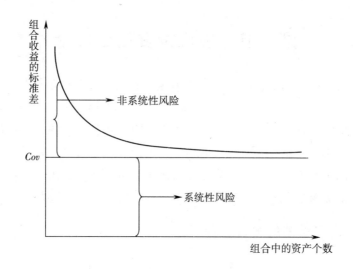

图 3 - 1   组合投资规模与风险之间的关系

费马（Fama）在 1976 年出版的《金融学基础》一书中，对资产组合风险与资产组合中资产数量的关系作了实证研究。结果表明：股票数从 4 种增加到 5 种时，标准差的降幅最大，当股票数增加到 20 种时，再增加股票对资产组合标准差的降低作用就不大了。当股票数从 30 种增加到 34 种时，出现风险边际下降（即增加股票数量对风险的降低作用不敌成本）的情况。所以说，投资组合确实可以很好地降低投资风险，但也必须注意，投资组合的资产数量并不是越多越好，而是要恰到好处。

二、资本资产定价模型

资本资产定价模型（Capital Asset Pricing Model，CAPM）是由威廉·夏普、约翰·林特纳和简·莫辛于 1965 年分别独立提出的，这个模型标志着分析金融学走向成熟。CAPM 实质上要解决的问题是：假定所有投资者都是风险厌恶者，并遵循马柯维茨的资产组合理论，在有效边界上寻求有效组合，那么当资本市场均衡时将如何确定资产的收益，度量组合中单个资产的风险，以及分析期望收益与风险之间的关系。

CAPM 是现实世界的抽象化，因而也是建立在一系列严格的假设条件基础上的，例如，它要求证券市场是无摩擦的竞争市场、投资者具有理性预期等。其核心内容为资本市场线（见图 3 - 2）和证券市场线（见图 3 - 3）。

图 3 - 2 中的直线表明，在无风险证券的条件下，市场所有投资者的风险证券组合，都可以用从 R_f 发出的经过该风险证券组合在 $[r_p, \sigma_p]$ 坐标系中

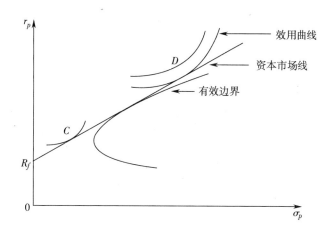

图 3 – 2　资本市场线

所对应的点所构成的射线来表示，即所有的有效组合都位于该直线上。该直线与风险证券组合的有效边界的切点是风险证券的最佳组合，这是市场所有投资者所持有的组合，被称为市场组合（Market Portfolio）。因此该直线被称为资本市场线（Capital Market Line，CML）。

此理论对于从事财富管理业务的机构的启示是：不管个人投资者的收益及风险偏好如何，只需要找到切点所代表的有风险投资组合，再加上无风险证券就能为所有的投资者提供最佳的投资方案，而投资者的收益及风险偏好，就只需反映在组合中无风险证券所占的比重上。这使为个人财富管理客户提供标准化投资产品成为可能。

收益率的风险等于系统性风险和非系统性风险之和。用 β 表示系统性风险时，资本市场线被称为证券市场线（Security Market Line，SML）。证券市场线的方程为

$$E(R_i) = R_f + \beta_i E(R_M - R_f)$$

$$\beta_i = \frac{\mathrm{cov}(R_i, R_M)}{\sigma_M^2} = \frac{\sigma_i}{\sigma_M}\rho_{i,M}$$

其中，R_i 是证券 i 的收益率，R_f 是无风险证券利率，R_M 是市场证券组合 M 的收益率，β_i 是 i 的系统性风险。经整理后，预期收益率也可以写为

$$E(R_i) = R_f + \beta_i\left[\frac{E(R_M - R_f)}{\sigma_M}\rho_{i,M}\right]\sigma_i$$

证券市场线表明，任何一只证券的期望收益都等于无风险证券利率加上风险

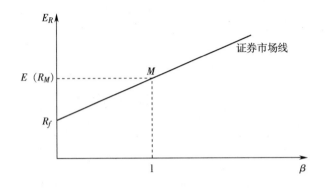

图 3 – 3　证券市场线

补偿。β 系数表示对风险大小的度量。证券市场线不仅适合于单个证券，对证券组合同样适用。从证券市场线可以看出，对于任何证券（或组合），只要系统性风险即 β 系数相同，不管非系统性风险差异如何之大，它们的期望收益都相等。所以在个人财富管理业务中 β 系数和期望收益之间的关系可以用来评估个人财富管理业务的经营业绩。

三、套利定价理论

资本资产定价模型建立在对投资者偏好的一系列假设的基础上，而这些假定常与现实不符，在检验资本资产定价模型时，难以得到真正的市场组合，甚至有一些经验结果完全与之相悖。为了探讨更具有广泛意义和实用性的投资组合理论，1974 年，罗斯（Ross）提出了一种新的资本资产均衡模型——套利定价模型（Arbitrage Pricing Theory，APT）。

套利定价模型主要基于以下假设：（1）资本市场是完全竞争的、无摩擦的。（2）投资者是风险厌恶的，且是非满足的。当具有套利机会时，他们会构造套利证券组合来增加自己的财富，从而追求效用最大化。（3）所有投资者有相同的预期。任何证券的收益率生成过程都可以用一个线性函数表示。

APT 模型的基本思想是市场上一物一价，如果存在一物多价的情况就会产生无风险套利机会，而无风险套利将使一物多价消失，从而恢复到一物一价的市场均衡状态。APT 模型假定证券 i 的收益率受 n $(f_1, f_2, \cdots, f_n)$ 个因素的影响，则其期望收益率通用公式为

$$E(R_i) = R_f + \beta_{i1}\lambda_1 + \beta_{i2}\lambda_2 + \cdots + \beta_{in}\lambda_n$$
$$\lambda_j = E(R_{f_j}) - R_f$$

其中，R_f 表示无风险证券的收益率，β_{ij} 表示证券 i 对于因素 f_j 变动的敏感程度

$(j = 1, 2, \cdots, n)$，λ_j 表示第 j 个风险因素 f_j 的边际贡献。APT 模型表明，证券的预期收益率与证券对因素的敏感程度呈线性关系。根据公式可以看出，CAPM 模型就是影响因素只有一个时，无风险利率可以无限制买空和卖空的特殊形式。

APT 模型不需要像资本资产定价模型那样对投资者偏好作出很强的假设，只要求投资者对于高水平财富的偏好胜于低水平财富的偏好，其对风险资产组合的选择也仅依据收益率。即使收益与风险有关，风险也只是影响证券组合收益率众多因素中的一个因素。罗斯的 APT 模型的假设条件要比 CAPM 模型更为宽松，因而更接近现实，更具有实用价值。同时，CAPM 模型必须要与单指数模型结合才具有使用价值，但是实证研究表明影响证券投资回报率的因素并不像单指数模型假设的那样，只有市场一个因素，而是多重因素。因此，当实际分析某个证券投资组合时，APT 模型的多因素分析一般要比单指数模型的单一因素分析准确。

尽管罗斯的 APT 模型具有以上几方面优点，但也存在着不足之处。如在 APT 模型中没有说明决定证券投资回报非常重要因素的数量和类型，其中一个显然比较重要的因素是市场影响力，但是关于哪些因素还应包括进来以补充综合的市场影响力，或者当模型中没有出现综合的市场影响力因素时，应用哪些因素来替代它，这在 APT 模型中还没有得到完全的解决。

四、期权定价理论

期权也称选择权，其赋予持有者在未来某一确定时刻以某一确定价格购买（出售）标的资产的权利。

1973 年，美国芝加哥大学教授 Black 与 Scholes 在美国《政治经济学杂志》上发表了一篇题为《期权定价与公司债务》的论文，同年，美国哈佛大学教授 Merton 在另一刊物《贝尔经济与管理科学杂志》上发表了另一篇名为《期权的理性定价》的论文，他们用讨论组合和风险中性理论分别给出不考虑红利和考虑红利的欧式期权定价公式（这些公式统称为 Black – Schols 期权定价公式），并以此获得了 1977 年的诺贝尔经济学奖。Cox、Ross 和 Rubinstein（1979）在风险中立理论的基础上提出离散时间的二项式期权定价模型，并证明二项式期权定价模型与 B – S 公式有联系。此后，许多学者在风险资产内容、美式期权等问题上不断深入研究，取得丰硕成果。期权理论也被逐步应用到企业经营、个人投资的各个领域。

Black 与 Scholes 运用微分方程理论推出了期权定价模型。该模型的推导建立在六个假设基础上：（1）没有交易成本、税收或卖空限制；（2）无风险收益率是常量；（3）股票不付股息；（4）标的资产的随机价格服从几何布朗运动；（5）贸易市场是连续开放的；（6）期权是欧式的。自从 Black 与 Scholes 的论文发表以后，Cox、Ross 和 Rubinstein 等一些学者相继对这一理论进行了重要的推广并使其得到了广泛的应用。Black 和 Scholes 期权定价方程为

$$\begin{cases} \dfrac{\partial P(x,t)}{\partial x} = -rP(x,t) + rx\dfrac{\partial P(x,t)}{\partial x} + \dfrac{1}{2}\sigma^2 x^2 \dfrac{\partial^2 P(x,t)}{\partial x^2} = 0 \\ P(x,T) = \max\{0, x - K\}, x > 0 \end{cases}$$

其中，$P(x,t)$ 表示 t 时刻股票价格为 x 时看涨期权的价值，T 表示期权的有效期限，r 表示无风险利率，σ^2 表示股票收益率变化速度的方差，它描述的是股票价格的易变性，K 表示期权的执行价格。通过求解偏微分方程可得欧式看涨期权的定价公式：

$$P(x,t) = x\Phi(d_1) - K\Phi(d_2)\exp[-r(T-t)]$$

其中，$\Phi(\ )$ 是标准累计正态分布函数。

$$d_1 = \frac{\ln(x/K) + (r + \sigma^2/2)(T-t)}{\sigma\sqrt{T-t}}$$

$$d_2 = \frac{\ln(x/K) + (r - \sigma^2/2)(T-t)}{\sigma\sqrt{T-t}}$$

同理，可以得到欧式看跌期权的定价公式为

$$P(x,t) = -x\Phi(-d_1) + K\Phi(-d_2)\exp[-r(T-t)]$$

期权定价方程可以用来计算各种金融衍生品的价格，是各种金融衍生品估价的有效工具。

上述模型不仅广泛应用于实物期权的估值，也用于金融期权的估值研究中。但是，近年来企业面临的市场环境越来越倾向于不完全竞争。在这种情况下，还必须考虑来自对手的竞争互动因素。近年来，实物期权理论与博弈论结合而形成的期权博弈理论（Option - Game）已经成为了研究热点。期权博弈理论同时将不确定性、竞争和信息不完全等因素纳入同一个研究框架，在期权定价理论方法的基础上，利用博弈论的思想、建模方法对包含实物期权的项目投资进行评价，为企业投资决策提供了更加科学的理论基础。

第三节 行为金融学理论

一、提出背景

基于效用理论之上的现代投资组合理论，是建立在投资者理性和市场均衡的基本假设上的，它假定投资者是风险的回避者，总是作出一致、准确和无偏的理性预期，并且投资者的行为是理性的。然而近二十年的研究表明，传统金融和投资决策理论假设不尽合理：投资者未必有一致、无偏的理性预期；投资者的投资选择与投资者既定的盈利和亏损状况密切相关，而非仅取决于未来的收益和风险关系。金融市场中存在着大量的、与有效市场假说相悖的现象。如在股票市场上，股票长期投资的收益率溢价、股价的异常波动、股价泡沫、股价对市场信息的过度反应或反应不足等现象，传统金融理论也无法解释。

金融学家借鉴心理学、社会学、人类学等其他社会科学的研究方法，研究金融市场中参与者的非理性行为，由此开创了行为金融学的研究。行为金融学是金融学和人类行为学相交叉的边缘学科。它确立了市场参与者的心理因素在决策、行为以及市场定价中的作用和地位，否定了现代投资组合理论关于理性投资者的简单假设，更加符合金融市场的实际情况。行为金融学对于解释个人投资者的投资行为有一定的指导作用。

投资者的心理过程可以用图3-4来表示。对于不同过程心理学家提出了不同的理论，这些理论应用于金融投资中可以解释很多传统金融理论无法解释的现象。

二、期望理论

1979年心理学家 Kahneman 和 Tversky 提出了期望理论（Prospect Theory），认为人们对不确定情况下风险资产价值的判断应以期望理论为依据。风险资产的价格受两个因素影响，即价值和概率，价格由期望理论中的价值函数和权重函数决定。

（一）期望理论

期望理论认为人们更加看重财富的变化量而不是最终量，人们对待同等程度的收益和损失的态度是不一样的，预期损失带来的损失要强于同样大小

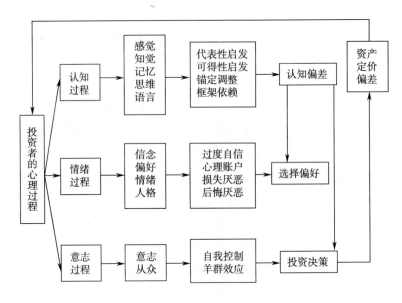

图3-4 投资者的心理过程及其对资产价格的影响

预期收益带来的收益。Kahneman 和 Tversky 将决策过程分为编辑和评价两个阶段。编辑阶段是对所给定的各种可能性进行事前分析，从而得出简化的重新表述。投资者通常是以获利或损失来感受结果，而不是以财富的最终状态。获利或损失总是与一定的参照物相比较的，这个参照物被称为参考点，参考点可以理解为进行比较的个人视点、据以构建各种情形的现状。评价阶段是投资者评价各种经过编辑的可能事件，选择价值最高的情形，它取决于价值函数和权重函数。评价规则表示为

$$V(G) = \sum P(p,i)v(x,i)$$

其中，$P(p,i)$ 表示与结果 i 相联系的决策权重，$v(x,i)$ 表示结果的主观价值。

（二）价值函数的特征

大量的证据表明，人们通常考虑的不是财富的最终状态，而是财富变化的相对状态。期望理论的一个巨大突破就是用价值函数替换了传统的效用函数，从而将价值的载体落实在财富的改变而非最终状态上。价值函数度量了偏离参考点的盈利或损失的价值状况。参考点的右侧表示肯定性评价，参考点的左侧表示否定性评价。价值函数不再遵从理性人假设，总体上看具有四个重要特征：

1. 对于个人来说，在任何情况下，盈利总是比损失要好，而且盈利越大，价值越高。因此，价值函数是一个单调递增的曲线。

2. 价值函数度量的是相对于某个参考点的盈利和损失，而不是一般传统理论所重视的期末财富。因此，在以参考点为原点，以盈利为自变量的坐标图上，价值函数是一条通过原点且单调递增的曲线。

3. 价值函数以原点为中心，向收益和损失两个方向偏离，呈 S 形。在面对收益时，它是凹函数，个体表现出风险厌恶特征；而在面对损失时，它是凸函数，个体表现出风险偏好特征。

4. 价值函数在损失部分上的斜率比收益部分上的斜率大。也就是说，面对同等程度的收益和损失时，人们对边际损失的反应要比边际收益敏感，在图形上表现为损失部分的曲线要陡峭于收益部分的曲线（见图 3 – 5）。

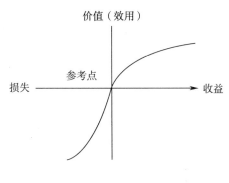

图 3 – 5　价值函数

（三）参考点

参考点是价值函数的一个重要特点。图 3 – 5 中的原点位置就是参考点，在原点右方价值函数是凹函数，在原点左方价值函数是凸函数，参考点也就是数学意义上的拐点。人们在评价一个事物或作出一个选择时，总是会有意无意地将其与一定的参照物作对比，当对比的参照物不同时，即使相同的事物也会得到不同的结果。因此，参考点作为一种评价标准，是个人主观确定的，而且会因评价主题、环境、时间等的不同而发生变化。参考点的选择有很多，人们通常以目前的财富水准为基准，但也不完全如此，参考点可能会因为投资者对未来财富预期的不同，而有所不同。

期望理论提出后，被用于解释许多现象。比如，拥有效应（Endowment Effect），即一个人一旦拥有某种物品，对该物品的评价就比未拥有前大幅增加；趋向性效应（Disposition Effect），即投资人为了避免后悔，会倾向继续有资本损失的股票，以期其重新达到资本利得的状况，不是完全按照沉没成本理论作决策；心理账户（Mental Account），即个人在决策时并不会综观所

43

有可能发生的结果，而是将决策分成好几个心理账户，不同心理账户间不会相互受到影响。

三、行为金融学的主要理论

金融学家将期望理论应用于金融投资研究，提出了与传统金融学投资理论不相同的理论。有代表性的几个理论如下：

（一）安全优先组合理论

Roy 于 1952 年提出安全优先组合理论（Safety First Portfolio Theory）。该理论认为，如果投资者的最终财富 W 低于临界水平 s，则投资者破产。因此，投资者的目标是最小化破产的概率。假设 P 是任意的资产组合，并且此资产组合的收益均值为 μ_p。收益的标准差为 σ_p。Roy 假设不存在无风险资产（即对所有的 P，有 $\sigma_p > 0$），并且设置足够低的临界水平 s（即对所有的 P，有 $s < \mu_p$），在这种情况下当所有的资产组合收益都是正态分布时，最小化破产的概率就等价于最小化标准差。所以，在这个模型中投资者可以选择风险最小化目标函数 $\dfrac{s - \mu_p}{\sigma_p}$（见图 3 - 6）。

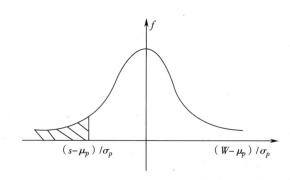

图 3 - 6　安全优先理论目标函数

Telser（1995）发展了一个既有最低生活水平 s，又包含破产概率 α 的模型。他认为当破产概率不超过 α 时，资产组合被认为是安全的，所以投资者在进行投资组合时，应该在 $prob\{W \leqslant s\} \leqslant \alpha$ 的条件下，最大化预期财富 $E(W)$。

Arzac 和 Bawa（1977）拓展了破产概率 α 可变情况下的模型，设计出投资者的最大化期望财富水平 $E(W)$ 和破产概率 α 相结合的目标函数 V。投资者在预期效用理论的框架上通过在 $(E(W), \alpha)$ 上进行选择以达到最优结

果，效用函数被定义为

当 $prob\{W \leqslant s\} \leqslant \alpha$ 时，$\mu(W) = W$。

当 $prob\{W \leqslant s\} \geqslant \alpha$ 时，$\mu(W) = W - c$，其中，$c > 0$。

（二）行为资产组合理论

Shefrin 和 Statman 借鉴市场组合理论（Market Portfolio Theory，MPT）相关部分，在期望理论（Prospect Theory）以及上面介绍理论的基础上建立了行为资产组合理论（Behavioral Portfolio Theory，BPT）。市场组合理论认为投资者应该把注意力集中在整个资产组合上，最优的资产组合配置处于均值—方差有效边界上；而资产组合理论认为现实中投资者的决策不同于此，其构建资产组合是基于对不同资产的风险程度的认识及投资目的，从而形成金字塔形的资产组合，各层的资产都与特定的投资目的与对风险的态度相联系。在 BPT 模型中，使用了行为金融学中的心理账户（Mental Account）概念，分别在两种状态下考察了 BPT 模型，在一种状态下投资者将组合放入一个心理账户，在另一种状态下，投资者将组合放入多个心理账户。其区别在于单一心理账户下的投资者与均值—方差投资者一样，通过考虑协方差而将所有资产组合放入一个心理账户中，而多个心理账户下的投资者则将资产组合归入不同的心理账户之中并忽视账户间的相关性。

（三）静态投资模型

行为金融学认为投资者对风险的态度体现在投资者的预期财富低于某一确定值的概率上。对于风险厌恶者和风险偏好者而言，模型的数学表达式为

$$prob\{W < s\} \leqslant b$$

其中，$prob$ 为概率符号，W 为财富，s 为某一确定的财富水平，b 为累积概率值。如果投资者是喜好风险的，则 b 较大；如果投资者是厌恶风险的，则 b 较小。s 也体现了投资者对风险的态度，其值如果比较大，则投资者可能难以承受较大风险；反之则说明投资者敢于冒风险。根据上述数学表达式我们可以看出，行为金融学中投资人对风险的态度实际上可以用一个 VaR 值来表达。VaR（Value at Risk）即风险价值，是指在市场正常波动下，在一定的概率水平下，某一金融资产或资产组合在未来特定的一段时间内的最大可能损失。

VaR 值一个最突出的特点就是：可以用来简明地表示市场风险的大小，没有任何专业背景的投资者和管理者都可以通过 VaR 值对金融风险进行评估。鉴于 VaR 方法在风险度量与管理领域中的实用价值，可在马柯维茨均

值—方差模型中加入 VaR 约束。假定置信水平为 c，由 VaR 的定义，有

$$prob(r_p < -VaR) \leqslant 1 - c$$

考虑 VaR 约束后，经典的均值—方差模型就变成：

$$\begin{cases} \min\sigma_p^2 = X'\sum X \\ \max E(r_p) = X'R \\ \sum_{i=1}^{n} x_i = 1 \\ s.t. \, prob(r_p < -VaR) \leqslant 1 - c \end{cases}$$

其中，$R = (r_1, r_2, \cdots, r_n)'$，$R_i = E(r_i)$ 是第 i 种资产的预期收益率，$X = (x_1, x_2, \cdots, x_n)'$ 是资产组合的权重向量，$\sum = (\sigma_{ij})_{n \times n}$ 是 n 种资产间的协方差矩阵，$R_p = E(r_p)$ 和 σ_p^2 分别是资产组合的期望收益率和收益率的方差。

VaR 约束由两个值决定：一是置信水平 c，置信水平的选取反映了投资者对风险的厌恶程度，置信水平越高，厌恶风险的程度越大；二是 VaR 值，VaR 值的选取反映了投资者对风险的厌恶程度，VaR 值越小，厌恶风险的程度越大。当置信水平 c 改变时，投资者的风险容忍度也随之改变。如机构投资者美洲银行和 JP 摩根银行选择 95% 作为置信水平，而花旗银行选择 95.4%，大通曼哈顿银行选择 97.5%。由 VaR 的定义可知，置信水平越高，资产组合的损失小于 R 值的概率越大，也就是说，VaR 模型对于极端事件的发生进行预测时失败的可能性越小。

第二篇　个人理财业务篇

第四章 个人理财业务概述

个人理财业务是国际银行业非利息收入的主要来源之一，在国际银行业的经营中占据着重要地位。近十几年来，国内商业银行也纷纷将个人理财业务列为发展重点，个人理财业务取得了迅速发展。个人理财业务已成为国内外各金融同业关注的热点和市场竞争的焦点。

本章从个人理财的定义入手，进而考察个人理财业务在国外与国内的发展历史，最后侧重分析当前国内个人理财业务发展的背景与意义、发展现状、存在的问题及发展趋势等。

第一节 个人理财业务基本知识

一、个人理财的定义

个人理财，又称个人财务规划，简言之，就是针对客户需求及其资产状况，为之提供与之相适应的金融规划与服务，满足其理财目标的一种服务方式。因此，为个人客户提供理财服务的主体，可以是商业银行、证券公司、基金公司或保险公司等具备理财能力的机构。本书着重讨论商业银行提供的个人理财服务。

2005年9月中国银监会颁布的《商业银行个人理财业务管理暂行办法》，明确将个人理财业务定义为：商业银行为个人客户提供的财务分析、财务规划、投资顾问和资产管理等专业化服务活动。而国际金融理财师标准委员会则将商业银行的个人理财业务定义为：利用客户的各项财务资源帮助其实现人生财务目标的过程。

银监会对商业银行个人理财业务作出的定义，明确指出了个人理财业务的两大主体——商业银行与个人客户，并简洁地概括了服务的主要内容。但是《商业银行个人理财业务管理暂行办法》对个人理财业务的定义，只是对其业务性质、范围和内容进行了界定，却没有完全反映其内涵。

综合上述定义，分别站在两个主体的角度，可以对个人理财业务的内涵作出更具体的阐述。

对个人客户而言，个人理财业务就是客户确定自己的阶段性生活与财富增值目标，根据自己的资产分配状况及风险承受能力，在银行专业人士的建议下调整资产配置与投资策略，并及时了解自己的投资回报及相关信息，以达到个人资产保值、增值的目标。可见，个人理财业务的主要内容是围绕着个人客户的家庭生活、人生规划、职业发展等生命周期事件而展开的，因而，个人理财业务可以帮助客户合理而科学地规划、安排投资方式，以实现个人资产的保值、增值，满足客户不同生命阶段的财务需求。

而从银行视角出发，个人理财业务是商业银行凭借其长期以来形成的专业信誉，利用其网点、技术、信息及专业人才等方面的资源优势，根据客户的资产状况、预期目标和风险偏好程度，针对其短期、中期和长期需求或收益目标，合理安排资产投资和融资的方式，提供包括理财信息咨询、投资规划建议、个人理财方案设计等在内的全方位、综合型的金融服务，通过对个人客户金融资产的重组与再利用，帮助其规避风险，使其资产得到保值和增值的一种中间业务。为了实现这一目标，商业银行需要设计不同的金融产品组合方案，并综合银行的所有金融资源，从而满足不同客户对投资回报与风险的不同要求。现代个人理财业务已经不仅仅是提供某种单一化、模式化的产品，而是根据客户需要和风险偏好将不同的银行业务和产品有机地组合起来，对其加以改造或创新，使其具有较为明显的个性化和组合化的特征。由于为客户提供理财过程中应用手段的多样化，个人理财业务可以被认为是一种将客户关系管理、资金管理和投资组合管理等融合在一起形成的综合化、特性化的银行服务方式，或者说，银行个人理财业务本质上是信托、代理和咨询三位一体的新型银行业务。[1]

从上述定义可以看出，个人理财业务的核心就是银行基于个人客户的个性化需求，帮助客户合理分配其资产和收入，实现客户资产的安全性、流动性和收益性目标，以及提高客户生命周期内消费水平、生活质量乃至整个人生品质；其实质是银行通过专业化的理财服务和强大的信息收集处理能力，来降低个人配置资产的时间成本、经济成本和风险因素，解决普通个人客户理财的局限性和制约因素。[2]

---

[1] 田文锦：《金融理财》，412页，北京，机械工业出版社，2006。

[2] 定义参考了赵丛丛的《国内商业银行个人理财业务发展趋势研究》、于若阳的《关于提升商业银行个人理财业务服务水平的思考》，以及尹龙的《商业银行理财业务的发展与监管》。

本篇所指的个人理财业务，包含了贵宾理财服务和财富管理服务，其差异化的定位如下：

贵宾理财服务以产品销售为核心，为中高端客户提供包括理财规划、产品推荐、理财资讯等方面的理财咨询服务，贵宾理财中心在业务定位上突出客户维护、关系营销和综合理财。

财富管理服务以顾问服务为核心，以金融资产在100万元人民币以上的高端客户为服务对象，通过财富顾问、财富诊断和投资组合建议等服务为客户提供包括投资组合管理、离岸投资、财富专属产品、财富账户服务等专业财富管理服务，财富管理中心在业务定位上突出专业服务、关系维护、服务体验和资产配置。

二、个人理财业务客户的主要特征

各种研究显示，我国不同类别的富裕人士群体在其社会特征、金融需求、理财目标、风险偏好及行为特征等方面差异显著。下面本书逐一予以分析。

（一）财富来源

根据福布斯发布的《2010年中国私人财富白皮书》，54.8%的中国高净值人士拥有两个及两个以上财富来源。60.7%的高净值人士的财富全部或部分来自企业，紧随其后的财富来源依次为工资或企业分红、房地产投资、股市投资等（见图4-1）。由此可见，实业及投资是高净值人士的主要财富来源。[1]

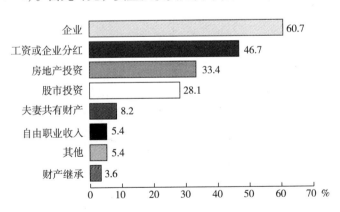

资料来源：福布斯中文版私人财富调研数据库。

图4-1　中国高净值人士财富来源

――――――――――

[1]　福布斯：《2010年中国私人财富白皮书》，17页。

（二）客户结构

1. 性别与年龄结构

《2010 年中国私人财富白皮书》显示：中国高净值人士中，男性占76.9%，女性占23.1%；在年龄方面，60 后、70 后人士是中国高净值人士的主力军，80 后人士占11.8%的比重（见图4-2）。

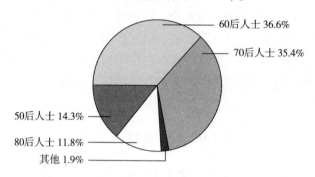

资料来源：福布斯中文版私人财富调研数据库。

图4-2 中国高净值人士的年龄分布

2. 学历结构

《2010 年中国私人财富白皮书》数据显示：中国高净值人士中，本科学历人士占49.3%，比例最大；其次则是专科学历，占20.4%的份额；硕士及以上学历的占19.2%，接近1/5；而专科以下学历的仅占11.1%。总体来看，中国高净值人士的受教育水平普遍较高。

3. 职业结构与行业结构

《2010 年中国私人财富白皮书》的调查结果显示：中国高净值人士主要来自贸易、制造行业，这是中国"世界工厂"地位带来的财富；金融业也是中国高净值人士的摇篮，12.3%的高净值人士来自此行业；房地产价格近十年持续攀升，房地产行业的可观利润造就了11.6%的高净值人士；TMT（科技/传媒/通信）行业因其快速增长而经常缔造财富神话，这个行业造就了中国高净值人士的8.6%（见图4-3）。

从企业性质来看，76.8%的高净值人士来自民营企业，这说明民营企业孕育了最多的高净值人士，其次造就高净值人士较多的企业为国有企业（10.3%）及外资企业（7.0%）。

从职业结构来看，64.1%的高净值人士是民营企业主，排在其后的依次为企业高层经理人、一般职员。

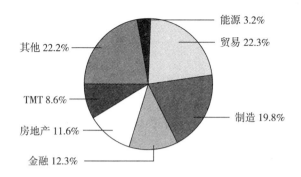

资料来源：福布斯中文版私人财富调研数据库。

图4－3　中国高净值人士的行业分布

（三）资产配置结构

中国的高净值客户普遍偏爱现金储蓄，但目前资产结构呈现多元化趋势。近几年，房地产股票及基金一直以来是国内高净值人士最为青睐的投资工具，占总体可投资资产比重的前三甲。

《2010年中国私人财富白皮书》调查显示，89%的高净值人士运用个人资产进行了投资，40.8%的高净值人士选择了至少3种以上的投资工具，采取了多样化的资产配置策略，其中房地产、股票、基金最受欢迎（此处分析不包括现金储蓄）（见图4－4）。

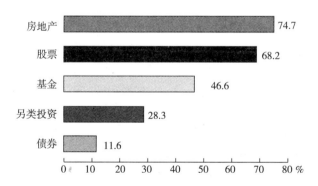

资料来源：福布斯中文版私人财富调研数据库。

图4－4　中国高净值人士选择的各投资工具占比

2010年在高净值人士的资产配置中，房地产投资及股票投资都超过60%，遥遥领先。基金投资和另类投资紧随其后，而债券市场因影响力微弱，并未受到投资者的关注。

（四）客户心理与行为特征

第一，从客户选择银行理财服务的动机上看，最核心的原因是资产的保值、增值，其余的原因还包括获取专业建议、进行多元化投资、没有时间自己管理资产，以及享受增值服务。大部分理财客户会选择多家银行享受其理财服务，以充分利用各家银行的优势；但是一般而言，理财客户会以其中一家为主服务银行。

客户的理财动机往往与其所处的年龄段有着密切联系。据有关调查，现有个人理财业务客户主要集中在 35 ~ 50 岁这个年龄段，他们具有良好的经济基础和充足的闲置资金。[①] 他们的风险意识和投资观念都很强，希望手中的钱增值，但又苦于投资市场风险的不确定性和通货膨胀的风险或是没有经验和时间去投资。这些客户绝大多数能够承担一定的风险，他们时常关注银行提供的动态信息，也较愿意向亲友推荐理财服务。在进行理财选择时，他们会优先选择中资银行为其提供个人理财服务，尤其偏爱"利用银行提供的渠道或平台去购买理财产品（例如基金、保险或证券）"和"代客理财服务（例如人民币理财、外汇理财）"这两项服务。

而潜在客户主要集中在 25 ~ 45 岁和 50 ~ 70 岁这两个年龄段，这类客户的特点是：大部分属于风险规避型，他们对各种金融产品的功能、特点了解得不十分清楚，即使有理财知识，因为工作繁忙，也没有时间专门用于收集信息、分析决策。他们虽然对银行偏爱有加，但对投资的预期收益率偏高，他们认为目前银行理财产品的收益率较低，因而没有接受理财服务。另外，他们能够承担的亏损范围也是偏低的，因此在投资时他们总会优先考虑风险而非收益。

第二，从客户选择理财服务的目标来看，中国高净值人士的财富目标呈日益多元化的趋势。较之两年前，中国高净值人士的财富目标高度集中在"创造更多财富"和"高品质生活"的情况，当前中国高净值人士的财富目标已经越来越多元化（见图 4 - 5）。[②]

第三，根据贝恩公司的调查，中国高净值人士的风险偏好更加稳健，且受金融环境变化的影响显著。经历了金融危机的洗礼之后，中国高净值人士对风险的认知更为深入，他们在风险偏好上表现得更加成熟和稳健。约 70% 的高净值人士倾向于在控制风险的前提下获得中等收益，较 2009 年该比例

---

① 牛柯新：《财富中心对个人高端客户有效服务模式的探讨》，载《金融管理与研究》，2009（5）。

② 招商银行和贝恩咨询公司：《2011 年中国私人财富报告》。

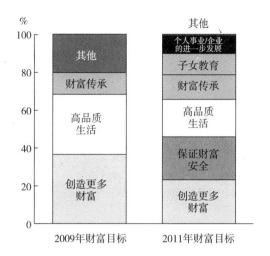

图 4-5　高净值人士的财富目标

明显提升（增加约 10%）；同时，倾向高风险、高收益和低风险、低收益的
人士占比均有所下降。一方面，部分曾片面追求高收益而忽视风险或对风险
认知不够的人们在金融危机中遭受了损失，在受到市场的教育后逐渐地认识
到控制风险的重要性，他们在选择产品时逐渐回归到风险特性与自身承受能
力相适应的产品上，减少了高风险、高收益产品的比重；另一方面，中国经
济在政府的大力刺激下迅速增长，投资市场逐渐回暖，在金融危机中减仓转
而持有高流动性、低风险产品进行保值的投资人开始适当配置中等风险产
品，以博得较高收益（见图 4-6）。

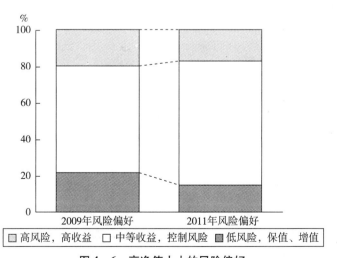

图 4-6　高净值人士的风险偏好

第二节 个人理财业务的兴起与在国外的发展

从 20 世纪 30 年代个人理财业务在西方发达国家兴起以来,获得了快速且长足的发展。本书对其发展阶段和发展现状作一介绍。

一、国外个人理财业务的发展阶段

个人理财业务起源于西方发达国家,就其发展阶段,有不同的划分方式,但对发展历程中的主要标志性事件的认定是一致的。本书采用较为细致的四阶段划分法。

(一)萌芽期

20 世纪 30 年代至 20 世纪 60 年代,可以视为个人理财业务的萌芽期,这是个人理财业务出现并获得初步发展的时期。

个人理财最早兴起于美国,并且首先在美国发展成熟。个人理财业务起源于 20 世纪 30 年代美国的保险业,是当时保险公司为推销本公司产品而采用的一种营销服务手段,主要是保险公司销售人员为促进保险产品的销售,根据不同客户在生命周期不同阶段的特征,为客户提供购买保险的建议,以达到促销产品的目的。

第二次世界大战结束以后,欧洲的重建和欧美经济金融的发展,扩大了金融服务和产品的需求,也提高了金融市场的竞争水平,商业银行、投资银行开始引入理财服务,并将其逐步发展为一项日常业务。但由于受到当时法律制度和市场环境的限制,一直到 20 世纪 60 年代,个人理财业务仍主要局限于简单的委托—代理活动,商业银行主要是提供咨询顾问服务,其主要内容是代理客户进行投资收益分析、筹划资金安排和代办有关手续等。这一阶段对个人理财业务的概念也没有明确的界定。

(二)发展期

20 世纪 60 年代至 20 世纪 80 年代,通常被认为是个人理财业务的形成与发展时期。

这一时期,银行资产负债管理理论日趋成熟并成为银行经营管理的主要理论依据,商业银行开始逐步认识到为客户提供多元化服务的可能性和重要性。发达国家的金融机构为了提高客户忠诚度,满足客户的实际需求,提升自身的竞争力,普遍实行了以客户为中心的经营策略,通过分析客户自身特点和全面了解其需求，为客户提供个性化的金融产品和金融服务，同时强调与客户建立全面、长期的关系。

20世纪70年代以来，全球商业银行掀起了金融创新的浪潮，金融创新活动十分活跃，个人理财业务也得到快速发展。商业银行经营管理方式的转变，加上金融创新提供了多样化的投资方式和投资工具，个人理财业务开始向"产品化"的方向发展，即将不同风险特征的存款、基金和保险产品等组合起来销售给客户，在为客户提供更高收益率的同时分散投资风险。融合了传统存贷款业务、投资业务和咨询顾问业务的"组合式"理财产品快速发展起来，成为这个时期个人理财业务最突出的特征。

经过了20世纪七八十年代的发展，"组合式"理财成为个人理财业务发展的主要方式。由此，真正意义上的个人理财业务和较为完善的理财制度开始出现。

1969年，首家金融理财的专业协会——国际金融理财协会（International Association for Financial Planning，IAFP）正式成立，它以促进金融理财行业发展为宗旨。1972年，国际金融理财协会又创立了美国金融理财学院，旨在普及金融理财知识、推进金融理财教育，并建立和维护金融理财行业的专业权威性。

但是，这一阶段以管制为特征的金融监管制度阻碍了金融市场以及个人理财业务的进一步发展。

（三）考验期

1987年10月19日，道琼斯指数暴跌造成的"黑色星期一"，使投资者损失不计其数。美国股民的信心受到严重打击，金融理财师乃至整个金融理财行业的信用也遭到重创，理财行业迎来了最艰难的时期。

（四）成熟期

20世纪90年代是个人理财业务日趋成熟的时期。这一时期，各国的金融市场及国际金融市场发展较快，个人金融资产膨胀、金融自由化、老龄化社会等因素促使理财的需求急剧增加。20世纪90年代以后，金融管制开始松动，伴随着金融市场的国际化、金融产品的不断丰富和发展，各类投资工具和衍生产品市场、场外市场交易规模迅速扩大，进一步拓展了理财产品的投资空间，理财产品的组合方式、投资对象、风险承担和利益分配模式更加多样化，保证收益（保底）、浮动收益、有条件转换收益等各类理财产品都获得了较大的发展。20世纪90年代末期，随着美国《金融服务现代化法案》的颁布，个人理财业务不仅开始广泛使用衍生金融产品，而且与信托业务、保险业务以及基金业务等相互结合，从而满足不同客户的个性化需求。

与此同时，随着商业银行的管理理论从资产负债管理向客户管理的转变，理财业务逐渐成为商业银行增强客户忠诚度、提高银行竞争力、更好地管理客户风险、提高银行风险对冲和管理能力的重要业务方式，也成为商业银行适应市场需要的一项基本服务要求。

另外，以计算机和互联网技术为中心的科技产业迅猛发展，也加速了金融领域的发展，高速通信网络和个人电脑等大大改善了消费者的信息通信基础。对于市场参与者来说，时间与空间上的距离大大缩短了，商业银行向个人客户提供快速、高效的金融服务具备了技术操作的可行性。

在此背景下，理财从业者们开始考虑改革理财制度，将理财的工作重心转移到生活规划上来，如退休后养老年金的安排等。同时，业界开始重视后续教育和严格遵守伦理规定等问题，大大拓展了理财服务的内涵与外延。

二、国外个人理财业务的发展现状

欧美发达国家商业银行的个人理财业务目前已发展到非常成熟的阶段。随着个人理财业务产品的日益丰富和规模的迅速扩大，个人理财业务收入在商业银行总业务收入中的占比近年来呈现节节上升的趋势，个人理财业务也成为商业银行重要的利润来源和业务增长点。

20世纪70年代以来，金融自由化浪潮使各国商业银行的个人理财业务飞速发展，尤其是以美国为首的一些发达国家的商业银行，个人理财业务成为为其带来最大利润的金融业务之一。据统计，2000—2005年美国银行业个人理财业务每年的平均利润率高达35%，年平均增长率为12%～15%，个人理财业务的收入占美国最大的银行——花旗银行业务总收入的40%。

同时，国外个人理财业务的发展，还呈现如下特征：

（一）服务内容的个性化

首先，个人理财方案以客户为核心，侧重于个性化设计，个人理财方案通常围绕个人不同人生阶段的重大目标进行设计，因个人需求的不同，涵盖社会生活的各个层面，如教育计划、保险计划、福利与退休金计划、遗产筹划等，量身定做，因人而异。银行通过准确把握居民需求的内涵，帮助客户分析自身风险承受能力、财务状况和理财目标，为其制订个性化的理财方案，以实现财富的保值、增值，提高客户的生活质量，保障其终身的生活目标。

其次，产品组合也体现出个性化的特征。随着证券、保险、基金行业的兴起，各家商业银行不断研究开发适应客户需求和有特色的金融产品，利用银行的储蓄、外汇、开放式基金、理财协议、国债、保险等产品来构建与客户不同阶段需求相匹配的理财体系，如财务咨询、委托理财、代理税收、保险筹划等。

最后，进一步提供购物、旅游、信息、交通和娱乐等个性化的增值服务。

（二）理财产品多元化

在国外实行全能银行制度的国家和地区，法律不禁止商业银行从事有关证券业务，一般也不禁止商业银行在向客户提供理财业务过程中进行信托活动；同时，由于这些国家和地区大多实行的是利率市场化和浮动汇率，因此商业银行可以向客户提供的产品种类较多，交叉性较强，个人理财计划可选择的金融产品种类繁多，提供的服务内容更加广泛。

（三）理财内容生活化

从国外的经验来看，追求投资收益最大化并非个人客户寻求专家理财的首要动机，而为与生活相关的财务规划寻求个人财务策划专家的建议是其更重要的需求，这些需求包括为未来生活提供保险、对收入或资产进行合法的税收规避、管理或减少现有个人债务、为子女或自己建立教育基金、建立退休基金、建立应付生活中突发性事件的"应急基金"、为一项家庭购买或更新进行财务准备、为假期或旅行进行财务准备等。以美国为例，美国典型的个人理财方案通常围绕人生不同阶段的重大目标来设计，主要有教育计划、退休金计划和遗产计划等。

（四）服务方式电子化

随着科学技术的不断进步，尤其是互联网技术在银行业的不断应用，各商业银行纷纷开设网上银行、电话银行、手机银行等业务，这些业务已发展成熟，并成为传统柜台服务的有力补充和重要辅助手段。商业银行也一改过去依靠网点扩张发展个人理财业务的模式，强调完善立体化的渠道建设，构建多渠道的服务方式，以渠道制胜。当前在一些发达国家，除了现金业务外，几乎所有的个人理财业务都可以通过电子渠道解决。

第三节　个人理财业务在国内商业银行的发展

　　随着我国金融行业的对外开放和市场竞争格局的演变，金融市场和金融创新环境日臻完善，商业银行纷纷推行以转变经营模式和增长方式为主要内容的战略转型，零售银行业务的战略地位迅速提升，商业银行个人理财业务的发展正逢其时，成为各家商业银行的新宠。

　　商业银行个人理财业务的兴起与发展是宏观经济发展、金融行业的变革、商业银行应对挑战的主动求变以及个人金融消费者的需求推动等一系列内外部因素共同作用的结果。国内居民财富迅速扩张而引发的对金融服务的外在需求，与商业银行利用金融创新实现战略转型和多元化经营的内在需求有机地结合在一起，对个人理财业务的兴起产生了强大的推动力，提供了广阔的拓展空间。无论从外部市场对于个人理财相关业务的需求角度，还是从银行内在发展需要和消费者内在需求等角度，都体现了个人理财业务发展的重要性与紧迫性。发展个人理财业务已成为各家商业银行竞争优质客户的重要手段和新的经济效益增长点，是我国商业银行今后业务发展的主要方向之一。

　　然而，我国商业银行的个人理财业务尚处于起步阶段，同时受到金融法律制度、金融管理体制和金融市场发育程度等方面因素的制约，在迅猛发展的同时也暴露出一些难以避免的问题。

　　本节首先分析我国商业银行个人理财业务兴起与发展的现实背景及推动因素，并就其发展历程进行梳理，对其发展的积极意义予以肯定；进而就其发展现状和值得关注的重点问题展开深入分析；最后在此基础上，就我国商业银行个人理财业务的未来发展方向及趋势进行探讨。

一、个人理财业务在国内的发展沿革

　　与发达国家个人理财业务的发展历史相比，我国个人理财业务发展历程非常短暂，仍处于早期发展探索阶段，下面本书将对国内个人理财业务发展历史脉络进行梳理。

　　我国商业银行的个人理财业务虽然起步晚，但发展速度却非常快。其发展历程大致分为三个时期。

（一）起步时期（20世纪80年代末至20世纪90年代）

从20世纪80年代末开始，我国商业银行个人理财业务进入初期阶段。

20世纪90年代中后期，国内的一些商业银行开始尝试开展个人理财业务，向客户提供专业化的投资顾问和个人外汇理财服务，这可以被认为是我国理财业务的萌芽阶段。

这一阶段，商业银行个人理财业务开始起步，然而大多数居民尚没有理财的意识和概念，金融创新也处于较原始的阶段，尚未突破银行自身传统业务框架，仅局限于银行传统存贷业务基础上的简单组合。商业银行几乎都选择了原有金融产品整合的方式，将银行内原有产品和服务按功能分类组合，打包提供给客户，为客户提供更为方便快捷的金融结算服务。这使商业银行从传统的存贷业务进入个人理财业务，扩大了银行收入来源。该阶段的创新尚未涉及证券、保险等交叉产品及服务，未整合形成系列化的理财产品，更提不上产品的规范化和标准化。

1997年是我国真正意义上的个人理财业务的兴起之年，个人理财业务进入模式和服务创新阶段。1997年，银行柜台代销保险公司产品的"银证通"诞生，并逐渐形成了银行柜台代理保险的理财模式，银行逐渐代理销售保险、基金、债券、股票等。此后几年间，各金融机构广泛开展了跨领域的业务交叉与合作，出现了银保合作、银券合作、银券保合作、期证合作等理财模式。2000年9月，中国人民银行改革外币利率管理体制，为外币理财业务创造了政策通道。在此背景下，中国银行和中国建设银行共同推出了个人外币理财产品，弥补了当时个人外汇只有银行定期存款这一条投资渠道的状况，其后几年外汇理财产品一直处于主导地位，但是总体规模不大，没有形成竞争市场。

与此同时，商业银行更加注重对理财服务的创新，不少商业银行相继在全国各大城市设立个人理财中心或贵宾理财室来开展个人理财服务，为客户提供"一站式"理财服务，并逐步培养自己的理财品牌。短短几年间，所有商业银行都开展了个人理财业务，个人理财业务在我国全面兴起。

（二）快速发展时期

2003年后，我国个人理财业务进入快速发展时期，并开始受到广泛关注。一方面，2003年以来外汇理财业务受到商业银行的大力推广，品种创新层出不穷；另一方面，人民币理财业务出现了快速发展势头。2004年9月，银监会正式批准商业银行开展人民币理财业务，股份制商业银行纷纷推出人民币理财产品，希望通过这种手段增强吸储能力。2004年11月，光大银行推出了投资于银行间债券市场的"阳光理财B计划"。随后，民生银行、中信实业银行、招商银行、华夏银行和兴业银行等五家股份制商业银行相继加入人民币理财市场中，当年即有近百款银行理财产品面世。直至2005年2月前，国内理财产品市场以股份制商业银行为主导。

2005年初，四大国有商业银行相继获得银监会批准，经营人民币理财产品。国有商业银行竞相推出具有创新性的理财产品，并纷纷开展个人理财业务，且业务运作比较规范。由此，商业银行理财产品日益丰富且发展迅猛，商业银行理财产品在数量和资金规模上都呈现逐年成倍增长的趋势。资料显示，2005年我国理财市场规模为2 000亿元人民币，人民币理财产品只有121只，外币产品只有566只；2008年理财市场规模已达2.31万亿元人民币，人民币理财产品增长到3 343只，外币产品增长到2 503只；到2009年共发售约8 000只本外币理财产品，2010年更是突破万只大关。据普益财富的估算，截至2010年12月20日，2010年银行理财产品的募集资金规模已为7万亿元人民币，相比2009年4.8万亿元的规模增长了46%，呈现爆发式的增长趋势。而同一时期，储蓄存款在个人金融资产中的占比大幅下降。这充分体现出我国个人理财市场的迅速发展和居民旺盛的理财需求。

在理财产品热销的同时，包括国有商业银行、股份制商业银行以及部分城市和农村商业银行在内的多家国内商业银行都基本建立了以发行、代理金融理财产品，提供个人账户综合管理，开展顾问咨询服务为主要内容的个人理财业务体系，但业务发展还是以发行和销售理财产品为主的产品导向型发展模式。

2005年，中国银监会颁布了《商业银行个人理财业务管理暂行办法》等相关规定，进一步规范了商业银行个人理财业务，为其进一步发展铺平了道路。

从2006年开始，随着我国金融市场和经济环境的进一步完善，居民理财需求日益加大；加上2006年以来资本市场的活跃，大大刺激了客户对理财服务的需求，个人理财业务进入了大幅扩张和综合服务创新阶段。该阶段各商业银行开始持续加大理财产品的创新和发行力度，不断丰富和延伸理财品牌及价值链上的子产品。商业银行加强了对现有产品种类上的横向组合和结构上的纵向深入，大力借助金融衍生产品来开发个人理财产品，对传统金融工具进行重新组合、调换、改造，以开发新型金融工具，提升银行的服务层次和服务能力。银行理财产品市场规模呈现爆发式增长的态势。

同时，市场竞争主体呈多元化发展格局，紧随商业银行之后，保险公司、证券公司、信托公司、基金公司等金融机构也积极参与到理财业务市场的竞争中，积极开发新的理财产品，提供优质的理财服务。①

这一时期，不少商业银行从长远发展战略考虑，除了不断加大理财产品的创新和发行力度外，陆续在服务体系完善、理财师专业队伍建设、同业合作、信息化建设等方面进行了初步规划，并创建和推出了自己的理财品牌，如工商银行的"理财金账户"、中国银行的"中银理财"、建设银行的"乐当家"、农业银行的"金钥匙理财"、交通银行的"交银理财"和"沃德理财"、招商银行的"金葵花"、民生银行的"非凡理财"、光大银行的"阳光理财"，以及广发银行的"真情理财"等品牌，力争通过提升理财品牌的竞争力，在新兴理财市场上抢得先机。

（三）日渐成熟的稳健发展时期（以 2008 年金融危机为标志）

尽管取得了飞速发展，但我国个人理财业务仍处于早期发展阶段，发展水平较低，发展过程中仍存在一些问题。随着美国次贷危机演化而来的国际金融危机的加深，我国原本就不太发达的商业银行个人理财业务受到了较大的影响，一度陷入短暂的停滞。在经受了全球性金融危机的考验之后，其逐渐转入稳步发展阶段。

2007 年末国内资本市场开始由牛市转为熊市，各商业银行的个人理财业务也受到了前所未有的挑战，我国个人理财业务在过去几年的快速发展中积累下来的问题也逐渐显现。理财产品零收益甚至是负收益引发了大量投诉，有的客户对个人理财业务失去信心。这反映出当时我国金融制度环境、发展水平和创新能力尚不足以支撑个人理财业务这一新生市场的迅速发展和壮大，我国个人理财业务的发展还有很长的路要走。

经过整顿改革之后，各商业银行已摒弃过去的激进发展的模式，特别加强了一度忽视的风险监控。商业银行的个人理财产品创新及风险控制不断向国际靠拢，业务日趋规范化，国内个人理财业务逐步走上稳健发展之路。2008 年，商业银行个人理财业务获得了快速的发展，全国 53 家商业银行发行了 2 165 只理财产品，截至 2009 年上半年，商业银行发行的理财产品累计

---

① 王芸芳：《个人理财业务发展前景——我国商业银行个人理财业务发展》，载《甘肃科技》，2008（14）。

近 7 500 只，其中人民币理财产品约占一半。①

与此同时，个人理财业务开始步入分层化阶段。2007 年以来，中国银行、工商银行、建设银行、招商银行、中信银行等国内同业以及一些外资银行，逐步构建分层化的理财服务体系，将中高端客户进一步细分为贵宾理财客户、财富管理客户和私人银行客户等，为不同层级的客户群体提供不同的产品与服务，并将资源向高端财富管理领域倾斜，以争夺国内市场宝贵的高端客户资源。

从中长期发展来看，个人理财业务以其巨大的发展潜力和稳定的盈利前景，成为商业银行持续发展的基础和动力，对商业银行的可持续发展起着举足轻重的作用。

二、个人理财业务在国内商业银行的发展现状

个人理财业务的发展与市场条件密切相关，如金融市场的开放程度，利率、汇率制度，大众需求以及从业人员素质等。在具有中国特色的金融市场背景下，我国商业银行个人理财业务的发展也呈现出一些个性化的特点。

（一）起步晚，发展迅速

我国个人理财业务的真正发展不过十余年，与发达国家相比，仍处于初期阶段，且由商业银行主导。过去几年中，受早期快速发展所累积的问题及全球性金融危机的双重影响，个人理财业务的发展步伐一度放缓，继而转入稳步发展阶段。

尽管受到外部影响，近年来，我国国民收入水平大幅提高和财富加速积累的利好背景，给予了我国个人理财业务发展最强有力的推动；同时随着我国金融市场的不断发展和对外开放程度的不断提高，银行业、证券业、保险业、信托业等金融行业间的业务相互渗透，一些跨市场、跨行业的交叉性金融业务得到快速发展。在我国金融行业各类创新业务中，个人理财业务是当前跨行业、交叉性金融业务中最活跃的业务类型，发展速度非常之快。根据波士顿咨询公司（BCG）的调研，中国财富市场的增长在全球表现出众；尽管金融危机刚刚过去，从 2008 年末到 2009 年末，中国财富市场增长了 28% 左右，达到 5.4 万亿美元；2009 年中国拥有 670 000 户百万美元资产家庭，与 2008 年相比增长 60%，位列全球第三，仅次于美国和日本。尽管增长显

---

① 陆仰：《我国个人理财业务的发展问题研究》，载《中国新技术新产品》，2009（24）。

著，中国财富市场的增长空间仍然巨大。[①]

（二）总体上供不应求

因供给不足导致相应的结构矛盾，说明国内的金融市场发展水平还不能为个性化服务需求提供丰富的手段和工具支持。我国个人理财业务发展滞后于经济总体发展水平，在供需层面上体现为理财产品和服务在种类和结构上的供给不能满足客户日益增长的个性化和多样化的市场需求。[②]

首先是供给品种。受国内《商业银行法》分业经营的限制，加上我国利率尚未完全市场化，国内商业银行开发销售个人理财产品面临的约束较多；同时由于国内商业银行理财产品的设计水平和创新能力还不能适应迅速增长和多样化的居民需求，其所提供的产品种类较为有限，且产品差别化程度低，简单结构的理财产品过剩，而较为复杂的现代衍生金融产品不足，难以满足所有客户的理财需求。

其次是供给内容。大多数商业银行开展个人理财业务的出发点，是将其作为吸引和维护中高端客户的一种营销策略，以低层次的普通金融理财服务（产品销售及简单的投资和资产配置建议）为主，高层次的金融服务（财富管理、私人银行服务等）供给不足、有待开发。个人理财业务尚未形成全方位、多层次、差异化的理财服务体系。

（三）以产品销售为中心

有学者认为，目前我国个人理财市场正处于从产品导向型发展模式向以服务为中心的综合性发展模式演进的嬗变期，尚未完全过渡到以客户为中心的发展阶段。而这一现象的实质在于我国目前的金融环境和发展水平尚不足以支持我国个人理财市场从产品导向型发展模式向以服务为中心的综合性发展模式迅速转变。[③] 因此各商业银行的个人理财业务仍然以产品销售为重点，尽管建立了众多理财品牌和多层次的理财中心，但服务内容主要是把现有的业务进行重新整合，仅是储蓄功能的扩展和初级的咨询服务，没有针对客户的需要进行个性化设计。商业银行个人理财业务产品导向型发展模式及理念，与客户个性化服务需求之间的矛盾，已经日益凸显。

总之，尽管我国商业银行在个人理财业务领域已经取得显著的发展，但还面临着提高产品创新能力和服务的差异化程度、进一步科学地细分客户、

---

① 波士顿咨询公司（BCG）：《2010 年中国财富报告》。
② 栾小华：《个人理财服务需求供给分析与建议》，载《农金纵横》，2003（1）。
③ 黄国平：《中国银行理财业务发展模式和路径选择》，载《财经问题研究》，2009（9）。

完善 IT 系统建设和风险监控管理等一系列问题。这些问题，既有金融发展滞后、制度创新乏力等外部环境的约束，也有银行业内部经营实力、创新能力不足和发展定位不清晰等内在因素的制约。只有有效解决这些问题，才能夯实我国商业银行个人理财业务的基础，使之得到长足的发展。

三、国内外个人理财业务比较

个人理财业务在发达国家的发展已较成熟，这得益于发达国家较为成熟的商业银行体制和较完善的法律环境。在其发展中，发达国家商业银行积累了丰富的运作经验，形成了以高科技为手段，多样化、个性化、高质量的个人理财产品与服务。然而我国商业银行由于诸多条件的制约，个人理财业务发展相对滞后，无论在规模上还是内容上，都不能与发达国家相提并论。比较归纳起来，国内个人理财业务主要在以下三方面存在较明显的差异。

（一）理财收入在我国商业银行收入和利润结构中的占比仍然较低

个人理财业务在全球都是商业银行营业收入和利润的一个重要来源。发达国家商业银行的理财收入一般占经营收入的比重为 40% ~ 50%，理财收入在美国、英国、新加坡等国家商业银行业务中的利润贡献占比也达到 30% ~ 50%。自 20 世纪 90 年代以来，花旗银行业务总收入中，70% 以上来自各类中间业务，其中个人理财业务对中间业务收入的贡献率超过 35%。香港恒生银行个人理财业务对其盈利的贡献率已达 48%。而我国商业银行中间业务收入占总营业收入的比重普遍在 10% 左右，理财收入占比更低，普遍不到 10%。[①]

（二）理财产品的丰富程度和差异化程度远不及发达国家

美国银行业的个人理财产品种类丰富。商业银行可以利用基金、股票、保险、债券等各种金融工具进行创新。从普通的理财产品到全权委托或其他的投资咨询类业务，理财产品可选择的种类和范围十分宽泛。

而我国商业银行受限于金融市场以及银行自身发展水平的制约，在产品设计水平、创新能力和投资渠道等方面均不及国外银行。尽管各商业银行为了在竞争中获取优势，抢占市场，不遗余力地推出了各种名目繁多的理财产品，但事实上商业银行只不过是对股票、债券以及其他衍生工具进行简单组合，再以一系列新颖的名称展示给客户，缺乏真正具有竞争力的创新产品；

---

① 王芸芳：《个人理财业务发展前景——我国商业银行个人理财业务发展》，载《甘肃科技》，2008（14）。

且商业银行大多限于为客户提供已经设计好的固定产品，还不能为客户量身定制金融产品，缺乏根据客户不同情况而设计的差异化专属产品。

（三）为客户提供的理财服务差异化程度不及发达国家

对西方发达国家来说，差异化服务是商业银行个人理财业务发展的基本思路，也是商业银行的基本经营手段之一。而我国目前各商业银行在提供差异化理财服务方面仍有一些欠缺。当前我国个人理财业务开展中，以产品销售为主导，所提供的理财服务比较基础和单一，理财服务主要还停留在咨询、建议或者方案设计上，或是提供较初级的咨询服务，以致不同层级的中高端客户享受的服务都以基本理财服务为主，高端化、个性化的服务不多，不同层级客户体验的差异感不明显。

这主要是因为，我国商业银行与其他金融机构合作的深度仍然有限，客户经理很难提供个性化服务。此外，商业银行尚无法提供资产管理、遗产规划、税务规划、子女教育规划、养老规划等全方位的理财咨询服务。而这些理财服务正是发达国家商业银行吸引高端优质客户的关键所在，也是个人理财产品开发和设计的核心。

与此同时，国内商业银行对中高端客户的细分工作也不到位，划分的维度比较单一。而外资银行十分注重对客户的研究和细分，并针对不同服务对象的特点，实施相应的客户服务策略。以美国为例，美国个人理财业务范围层次的划分有严格的管理机制，可以划分为一般消费群体（占业务量的80%以上）、较富裕的消费群体（占业务量的15%～20%）和私人VIP消费群体（仅占业务量的1%左右）。对于一般消费群体，银行主要是提供大众化的理财服务，在银行账户管理、住房抵押贷款、汽车贷款和信用卡等几个方面推出各种理财服务；对于较富裕的消费群体，银行提供半个性化的理财服务，在基本服务之外推出一些有特色的投资或保险方案，根据他们本身要求的理财需求来推出服务；对于私人VIP消费群体，银行提供高度私密性的个性化服务，并派遣专业的理财团队对其财务状况和投资需求进行了解和规划。

正因为存在上述几方面的差距，我国商业银行在个人理财业务方面的发展空间还很大。

四、国内个人理财客户金融需求及发展趋势

（一）共性需求

一般而言，客户使用理财服务的根本原因是实现资产的保值、增值，在

选择理财银行时，他们通常关注产品、服务、品牌、定价、地点等五大方面。其中产品收益率和银行基本服务是客户最看重的因素，但他们对产品种类、费率高低以及增值服务的敏感程度则相对较低。

（二）差异化需求

不同的富裕人士对金融产品的偏好不同，对金融服务的需求也大相径庭。其主要影响因素有年龄、受教育程度、职业、婚姻状况等社会属性，以及金融资产多寡和风险认知度、风险承受能力等。因此，虽然同为理财客户，有的客户可能需要的仅是咨询，有的客户需要的是优化资产的配置，有的客户需要的是高收益投资。

以金融资产的多少为例。一般来说，拥有大量资产的富裕阶层往往注重资产的保值，拥有较少资产的阶层往往注重资产的增值，而中产阶层则既注重资产的保值又希望资产能获得增值。但客户需求是受多个维度的因素交叉影响的。即使拥有大体相同数额资产的客户，若职业不同，其对理财服务的偏好也会有所不同，这就形成了金融机构实行差别化服务的客户基础。

再以客户的生命周期为例。结婚、第一次购房、购车等消费大部分集中在青年时期，这一时期的客户对各类贷款的需求较旺盛，存款意愿不强，银行应对其提供多样化的房贷、车贷和信用卡业务；处于中青年时期的客户，随着事业和家庭的日趋平稳，财富积累也日趋增多，理财需求强烈，打新股、代售基金、外汇投资、黄金投资等理财产品更受其青睐；对于进入老年时期的客户，由于其思想比较保守，存款意愿较强，银行对其提供的理财产品更侧重于保险、国债等安全性较高的产品。只有掌握了这些客户的不同理财需求后，银行才能更好地为客户提供不同的理财产品组合，快速吸引现实及潜在理财客户的注意力。

近几年来，我国富裕人士的金融需求在逐步形成的同时，也显现出一些共同的发展趋势：

1. 客户需求日益多元化、复杂化

随着国内居民财富增长、支出方式多元化，以及金融消费意识的增强和观念的不断变化，居民在金融资产配置上从单一储蓄逐步向多样化方向转变，金融需求不仅多元化，而且分化日益显著。特别是高净值个人客户，其金融服务需求层次也由单纯的保值型向综合理财型、增值型转变。

而与此同时，证券、保险等各种新型服务机构的发展，为不同客户提供了不同的产品和服务，为个人理财业务拓宽了渠道，也使居民多元化投资需求的满足成为可能。

2. 理财服务需求重心从理财产品转向个性化的理财计划

目前，高收入阶层的需求重心开始从简单地购买理财产品，转向个性化的理财计划，他们最关注理财客户经理为其制订的"一对一"的、针对性强的理财计划。各家商业银行积极响应客户的这种需求，不断提升针对不同客户制订个性化的理财计划或方案的能力，为中高端客户提供"金融保姆"式的量身定制服务。

3. 融资服务需求大幅度增长

有关调查显示，针对贵宾客户的消费信贷融资服务也呈增长趋势，大约五成以上的高收入阶层有融资服务需求，这说明高收入阶层开始日益关注融资服务。

研究人员认为，高收入阶层融资服务需求大幅增长可能与高收入阶层投资理财多元化有关。一是由不景气的股市、楼市转向更稳定的其他投资市场，如信托、黄金、债券等。二是高收入阶层个人生活理财与自投公司经营理财相结合。高收入阶层中以个体、私营企业主居多，大多数个体、私营企业主个人生活理财热情较高，个人生活理财与企业投资经营相辅相成。

4. 对便捷的服务模式和服务渠道的需求日益提升

网上银行备受青睐。根据有关调查，高收入阶层对网上银行的接受度最高，且呈大幅度增长趋势。这说明网上银行对高收入阶层具有一定的吸引力，尤其是网上银行可以为高收入阶层节省时间和精力。研究人员认为，对网上银行的偏好程度增强可能与网络普及程度以及网上银行的互动性强、便捷性好有关。

5. 对风险的敏感程度较高，金融需求因市场环境的变化而变化

例如，受 2006—2007 年资本市场活跃的影响，中高端客户普遍热衷于证券和股票型基金等见效快、收益高的投资产品，人民币理财产品和保险等销量下降；而 2008 年，受金融市场震荡、房地产市场走势不明朗、国家对楼市进行调控等影响，中高端客户对房地产投资信息服务的需求明显下降，而转向各类证券、外汇理财产品。特别是 2008 年以来，受全球金融危机的冲击，总体而言，国内高净值客户对股票投资有所减少，并将新增收入大部分用于现金储蓄或购买高流动性、固定收益的理财产品，在 2009 年他们继续青睐风险低、流动性高，且收益固定的投资产品，其已经持有的基金与银行理财产品，在品种上有所转换，以保守稳健型为主。

　　这些均显示出高收入阶层对投资风险的敏感性。因此金融机构为高收入阶层提供个人理财服务时，需要准确地评估高收入阶层能够承受的投资风险程度，在其风险承受范围之内为其制订理财计划或推介理财产品。

　　富裕客户的金融需求及变化趋势说明，金融机构提供的理财服务不是越全越好，而是越符合客户的需求越好。商业银行必须密切关注富裕客户理财需求的新变化，根据这些新变化调整自身发展策略，并迎合这些变化有目的地强化或突出自身某一方面的服务优势，以尽可能地吸引更多优质的个人高端客户。

第五章　理财产品分析

第一节　国内主要理财产品介绍

一、理财产品分类

理财产品分为广义和狭义两层概念，广义的理财产品包括本外币理财、基金、保险、券商集合理财等多种金融投资产品；狭义的理财产品仅指由商业银行独立发行的本外币理财产品。本节中，对理财产品的介绍指的是广义理财产品。由于我国目前实行的是分业经营的金融体制，国内市场的理财产品按照发行人可分为基金产品、保险理财产品、银行理财产品、券商理财产品和信托理财产品。

（一）银行理财产品

根据银监会颁布的《商业银行个人理财业务管理暂行办法》，银行理财产品是商业银行运用专业投资能力，按照既定的投资策略，归集投资者闲散资金，代理投资者集中进行投资的金融投资产品。随着近几年银行理财业务的高速发展，商业银行推出的理财产品投资领域广泛、产品种类繁多，主要可从风险属性、设计结构、投资方向、币种、期限结构等多个角度进行分类。

1. 按照风险属性划分

按照风险属性划分，银行理财产品可分为保证收益产品、保本浮动收益产品和非保本浮动收益产品三类。

保证收益产品，是指商业银行按照约定条件向投资者承诺支付固定收益，商业银行承担由此产生的投资风险，或商业银行按照约定条件向投资者承诺支付最低收益并承担相关风险，其他投资收益由商业银行和投资者按照合同约定分配，并共同承担相关投资风险的产品。如，中国银行推出的"博弈"系列、"汇聚宝"理财产品，深圳发展银行推出的"聚财宝"飞越计划人民币理财产品即为保证收益产品。

保本浮动收益产品，是指商业银行按照约定的条件向投资者保证本金安全，本金以外的投资风险由投资者承担，并依据实际投资收益情况确定投资者实际投资收益的理财产品。保本浮动收益产品的收益水平主要取决于交易结构的设计，其设计原理是根据投资标的的运行情况或者所挂钩标的的走势进行设计，并随标的资产的波动而波动。由于挂钩方式不同，收益率的变动路径也是多种多样的，有根据标的运动方向正向或反向浮动的理财产品，也有根据标的运行区间设计的累积收益理财产品等。如，恒生银行发行的指数挂钩"乒乓盈"人民币理财产品。

非保本浮动收益产品，是指商业银行根据约定条件和实际投资收益水平向投资者支付收益，且不保证投资者本金安全的理财产品。如，荷兰银行发行的"超越表现"系列结构性存款产品，华夏银行发行的"华夏理财—人民币创盈 7 号"理财产品。

2. 按照理财产品的设计结构划分

按照理财产品的设计结构划分，银行理财产品可以分为普通理财产品和结构性理财产品。

普通理财产品是指产品未采取任何结构设计，只是将募集的理财资金投资于相关标的市场，本金和收益直接来自于同一资产或资产组合，理财产品的交易结构中未嵌入金融衍生品。结构性理财产品是运用金融工程技术，将存款、零息债券等固定收益产品与金融衍生品（如远期、期权、掉期等）组合在一起而形成的一种金融产品。按照发展可将其分为传统型理财产品和现代型理财产品。传统型理财产品主要是指可转债、权证等，其结构和交易机制相对简单；现代型理财产品产生于 20 世纪 80 年代，在 20 世纪 90 年代出现爆炸式增长。结构性理财产品包括三个最基本要素：固定收益部分、衍生产品和挂钩标的资产。

固定收益部分是结构性理财产品的主体部分，通常用于保证理财产品全部本金或者部分本金的安全。固定收益部分包括债券、银行存款、货币市场基金等风险较低资产。

挂钩标的资产主要有股票价格、股票指数、汇率、利率、信用、商品价格和指数、其他标的资产的价格与指数，以及气候、自然灾害等特殊事件的发生。挂钩标的的选择决定了理财产品的风险，从而影响到结构性理财产品收益的支付。

衍生产品是结构性理财产品设计最重要的一环，它最终决定了结构性理财产品的收益水平和风险特征。目前，结构性理财产品中所运用的衍生产品大多是期权，其次是远期和互换。从结构性理财产品所运用的期权种类来看，最常见的是看涨期权、看跌期权、两值期权、障碍期权、分阶段期权、彩虹期权及利率上下限期权等。中国银行"博弈 BY09020－Ⅴ汇市争锋"理财产品就是一款结构性理财产品。其他代表性的结构性理财产品还有花旗银行的人民币结构性投资账户挂钩指数基金和商品、汇丰银行的"汇聚中华"一揽子股票挂钩结构性投资产品等。

3. 按照产品投资方向划分

按照产品投资方向划分，银行理财产品可分为债券及货币市场类、信贷资产类、证券投资类、组合投资类、代客境外理财类（QDII）。

债券及货币市场类理财产品主要投资于同业拆借市场、短期政府债券、短期金融债券、央行票据、商业票据、债券衍生市场、银行承兑贴现汇票等货币市场工具，收益主要来源于有价证券的价差收入或者是资产性收入。这类产品流动性高，期限以中短期为主，收益稳健，在资本市场波动时此类产品避险价值突出。交通银行的"得利宝·新绿"产品、招商银行的"金葵花"招银进宝之票据盈理财计划等是此类产品的代表。

信贷资产类产品是以信托贷款为投资对象，由银行发行理财产品，将募集的客户资金投资于其指定的信托公司发起设立的信托贷款计划，产品到期后银行按照约定向客户支付本金收益。此类产品结构相对简单，收益稳定且有吸引力，但受宏观经济或监管政策的影响非常明显，2010 年以来此类产品受到监管机构六次密集调控，产品发行量骤减。2010 年全年信贷资产类理财产品发行量仅为 1 669 只，较 2009 年发行量下降了一半。此类产品的代表产品有建设银行的"建行财富"信托贷款类理财产品、招商银行的"金葵花"招银进宝之信托贷款理财计划、中国银行中银信富理财产品等。

证券投资类产品投资于股票、基金、交易所债券等。按照银监会理财产品销售指引，此类产品向具有相关投资经验、风险承受能力较强的高净值客户销售。光大银行阳光理财"T 计划"财富产品、中国银行中银创富人民币理财产品是此类产品的代表。

组合投资类产品投资于多种资产组成的资产池，包括债券、票据、货币市场工具、新股申购、信贷资产以及其他银行理财产品等基础资产，不仅降低了投资的风险波动，同时也使收益水平整体高于单一的债券及货币类产品。中国银行的中银集富产品、工商银行的"稳得利"信托投资性人民币理财产品、交通银行的"得利宝"智慧添利系列人民币理财产品都属于组合投资类产品。

代客境外理财类（QDII）产品是具有代客境外理财资格的商业银行，受境内个人委托，投资于与中国银监会签署合作谅解备忘录的国家和地区的金融市场，投资对象主要包括境外股票、基金、结构性票据、债券以及其他投资品种。为规避风险，银监会明确要求银行代客境外理财产品不得投资于商品类衍生产品、对冲基金以及国际公认评级机构评级 BBB 级以下的债券。此类产品的代表有中国银行的"中银稳健增长（R）"代客境外理财产品、QDII 之"中银新兴市场（R）"人民币理财产品。

4. 按照理财产品的币种划分

按照理财产品的币种划分，银行理财产品可分为人民币理财产品和外币理财产品，其中外币主要有美元、港元、澳元、欧元、英镑及日元等。2007年的银行理财产品市场中，人民币理财产品和外币理财产品各占半壁江山，但 2008 年至今，人民币理财产品则占绝对优势，这与国际、国内的经济和金融环境密切相关。2010 年，人民币理财产品发行了 8 091 只，市场占比为81.51%，外币理财产品发行了 1 835 只，市场占比仅为 18.49%。

5. 按照理财产品的期限划分

按照理财产品的期限划分，银行理财产品可分为开放式、短期、中期和长期产品。开放式产品是指产品存续期内，投资者在合约规定的日期赎回和申购产品，类似于开放式基金，QDII 产品采用了这种形式。短期产品是期限在 6 个月内（含 6 个月）的产品，流动性好，主要为货币市场类和信贷资产类产品。中期产品是期限在 6 个月至 1 年（含 1 年）的产品，流动性适中。长期产品是期限在 1 年及以上的产品，流动性较差，主要为证券市场类产品、股权投资类产品等。近两三年由于市场不确定因素广泛存在，为将产品风险控制在一定范围内，各商业银行理财产品在期限结构设计上偏于短期。2008 年金融危机爆发后，短期理财产品占比较高；2009 年延续该趋势，3 个月以下期限的短期理财产品发行数占全年理财产品发行总数的 44.93%；2010 年该趋势更加明显，3 个月以下期限的短期理财产品发行数占全年理财产品发行总数的比例上升至 55.36%。

6. 特殊类型理财产品

除上述理财产品外，还有一种客户可直接参与交易的交易型理财产品，目前市场上交易型理财产品主要以外汇和黄金为交易对象。外汇买卖交易，即客户通过银行将一种外币买卖成另一种外币的业务，如中国银行推出的"外汇宝"，客户可通过银行柜面服务人员、电话交易设备等方式，进行外汇市价交易，或可进行委托交易，投资于美元、欧元、英镑、澳元等外币。该类产品适合于两类客户，一类是想将手中的一种外币兑换成另一种外币，以备出国留学、旅游等之用的客户，另一类是拥有外币存款，如美元、日元等外币，希望通过低买高卖方式对外币存款进行保值、增值的客户。

在外汇交易业务产品中加入期权，可设计期权类外汇交易产品，客户根据自己对外汇汇率变动方向的判断，向银行支付一定金额的期权费后买入相应面值、相应期限和规定执行价格的期权。此类产品较为典型的是中国银行推出的"期权宝"、"两得宝"产品。

以黄金为交易对象的产品是银行针对黄金价格的波动性大、市场在涨跌交替中充满投资机会的特点，为客户设计的理财渠道。中国银行作为全国第一家开办个人纸黄金买卖业务的银行，推出了"黄金宝"产品，使客户通过银行柜台或电话银行、网上银行服务方式进行账面黄金交易，以达到保值、增值的目的。招商银行的"招财金"产品，代理客户在上海黄金交易所进行各类贵金属的买入、卖出，并代理客户完成相应结算和交割处理。

（二）基金产品

基金实行组合投资、专业管理、利益共享、风险共担的集合投资方式。与股票、债券不同，基金是一种间接投资工具，由基金托管人托管，由基金管理人管理。随着我国基金品种的日益丰富，基金产品的分类形式也日趋多样。根据运作方式的不同，基金可分为封闭式基金和开放式基金；根据投资目的的不同，基金可分为成长型基金、收入型基金和平衡型基金；根据募集方式的不同，基金可分为公募基金和私募基金；根据投资对象的不同，基金可分为股票型基金、债券基金、货币市场基金、混合基金等类别。以下重点以投资对象为分类标准，介绍一下我国的基金产品。

1. 股票型基金

股票型基金，顾名思义，是以股票资产为主要投资对象的基金（《证券投资基金运作管理办法》中规定百分之六十以上的基金资产投资于股票的，为股票基金）。它狭义上只包括开放式股票型基金，广义上包括开放式、封闭式股票型基金以及指数基金。

2001 年 9 月国内第一只股票型基金华安创新发行以来，股票型基金的资产以及数量就呈现不断增长之势，其中以 2006 年以来发展最为迅猛。股票型基金的资产在 2007 年牛市时达到最高 13 926 亿元，2008 年以来，由于市场遭遇较大系统性风险，股票型基金净值缩水严重，其资产总值也有较大下滑。

股票型基金作为重要的基金投资品种，其处于基金收益序列的塔尖，这也是由股票型基金中大比重的权益资产的特点决定的。国内股票型基金的发展速度直接取决于股票型基金的业绩。2003—2010 年，2007 年股市达到最高点，股票型基金的平均收益达到 130%。如果以 7 年年化收益率来看，股票型基金的年平均收益率达到 35%，这一收益率水平显著高于其他类型的基金。因此，股票型基金具备长期投资的高收益价值。但不可忽略的是，股票型基金在具有高收益特征的同时也具有高风险、净值高波动的特征，2008 年的金融危机带来股市的熊市，股票型基金遭遇历史最大亏损。2009—2010 年，受国家刺激政策影响，市场逐渐复苏，股票型基金收益在震荡中上升。

2. 混合型基金

混合型基金是一种基金管理资产能够在股票和债券等大类资产间进行灵活配置的基金产品，该类型基金契约中约定投资股票和债券的资产占基金资产净值的比例较为灵活，常常会依据基金投资目标的不同进行股票和债券的不同配比。依据配置的不同将混合基金分为偏股型基金、偏债型基金、股债平衡型基金、灵活配置型基金等。偏股型基金中股票的配置比例在 50% ~70%，债券的配置比例在 20% ~40%；偏债型基金的配置比例与偏股型基金相反；股债平衡型基金股票和债券的配置比例较为均衡，二者在 40% ~60% 间配置。

混合型基金的投资风险主要取决于股票和债券配置的比例大小。一般而言，灵活配置型基金、偏股型基金的风险较高，但预期收益率也较高；偏债型基金的风险低，预期收益率也较低；股债平衡型基金的风险与收益则较为适中。截至 2010 年 6 月末，市场上共有 68 只混合型基金，该类型基金资产净值达到 1 424 亿元。截至 2010 年 12 月 21 日，混合型基金的平均年收益为 7.88%，跑赢大盘近 20%，其中超过 68.42% 的基金实现了正收益，约 98.69% 的基金年收益率跑赢了沪深 300 指数。2010 年混合型基金的优秀业绩来源于其较低的股票仓位及对行业投资方向的良好把握。

3. 债券型基金

债券型基金是指资产配置以债券为主，同时股票可投资比例上限不超过

20%的开放式基金。债券型基金的波动性通常小于股票型基金，常被认为是收益、风险适中的投资工具。

2002年，南方基金管理公司推出了我国第一只开放式债券型基金南方宝元债券型基金。在随后的几年中，债券型基金资产管理规模增长迅速，但低于同期股票型基金的年均增长率及基金行业的年均增长率。2008年的股市大熊市及债券牛市催生了债券型基金发展的第一个黄金阶段，2008—2009年间，债券型基金发行数量大增，基金资产规模成倍增长。但相对成熟市场的基金行业，我国债券型基金在整个基金行业中的发展相对滞后，债券型基金资产占比明显偏低，这主要是由于投资者较关注权益类投资机会，同时，债券型基金存在产品类型单一、创新不足等局限。随着债券市场本身发展的加快，以及投资者资产配置理念的逐步成熟，债券型基金在基金行业资产中的占比将逐渐提升。2010年债券型基金整体业绩好于债券市场收益，与偏股型基金收益基本持平。至2010年12月21日，债券型基金的平均年收益率为7.79%，其中93.6%的基金年收益率跑赢了中债总财富指数，仅有1只基金未取得正收益。

4. 保本型基金

保本型基金是将大部分的本金（保本资产）投资在具有固定收益的投资工具上，如定期存款、债券、票据等，使契约到期时的本金加利息大致等于起初所投资的本金，此外，再将契约约定比例的资产（收益资产）投资于权益证券市场，以获取风险收益。保本型基金的投资目标是在锁定风险的同时力争有机会获得潜在的高回报。此类基金锁定了投资亏损的风险，产品风险较低，同时不放弃追求超额收益的空间，因此较适合投资风格稳健和保守的投资者。

2003年随着开放式基金的不断发展，基金类型趋于多元化，2003年6月，由南方基金公司推出的南方避险保本型基金，成为我国第一只保本型基金。2004年股票市场震荡，间接推动了保本型基金需求，截至2005年末，市场上有4只保本型基金，此后随着股票市场进入牛市，保本型基金备受投资者冷落，该类型基金并未随着基金市场的快速发展而壮大。随着2007年末股市下挫的开始，保本型基金的认可度仍未得到明显提高，截至2010年6月，保本型基金资产净值占开放式基金资产净值的比重仅为1.3%。但保本型基金作为避险产品，依然是基金市场中的重要配置型产品。

5. 货币型基金

货币型基金是固定收益类理财产品中的一种，具有风险低、流动性好、收益低的特点。货币型基金主要投资于短期货币工具（期限在 1 年以内，平均期限为 120 天），如国债、央行票据、商业票据、银行定期存单、政府短期债券、企业债券、同业存款等短期有价证券等。相较于其他类型的基金，货币型基金具有高流动性、分红免税、本金安全、投资收益高于活期存款、低投资成本等优点。货币型基金由于交易费用低、申赎方便，成为投资者进行基金类型配置的一种工具。在股票型基金遇冷时，投资者可选择将其赎回并转入货币基金；在股市看好时，投资者可将货币型基金转为股票型基金。因此，货币型基金可充当权益类基金的"蓄水池"。

货币型基金的出现晚于股票型、债券型等基金，其发展较慢，资产也呈现周期性波动。2006—2008 年货币型基金未有新增基金，2009—2010 年货币型基金数量有所增长，但资产总值却呈下滑趋势。2010 年受通货膨胀及加息预期影响，市场利率不断上扬，推动了货币型基金 7 日年化收益率逐步走高，至 2010 年末货币型基金 7 日年化收益率为 2.32%。

6. QDII 基金

QDII 基金是以海外证券市场为主要投资对象的开放式基金，按照投资对象的不同，其可分为偏股型 QDII 基金和偏债型 QDII 基金。偏股型 QDII 基金以海外股市为主要投资对象，而偏债型 QDII 基金主要以海外固定收益品种为主要投资对象。QDII 基金通过投资于不同国家和地区，可以帮助投资者实现分散投资，降低投资风险，并且由于新兴市场与成熟市场的运动规律不完全一致，市场之间的关联度较低，资产之间的联动性较小，分散风险的效果较明显。从收益角度看，影响 QDII 基金收益的因素主要是入市时机及投资区域的选择。

自 2007 年 9 月我国的 QDII 基金开始大规模运作以来，截至 2010 年 6 月，市场上有 1 只偏债型 QDII 基金、11 只偏股型 QDII 基金。与世界上其他国家和地区相比，我国 QDII 基金的发展还处于起步阶段，QDII 基金资产规模占整个基金行业的比重仅有 3.27%。

7. 私募基金

按照募集方式还可将基金分为公募基金和私募基金。私募基金是指只能采取非公开方式，面向特定投资者募集发售的基金。与公募基金相比，私募基金不能进行公开发售和宣传推广，投资金额要求高，投资者的资格和人数常常受到严格的限制。

在私募基金中，私募股权基金（Private Equity，PE）在我国处于发展初期，正逐步受到关注，其是美国开创的一种专业的投资管理服务和金融中介服务。它是指以非公开的方式向少数机构投资者或个人募集资金，主要向未上市企业进行权益投资，最终通过被投资企业上市、并购或管理层回购等方式退出而获利的一类投资基金。国内发行的私募股权基金具有代表性的有中信锦绣一号、新华信托太平洋深蓝一号等。

（三）券商集合理财产品

2012 年 10 月 18 日起实施的《证券公司客户资产管理业务管理办法》明确规定，证券公司办理集合资产管理业务分为限定性集合资产管理计划和非限定性集合资产管理计划两种方式。限定性集合理财，主要投资于各种债券、债券型基金，以及其他信用度高且流动性强的固定收益产品；投资于股票等权益类证券以及股票型基金的资产，不得超过该计划资产净值的20%，并须遵循分散投资风险原则。非限定性集合理财的投资范围由合同约定。经监管层批准后，券商还可以设立集合理财计划在境内募集可自由兑换的外币资金，在境外投资规定的金融产品。所以，券商集合理财产品主要分为两类，即限定性产品和非限定性产品。

1. 限定性产品

其主要包括：

（1）债券型。该类产品的资金主要投资于国债、金融债、企业债、可转换债券、短期融资券、央行票据等。投资于申购的新股和股票型证券投资基金的资产，不超过计划资产净值的20%。

（2）货币市场型。该类产品的资金主要投资于短期金融工具，即国内依法公开发行的、具有良好流动性的金融工具，包括现金以及期限在一年以内（含一年）的债券回购、央行票据、短期融资券、银行定期存款、通知存款、大额存单、债券远期交易，剩余期限在三年以内（含三年）的债券（不含可转债）、资产支持证券、货币市场基金、新股（包括首发和增发）和一级市场发行的可转债。投资于新股的比例不得超过10%。

限定性产品由于投资对象主要限定在现金、货币市场基金、国债和企业债等固定收益类资产，收益能力相对不高，但风险相对偏低，比较适合于追求稳定收益的投资者。

2. 非限定性产品

其主要包括：

（1）FOF型。以证券投资基金为主要投资对象，非货币基金占集合计划资产净值的投资比例不超过95%，现金类资产占集合计划资产净值的投资比例不低于5%。

（2）股票型。由于是非限定性产品，各部分资产的投资比例没有严格限定，投资范围广，包括基金、股票、各类债券、央行票据、现金及现金等价物，股票型产品与混合型产品的差别并不明显，只是股票的投资比例上限比较高，最高可保持95%的股票仓位，股票仓位最低不能低于20%。

（3）混合型。该类产品受到的投资约束最少。除了出于流动性考虑要求投资于现金及其等价物和债券的比例不得低于10%以外，对券商而言，其投资策略创新的空间比较大，可以设置附加的投资约束。

非限定性产品投资方向不限定，可以投资股票、可转债、封闭式基金等非固定收益类资产，并可根据相关投资品种的趋势进行灵活运作，投资以收益最大化为目标。

券商集合理财产品从2005年至今经历了快速的发展，尤其是2009年开始进入迅速扩容期，市场上的券商集合理财产品从2005年的10只，发展到2009年的45只，至2010年，全年发行券商集合理财产品107只，较2009年产品发行增速高达137.78%，共募集资金约2 463亿元。其中主要以发行非限定性产品为主，全年共发行98只非限定性产品，占全年发行量的91.59%。

（四）保险理财产品

目前在国内市场上销售的投资类保险产品主要有投资连结险、分红险和万能险三种。

1. 分红险

分红险是指保险公司将其经营净利润按照一定比例向保单持有人进行分配的人寿保险产品，其主要特点是投保人除可以得到保险保障之外，还可享受保险公司的经营成果，参与保险公司的所得盈余分配。根据基础保险产品不同，分红险产品可分为终身寿险分红型、两全保险分红型、少儿教育年金保险分红型、养老金保险分红险。

分红险由于具有固定的较低保险预定利率，能够减少利率风险，因而适合于风险承受能力低、有稳健理财需求、希望以保障为主的投资人。但由于分红保险的流动性比较差，中途退保非但不能获得投资收益，本金甚至可能受损，因而投资人需要有比较宽裕的资金，除了投保之外还有资金以备急用。

2. 万能险

万能险意为全能的、变化的人身险产品，具有保费缴付灵活与身故给付可调整的特点。其具有投资储蓄和保险保障的功能。投保人所交保费分为两部分：一部分用于保险保障，一部分用于储蓄投资。这两部分额度设置的主动权在投保人，投保人可根据人生阶段的保障需求和财力状况，调整保额、保费以及缴费期，确保保障与投资的最佳比例，让有限的资金发挥最大的作用。

相比其他险种，万能险费用透明。但由于万能险要随时应对投保人保费、保额的变动，保险公司需要投入较多管理资源，所以一般收取较高的管理费用。万能险以弹性的供款模式吸引了一些收入不稳定、投资风格比较积极的投资者。但由于产品的灵活性，缺乏严格的保费缴纳限制，因而，保障有可能无法得到。

3. 投资连结险

相对于传统寿险产品而言，除了保障生命外，投资连结险还具有较强的投资功能。投资连结险一般把投保人缴付的保费按照不同的比例分为两个账户，一般是较少部分的保费进入保障账户，用于体现产品的保障功能，其余较多部分的保费进入投资账户。投资账户的资金由保险公司进行投资操作，保险资金被允许在银行存款、国债，以及一定比例的企业债券、基金和股票等渠道进行投资运用。不同的投资标的有着不同的风险特征，根据投资账户对不同风险类型标的投资比例的大小，还可将投资连结险的投资账户划分为进取型、平衡型、稳健型和保守型四种类型，其风险程度依次由高到低。

（五）信托理财产品

按照信托理财产品的资金投向，其可以分为贷款信托、证券投资信托、债权投资信托、信贷资产受让信托、组合投资信托、股权投资信托、金融投资信托、收益权投资信托、房地产投资信托、受益权投资信托、融资租赁信托等。

二、主要理财产品的收益和风险

我国金融机构的理财业务归属不同主体监管，适用不同监管法规，因此，理财产品的资金门槛、规模限制、管理费用、信息披露等要求也不同，这直接影响理财产品的收益与风险。

（一）银行理财产品

银行理财产品的监管主体是银监会，适用法规包括《商业银行个人理财业务管理暂行办法》和《商业银行个人理财业务风险管理指引》等。以银行为主体发行的理财产品主要投向国债、政策性金融债、央行票据、银行储蓄存款、信贷资产、资产池或挂钩于海外股票及股票指数等。投资收益与产品投资领域、产品期限、流动性密切相关。银行理财产品一般不得提前终止计划，且主要投资于货币市场和固定收益证券，所以银行理财产品相比其他金融机构的理财产品而言，收益较低、风险也较低。其中，信托贷款类的理财产品流动性较低，不仅投资期限长，而且客户无权提前赎回产品。这类产品受货币政策调整的市场风险明显。2008年人民银行连续降息，一度出现大批信托贷款类理财产品未能达到预期收益，新发的同类产品也纷纷降低预期收益率。相反，如果利率上调，这类产品的预期收益率及实际收益率不会随市场利率上升而提高。

（二）集合信托产品

集合信托产品的监管主体是银监会，适用法规包括《信托法》、《信托公司集合资金信托计划管理办法》等。集合信托产品主要投资于货币市场、证券市场、房地产市场、实业等领域，投资收益主要取决于资金投向。若投资于债券、拆借市场等，由于债券市值、利率时刻在变化，收益率仅为预期值；若投资于实业项目，收益率相对较高。集合信托产品的流动性比较差，由于产品定位为私募性质，不得公开宣传，所以大大降低了产品的流动性。但现在信托公司在为投资者构建信托产品的转让平台，这在一定程度上提高了信托产品的流动性。相比其他金融机构的理财产品而言，集合信托产品收益较高、风险较高、流动性较差。

（三）券商集合理财产品

券商集合理财产品的监管主体是证监会，适用法规包括《证券公司客户资产管理业务管理办法》和《证券公司集合资产管理业务实施细则》等。券商集合理财产品主要投资于股票、基金、债券等多种具有良好流动性的金融产品。券商集合理财产品的流动性要好于银行理财产品和集合信托产品。券商集合理财计划大都模仿基金运作模式设定封闭期和开放期，在开放期内投资者可以自由申购和赎回，但封闭期一般要比货币市场基金长。如果产品投资成绩不好，投资者既没有保底收益作保证，又要交付管理费。证券公司在开放期内即使无收益也要收取管理费，这很可能造成拿到保底收益的投资者落袋为安主动退出，从而导致产品规模缩小，出现一定流动性风险。相比其他金融机构的理财产品而言，券商集合理财产品收益较高、风险较高、流动性一般。

（四）基金产品

基金产品的监管主体是证监会，适用法规包括《证券投资基金法》和《基金管理公司特定客户资产管理业务试点办法》等。基金产品主要投资于具有良好流动性的金融工具，分为开放式基金和封闭式基金。基金产品由于公募性质可以随时申购、赎回，流动性强，收益和风险则需根据投资对象确定。相比其他金融机构的理财产品而言，基金产品流动性最好，风险和收益视投资品种而定。

（五）保险理财产品

保险理财产品的监管主体是保监会，适用法规包括《保险资产管理公司管理暂行规定》、《投资连结保险管理暂行办法》等。保险理财产品主要投资于具有良好流动性的金融工具，其投资方向可以自行选择。从投资收益来看，由于保险理财产品可投资股票，也可投资货币市场工具等领域，因而投资收益率不太确定。从流动性来看，保险理财产品不可转让，流动性差，且保险理财产品的主要功能是提供保障，所以收益率较其他金融机构的理财产品低。

第二节 国内理财产品市场

一、国内理财产品市场发展结构

我国理财产品市场的发展经历了1997—2001年的萌芽与起步阶段、2002—2005年的拓展规范阶段、2006—2007年的创新与加速发展阶段、2008—2010年的调整与稳健发展阶段。

（一）萌芽与起步阶段

1996年国内经济成功实现"软着陆"之后，为了刺激经济发展，人民银行在1996年至2001年之间，将一年期存款利率从9.18%降低到2.25%，而且在1999年开始征收20%的利息税。由于名义利率一再走低，居民通过储蓄实现财富增长并获得未来生活保障的目标已经难以实现，因而部分原用于储蓄的资金开始在市场中寻找新的投资产品，以获得更高投资收益，传统的以银行储蓄为绝对主体的居民理财格局开始被打破。

在这一阶段，国内的金融行业刚从计划经济时代的大一统模式完成转变，竞争尚不激烈。所以这一阶段理财产品市场最主要的突破来自于基金行业。1997年，成立了南方基金和国泰基金两家基金管理公司，二者在2001年获得了快速发展，截至2001年末，共发行封闭式证券投资基金48只，总份额达676.73亿份。除基金之外，这一阶段获得较大突破的还有投资连结保险。在立法允许保险公司可以通过投资基金间接进入证券市场之后，1999年10月23日，平安保险公司率先在上海推出了投资连结类保险——平安世纪理财投资连结保险。这期间保监会于2000年2月出台了《投资连结保险管理暂行办法》，建立了监管框架。证券公司开展的委托理财业务开始得比较早，在股票市场设立之初就出现了萌芽，并得到迅速发展。2001年，有15%的上市公司涉足委托理财业务，金额高达219亿元，而非上市公司的投资规模则难以统计，但这一阶段委托理财业务绝大多数来自于金额巨大的企业客户，仅有少量富有个人的资金投入其中，证券公司没有面向广大个人投资者提供理财产品。对于信托行业而言，这一阶段正处于整顿期间，整个行业陷入停滞，在2001年及其后，监管层出台了《信托法》、《信托投资公司管理办法》（现已失效）、《信托投资公司资金信托管理暂行办法》（现已失效），对信托行业的监管框架进行了重构。银行，理财业务这一阶段还未出现。

（二）拓展规范阶段

证券行业在资产管理业务创新上开展了积极尝试，推出了一些理财计划，受到市场追捧，但由于股市系统性风险的释放和部分券商的违规现象，证监会发布了《关于证券公司开展集合资产管理业务有关问题的通知》（现已失效），规范券商集合理财业务。随后多家具有创新试点资格的券商积极推出了集合理财产品，第一批券商集合理财产品在2005年3月9日推出，当年共有10家券商推出了各自的产品，募集资金达到100亿元。

保险行业上一阶段热销的投资连结保险由于误导销售引发了大规模退保风波，整个市场一度陷入停滞。2003年1月，修订后的《保险法》正式实施，将设计开发保险产品和制定费率的权力归还保险公司。2003年5月出台的《人身保险新型产品精算规定的通知》，规定了分红保险、投资连结保险和万能保险的设计和经营管理技术规范，为产品创新制定了标准。保险理财产品市场在业界和监管层的双重推动下逐步复苏，强调长期投资储备而不单纯追求赚钱理念的分红保险产品、缴费灵活具有最低收益的万能保险产品以及第二代投资连结保险产品成为这一阶段的主要产品。

信托行业经过两年多的发展，融资额从最初的 49.3 亿元增长到 2005 年的 461 亿元，新发产品也从 2002 年的 22 只跃升至 2005 年的 446 只。信托产品从开业之初的 3 个种类拓展到了 12 个种类，证券投资信托、收益权信托和债券信托等迎合市场需求的创新产品的出现改变了当初以贷款信托为主的状况，投资方向也从房地产和基础设施分散到其他行业和市场。但信托行业在高速发展过程中不可避免地产生一些问题。2004 年，由于市场环境的变化，固定收益类投资信托产品和证券投资类信托产品的市场竞争力大大下降，原本横跨货币市场、资本市场和实物市场的信托投资业务被严重压缩在实物市场领域，特别是房地产开发领域，给信托投资业务带来潜在风险。

这一阶段，相比之下银行理财产品起步最晚，主要原因是银行业的改革会对国计民生产生巨大影响，业务创新和放松管制的步伐都格外谨慎。但随着金融行业竞争的加剧，个人理财业务以领域广、批量大、风险小、个性化、收入稳定等特点，拓展了商业银行金融产品的市场空间，成为兵家必争之地。各家商业银行纷纷推出人民币和外币理财产品，但各家商业银行在收益率上互相攀比，承诺最低收益率，理财产品和存款搭售等问题层出不穷，这导致了监管机构制定规范措施。2005 年 9 月银监会出台了《商业银行个人理财业务管理暂行办法》和《商业银行个人理财业务风险管理指引》，结束了理财产品缺乏具体监管法规的尴尬局面，此后，只有少数商业银行继续推出人民币理财产品，但产品性质已经有所创新。

基金业管理与经营理念不断飞跃，基金公司由过去的封闭式内部管理转变为开放式管理。2004 年 6 月 1 日施行的《证券投资基金法》，对基金管理人、托管人和基金公司股东提出了更加规范、严格的要求，强调对投资人合法权利的保护，同时明确了基金公司的设立方式，更加系统地对证券投资基金的销售、运作、管理、信息披露等环节进行了规范，形成了更为完善的监管制度。

（三）快速发展阶段

2006 年以后，国内居民的可支配收入增加，财富结构多元化，对理财市场的发展产生了巨大影响。

这一阶段，受 A 股市场复苏并持续走强的影响，主要投资于股票市场的基金、券商集合理财产品和证券投资信托产品获得了前所未有的发展机遇。而对银行理财产品而言，2006年下半年随着整个股票板块的飙红和资本回报率的增加，银行理财产品的收益率对投资者毫无吸引力。同时，受汇改影响，人民币缓慢、持续升值的观念已经被绝大多数居民接受，加上个人外币兑换政策的进一步放宽，居民已经没有必要持有大量外币，这一变化直接导致银行的外币理财产品销量下降。即使是被给予厚望的QDII产品也因为人民币升值及产品投资范围单一、结构单一等问题，未收到市场追捧。保险理财产品由于加大了直接投资股票资金的比例，投资连结保险、万能保险和分红保险的投资收益率较往年大幅提高。

（四）调整与稳健发展阶段

2008年全球金融危机的爆发使理财业务的矛盾与纠纷集中暴露，大量理财产品遭受亏损，投资者损失惨重。此后，金融机构和投资者开始回归理性，对理财业务的发展进行了反思和总结。监管部门加大了对理财产品的风险提示和管理力度，将大众化产品限制在简单、稳健的范围，重点规范了理财产品的销售环节。

受银监会发布《关于规范银信理财合作业务有关事项的通知》的影响，曾占据银行理财产品半壁江山的银信合作信贷类产品急剧减少，与此同时，投资于债券和货币市场类的银行理财产品实现爆发式增长；受欧债危机不断升级、美国经济复苏迟缓的影响，黄金价格上扬提高了银行黄金理财产品的关注度；国内紧缩的货币政策导致稳健型银行理财产品的收益率应声上涨。基金市场方面，金融危机后全球经济增速放缓，国内通货膨胀压力加大，内忧外患带来沪深股市先抑后扬，债券市场牛熊转换，基金产品整体表现差强人意，基金发行数量虽然在增加，但募集规模有所缩水。券商集合理财产品经历了快速发展，2010年整体表现跑赢大盘，其中混合型券商集合理财产品业绩表现优于股票型券商集合理财产品。保险市场方面，《人身保险业务基本服务规定》、《保险资金运用管理暂行办法》等新规不断出台，掀起保险业务结构调整的潮流，加之市场不确定因素很多，分红保险由于收益较为稳健成为保险市场的主流，而加息使得投资连结保险再度升温。

总体而言，近期国际政治经济形势的变化和国内宏观调控政策的转向再次对理财市场提出了挑战。面临困难，经历过经济起伏的理财产品市场已经形成了一套行之有效的制度保障。随着金融工具的不断创新完善，客户理财意识的不断深入，理财市场必将迎来新一轮快速且可持续的增长。

二、国内理财产品市场特点

(一) 分业经营，分业监管

我国金融体系实行严格的分业经营、分业监管制度，金融行业内各类机构都有自己的法律规范。在实践中，所有的金融机构都在从事理财业务，并且本质上都属于资金信托业务。各金融机构从事的理财业务名称各异，相关法规都没有明确表明理财产品的确切属性。如，商业银行将其集合理财业务称为银行理财业务，证券公司将其集合理财业务称为券商集合理财计划等，但没有一个部门法规明确表示这类产品的信托性质。这就导致各理财业务主体行为规范不一，监管不统一。

(二) 理财产品的操作流程不相同

国内金融机构目前都在从事理财业务，但操作流程各不相同。按照国外的做法，一般都是投资者将自己的资金委托给金融机构，金融机构作为受托人管理和运用这些资金，将资金投资到证券市场或是具体的项目。投资的方向和具体项目都是在集合资金以后才确定。而在我国，除了基金产品，其他金融机构理财产品的运作流程基本上都是先有项目，然后再发出理财计划，集合投资者的资金，采取典型的"项目评估＋筹资＋投资＋分配"的操作流程。

(三) 高端理财方兴未艾

2008 年金融危机后，以中国为代表的新兴经济体成为引领全球经济增长的新引擎，中国经济的稳步增长和巨大潜力支撑着中国高净值人群的迅速增加。银行、证券公司、基金公司、信托公司、保险公司近年来推出数以万计的理财产品契合这一趋势。集合信托产品由于投资额普遍要求 100 万元以上，且理财期限不得低于 1 年，成为面向高端人群的弱流动性理财品种。其中以保值为主要目标的融资类房地产信托受到追捧，以博取高收益为目的证券投资信托迅速发展。券商集合理财首批"小集合"产品于 2009 年获批，填补了资金在 100 万元至 1 000 万元之间的高端人群的理财需求，并推动券商集合理财业务向系列化和品牌化方向发展。基金"一对多"业务开闸，截至 2010 年 12 月末，共有 34 家基金公司开展"一对多"专户业务，共发行 200 余只产品，管理资产规模约为 400 亿元。在其他金融机构陆续推出高端理财产品的同时，保险公司也在努力尝试开发适合高端人群的产品，2010 年发行了 10 只年交保费在 2 万元以上的高端保险产品，同时保险公司在医疗费用直付、全球医疗网络支持等方面增加了高端保险产品的吸引力。

第三节　个人理财产品的创新

金融创新是金融行业持续发展的动力，其有广义和狭义之分。广义的金融创新是指发生在金融领域的一切形式的创新活动，包括金融制度创新、机制创新、机构创新、管理创新、技术创新和业务创新。狭义的金融创新主要是指金融产品与服务的创新，也即本章讨论的创新。

一、目前国内理财产品创新的现状及特点

截至 2010 年，已有 62 家中外商业银行取得衍生品交易资格，近 30 家中资银行办理境内人民币理财业务，近 20 家外资银行在境内提供外汇理财产品，17 家中外资银行取得开办代客境外理财业务的资格，银行与证券、保险的合作不断深化。具体呈现如下特点：

（一）业务创新的机构合作范围逐步拓宽

金融机构之间的合作已从银行之间的合作扩展到银行与非银行业金融机构之间的合作，这些非银行业金融机构包括信托公司、财务公司、基金公司和证券公司等。业务范围也从银行代理保险产品拓展到代理基金、信托产品等产品，并从单纯的代理业务上升到证券投资基金、产业基金等业务。2004 年 6 月 28 日，由中银国际证券有限公司、中银国际控股有限公司和美林投资管理有限公司合资组建的中银国际基金管理有限公司获得证监会开业批准，标志着商业银行进入基金业已成为事实。之后 2005 年 7 月工银瑞信基金管理公司在北京开业，2005 年 8 月交银施罗德基金公司成立，2005 年 9 月建信基金管理公司在北京正式宣布开业。银行业从基金营销、清算和托管，逐步过渡到发起和设立基金管理公司，业务合作范围逐步拓宽。

（二）金融业综合经营产品成为亮点

银信、银证、银保等业务领域的合作不断深化，信贷资产证券化业务等方兴未艾。2005 年 12 月 1 日《金融机构信贷资产证券化试点监督管理办法》正式实施，资产证券化为银行间市场的机构投资者提供了多样化的投资产品，促进商业银行将贷款业务转化为中间业务，降低了银行系统性

风险，提高了资本充足率。2008 年银监会的《银行与信托公司业务合作指引》正式出台，意味着银行可以通过多种渠道间接参与信托公司的投资业务。2009 年 8 月光大银行推出的"阳光私募宝"，以"TOT"形式参与到 5 只最优秀的私募基金运作中，在为投资者提供高收益、高风险的投资产品的同时，光大银行还作为该理财产品的管理人，主动进行基金筛选和资金投资比例分配。随后，交通银行、中国银行相继发行了阳光私募概念的理财产品。

（三）个人理财产品日趋多样化

近几年，金融机构推出了与指数、利率、汇率、票据收益挂钩的理财产品以及私募股权基金、TOT 产品、葡萄酒基金、艺术品基金等高端投资品种，金融机构创新亮点频出。2009 年 9 月，"一对多"业务的启动大大拓展了基金管理公司财富管理业务，短短几个月，基金管理公司成立了百余只"一对多"基金，募集资金近 260 亿元。对券商来说，2009 年针对中高端客户的集合资产管理业务存续规模已突破千亿元。2009 年 11 月，三家券商"小集合"产品获批后，通过精细化管理发挥券商强大的研究力量，成为其他私募基金的有力竞争者。信托公司旗下的"阳光私募"产品发行速度惊人，截至 2009 年末，龙田和康私募基金评级体系的样本数据已达 437 只。2009 年 10 月修订后的《保险法》开始实施，规定保险公司可以将保险资金投入不动产，大大拓宽了保险资金的运用渠道，更多与保险相结合的理财产品推出在望。

我国正处于消费升级加速时期，一轮经济发展的黄金阶段已然可期。国民财富不断增加，需要专业机构实现其原有财富的保值、增值。法律环境将会日益完善，更多法律、法规将会出台，以维护理财市场的健康发展。如近来管理层已达成初步共识，欲在未来将私募基金全面纳入《证券投资基金法》，私募基金将迎来发展良机。2010 年初，股指期货正式获批，并正式面对投资者发行，这意味着我国的私募基金通过引入股指期货的投资，将华丽晋级为真正意义的对冲基金，成为理财重要工具。

二、理财产品创新的动力

金融是经济发展的重要推动力，要保持经济的持续、稳步、较快增长，就必须有健全稳健的银行体系和健康成熟的资本市场作保证，同时必须通过理财产品创新来不断推进银行业和资本市场的发展。

（一）理财产品创新能满足投资者多样化投资的需求

十七大报告指出"创造条件让更多群众拥有财产性收入"。从1999年末到2008年末，我国储蓄存款额几乎保持了与名义国内生产总值相同的高速增长率，巨大的储蓄存款为我国理财业务发展奠定了坚实基础。要吸引储蓄进行理财产品投资，就必须为广大投资者提供多样化和个性化的产品，而这些产品的设计和开发需要通过金融创新完成。

（二）理财产品创新有利于风险管控

市场经济中任何产品都会面临各种市场风险，其价格都会受到国内外宏观因素的影响。由于受利率、汇率和通货膨胀等因素的影响，金融资产的市场风险更加显著。面对各种各样的市场风险，投资者必须要有相应的风险管理工具进行对冲，而各种风险管理功能是通过各类远期、期货、掉期和期权等产品实现的。这些产品的设计和交易正是金融创新的结果。

（三）理财产品的创新是金融机构产权的内在需求

为理财产品创新创造一个内生的压力机制的目的是通过创新谋求利润最大化。同时，资本充足率、新会计准则的实施，使商业银行自身资产负债管理和成本收益核算有了改变，商业银行内部的约束机制使其寻求更多金融产品创新的路径。而外资银行进入市场、同业竞争以及客户需求变化也成为理财产品创新的动力。

三、理财产品创新趋势

2009年7月6日，银监会发布《关于进一步规范商业银行个人理财业务投资管理有关问题的通知》（以下简称《通知》），从投资管理的原则、方式和投资方向等层次进一步规范商业银行理财业务的投资管理。相比2005年出台的《商业银行个人理财业务管理暂行办法》，《通知》的内容更加详细，强调了商业银行个人理财业务中的客户细分、信息披露、投资者保护和风险控制等关键问题。由此，从监管政策的变化来看，监管层对中高端客户的理财业务领域开始重视，这为业务创新提供了很大空间。在政策背景下，2009年各商业银行共发行5 998只理财产品，相比2008年，同比增长了10.5%；2010年商业银行全年发行理财产品9 926只，发行规模增加至7.05万亿元；2010年前三个季度商业银行发行理财产品14 331只，同比增长99.93%。银行理财产品将朝着"客户市场细分显著、低端市场灵活稳健、高端市场创新活跃"的方向发展。理财产品将从以储蓄存款为核心的产品结构逐步过渡到以投资咨询为核心的产品结构。从长期来看，商业银行个人理财业务将向全能型"金融百货超市"式私人银行方向发展，实现个人理财业务的全能化、综合化是当今国际银行个人理财业务发展的趋势。

从具体产品来看，近一时期商业银行积极寻求创新，在投资方向、设计结构、支付方式以及增信措施等方面的创新之举应运而生。

（一）外币信贷类理财产品

外币信贷类理财产品的推出，结束了人民币在信贷类产品中的长期垄断地位。北京银行和工商银行率先推出了直接投资于美元信贷资产的外币信贷类理财产品。虽然该类产品并不承诺保证本金和收益，但本质上和人民币信贷产品无异，具有相对稳定的收益，投资风险主要来源于贷款企业的信用风险，收益略高于以外币债券货币市场为投资方向的传统外币产品。光大银行也推出数只外币信贷类产品，但这类产品并非直接投资于外币信贷资产，而是首先将募集的外币资金进行外汇即期或远期交易，然后将衍生交易产生的人民币资金投资于人民币信托贷款。

（二）"随息而动"型理财产品

"随息而动"指的是产品的预期收益率随银行存款或者贷款利率而浮动。自2008年下半年利率下调引起信贷类产品提前终止事件之后，"随息而动"型产品便开始享有市场，工商银行、建设银行、光大银行及浦发银行均推出过此类产品。如建设银行推出的"增强型－随息而动"产品，当贷款基准利率上升时，其预期最高收益＝期初预期收益＋三年期贷款基准利率上升值×参与率，而当贷款基准利率下降时，其预期最高收益不变。

（三）分期支付型理财产品

到期支付是普通类银行理财产品常见的支付方式，即产品到期后一次性支付产品的本金和理财收益。而近期不断有商业银行，比如建设银行、光大银行及浦发银行等推出分期支付型产品，甚至有些产品不仅分期支付收益，还分期摊还本金。分期摊还本金型产品多出现于长期限理财产品中，投资期限一般为3年，按年度分期摊还本金并支付理财收益。分期摊还本金的设计理念在一定程度上弥补了投资期限长且投资者不能提前赎回产品的弊端。

（四）结构性理财产品

美国经济忽冷忽热，欧洲经济表现更弱，还面临希腊等国政府的债务危机威胁，尽管亚洲情况相对乐观，但在全球化背景下很难独善其身。面对复杂多变的经济局面，部分商业银行陆续推出适应新形势的创新结构性理财产品，如恒生银行的股票挂钩部分保本"连连盈"产品，该产品采用逐一剔除制度，这种制度更能锁定篮内股票的最佳表现，达到提前到期的条件也相对容易。

（五）私募基金产品

2009 年下半年银监会出台政策规定理财产品不得将资金投资于二级股票市场或与之相关的证券投资基金，也不得将资金投资于未上市企业股权和上市公司非公开发行或交易的股份，但私人银行产品不受限制。为此，私人银行与私募基金管理公司展开广泛合作。2009 年 8 月，光大银行联手北京星石、深圳民森、上海尚雅等 5 家业内顶尖私募基金管理公司，推出创新型产品"阳光私募基金宝"，开创了商业银行与私募基金管理公司联手的全新模式。中国银行于 2010 年 3 月推出的基金宝产品"私募基金精英汇"集合信托，为首款领先同业的中高端客户专属理财产品。

（六）另类理财产品

随着理财业务的发展，理财产品已逐渐涉及另类理财产品市场，如艺术品、饮品（红酒、白酒和普洱茶）等。该类产品的支付条款一般包括两种主要类型：一是直接投资型；二是"实期结合型"，其主要设计理念为产品到期时投资者可以消费实物资产，也可获得固定额度的收益。

1. 葡萄酒

工商银行与中粮集团于 2008 年推出"君顶酒庄收益权信托理财产品"。葡萄酒装瓶后，客户可向工商银行提出葡萄酒消费申请，除所消费的葡萄酒外，客户还将获得折合约 8％的葡萄酒实物年化收益率；客户也可选择以现金方式分配收益，年化收益率约为 8％。此后，2009 年国投信托有限公司与昆明云南红葡萄酒业、建设银行合作推出了昆明云南葡萄酒基金，葡萄酒基金产品库再度扩大。

2. 艺术品

2009 年 6 月，国投信托有限公司携手保利文化有限公司、建设银行推出的"国投信托盛世宝藏 1 号保利艺术品投资集合信托计划"，计划募集资金 4 650 万元，期限为 18 个月，预期年化最高收益率为 7％。该产品募集资金投资于著名画家知名画作的收益权。该产品一经推出便受到踊跃认购。据统计，目前国内公开拍卖市场年度交易量在 10 亿元以内，海外部分不超过 15 亿元，不公开的部分交易量在 30 亿～50 亿元，从而估计目前整个艺术市场大致规模在 55 亿~75 亿元，拥有相当大的投资机会。

3. 黄金

2008 年末以来，商品市场率先开始强劲反弹，黄金价格更是在避险属性与需求回升的双重推动下屡破新高，并于 2009 年末一度突破 1 200 美元/盎司。2009 年我国一系列个人黄金交易随之开始火暴，投资者对纸黄金、黄金期货、黄金 T＋D＼T＋N 等交易工具的参与热情激增。与黄金价格相关联的理财产品，到期收益实现情况普遍较好。中国银行旗下汇聚宝 0903V——澳元"金上加金"理财产品，经过 6 个月的运作后取得 7.33% 的到期年化收益率。2010 年 1 月，深圳发展银行推出了一款特色产品——"金娃娃" 2010 年 1 号理财产品，该产品采用黄金＋信托投资的分层设计，即将该理财产品募集资金分为两部分，其中一部分用于购买"金娃娃"实物金条，剩余部分则用于购买中融国际信托有限公司设立的单一信托计划，此计划的资金投向是对天津泰达投资控股有限公司发放流动资金贷款。该产品实现了将黄金投资与传统的信贷类理财产品组合的创新尝试。

第四节　银行个人理财产品的销售管理

一、销售组织

个人理财产品的销售组织体系一般分为总行和分行两级管理体系，主要包括总分行客户及渠道管理部门、产品部门、综合管理部门及产品销售网点。

1. 个人理财产品的客户及渠道管理部门为总分行的个人金融部门，它是理财产品销售管理的组织牵头部门。销售组织是否有效，决定了产品销售的成败。客户及渠道管理部门借助贴近客户、了解客户需求和熟悉银行内理财产品发展情况的两方面优势，制定全行整体的理财产品发展战略，结合客户需求、本行特点和同业情况，向产品部门反馈客户需求和产品建议，动态调整策略，并据此有针对性地实施客户营销。概括下来，销售组织工作主要包括以下几方面：

（1）制定实施理财产品的发展战略和营销策略，管理产品品牌序列。

（2）牵头协调、管理产品日常经营活动。

（3）确定产品的销售区域和销售渠道。

（4）负责组织市场销售、管理销售渠道、维护客户关系，并根据市场和客户需求向产品部门提供意见、建议。

（5）与产品部门共同研发理财产品，并建立产品市场情报站和管理信息库，进行产品后续服务追踪与评价，对产品创新或改进建议进行整理，及时传达给产品部门。

2. 个人理财产品部门负责个人理财产品的专业性研发、产品风险揭示、销售人员专业培训及产品售后的专业化服务支持等，并根据监管部门要求进行市场信息披露。

3. 产品销售部门负责实施产品的营销策略，实现理财产品的最终销售，具体销售渠道包括大众网点（仅限开放式柜台）、各级理财机构以及电子化渠道。根据监管规定，封闭式柜台不可以销售理财产品。

二、销售方式

个人理财产品销售方式分为面向全部个人投资者公开销售（即公募）和面向特定个人投资者的定向销售（即私募）两种方式。公募产品一般以网络、报纸、杂志、电台、银行网点海报、折页等营销宣传方式向社会公众发布产品信息，并通过具备理财产品销售资格的销售人员向前来询问产品细节信息的个人投资者讲解介绍来完成销售。私募产品一般以电话、短信、邮件等方式向特定的个人投资者发布产品信息，并通过"一对一"的方式向客户讲解介绍产品来完成销售。此外，针对特定客户个性化需求定制的产品一般也采用私募方式销售。

三、销售流程

为规范和促进商业银行个人理财业务健康有序发展，中国银监会于2005年9月发布了《商业银行个人理财业务管理暂行办法》和《商业银行个人理财业务风险管理指引》，要求商业银行在向客户销售理财产品前，应按照"了解你的客户"的原则，充分了解客户的财务状况、投资目的、投资经验、风险偏好、投资预期等情况，建立客户资料档案，同时，要求商业银行应建立客户评估机制，针对不同的理财产品设计专门的产品适合度评估书，对客户的产品适合度进行评估，并让客户对评估结果进行签字确认。个人理财产品销售流程主要按照以下四个步骤进行：

1. 客户通过广告或营销人员推介了解产品信息，经银行销售人员介绍，阅读理财协议书和产品说明书。

2. 通过标准化问卷对客户进行风险评估测试①，测试客户的风险偏好类型、投资经验情况和投资预期等，并与理财产品的风险类型比对。

3. 当产品的风险类型符合客户的风险偏好时，由客户签署认购文本和凭证，抄录有关的提示语句，并进行理财资金扣划。

4. 如产品的风险类型不符合客户的风险偏好，销售人员需要提示客户该产品超出了客户的风险承受能力，如客户执意购买，客户应签署相关的投资意愿确认书，而后返回步骤3。

在实务中，理财产品销售往往通过系统管理实现。在上述流程的基础上一般还包括客户信息录入、资金账务核对、未明交易处理等多项内容。图5-1可以比较清晰地展现理财产品认购的全部流程。

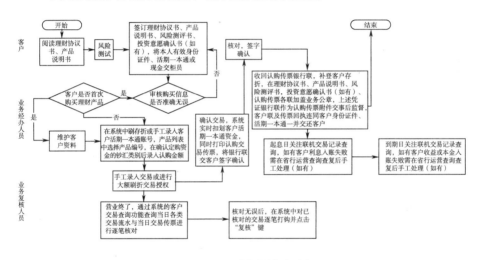

图 5-1　理财产品认购过程

四、风险控制

在近年来理财业务大发展的背景下，投资者在理财观念和意识增强的同时，还必须树立风险意识，不仅要识别特定产品存在的风险，还需对可能发生的风险具备一定的承受能力。个人理财产品的风险主要包括适合度风险、信用风险、市场风险、流动性风险、再投资风险以及政策法规风险等。下面

_____

① 风险承受能力测试是指商业银行统一设计格式化问卷，通过一系列客观题目了解客户的年龄、投资经验、收入水平、心理承受能力等，并将客户的测试问卷汇总得分与风险等级得分标准比对，确定客户的风险类型是保守型、稳健型、平衡型、成长型、进取型中的哪一类。

主要对客户适合度风险和信息传递风险等销售流程中存在的潜在风险点作一介绍。

（一）客户适合度风险

客户适合度风险是指银行在销售理财产品时，未按照"了解你的客户"的原则进行客户的风险适合度评估，进而不能选择合适的产品推荐给客户。为避免错误销售和不当销售，在销售环节中应注意以下几方面：

1. 所有销售理财产品的人员均需获得理财产品销售资格认证，持证上岗。未获得理财产品销售资格认证的人员严禁向客户进行任何形式的产品介绍、风险揭示和销售活动。

2. 销售人员应按照"了解你的客户"的原则了解和细分客户，对客户进行必要的分层，明确每类理财产品适宜的客户群体，防止由于错误销售损害客户利益。

3. 销售人员应对每位有意向购买理财产品的客户进行风险承受能力测试，仅向其推荐和销售符合其风险承受能力评级的理财产品。客户主动提出购买超出其风险承受能力评级的理财产品时，应当由客户阅读并签署风险认知声明。

理财产品风险分级见表 5 - 1：

表 5 - 1   理财产品风险分级

理财产品风险评级	理财产品评级含义
1. 极低风险产品	本产品为保证收益类产品，或者本金保障且预期收益不能实现的概率极低
2. 低风险产品	本产品本金安全，预期收益不能实现的概率较低
3. 中等风险产品	本产品本金亏损的概率较低，预期收益存在一定的不确定性
4. 较高风险产品	本产品存在一定的本金亏损风险，收益波动性较大
5. 高风险产品	本产品本金亏损概率较高，收益波动性大

客户的风险偏好等级与产品等级的对应关系见表 5 - 2：

表 5 - 2   客户的风险偏好等级与产品等级的对应关系

客户风险测评等级	理财产品风险等级
保守型	1
稳健型	1、2
平衡型	1、2、3
成长型	1、2、3、4
进取型	1、2、3、4、5

注：举例说明，符合平衡型客户风险承受能力的产品为极低风险产品、低风险产品和中等风险产品。

4. 销售人员在销售产品时应客观介绍产品的特点，并进行详细的风险揭示，不得过分夸大产品功能和收益，避免误导客户造成客户索赔的风险。

（二）信息传递风险

信息传递风险是指理财产品说明书、宣传材料的文字表述与产品真实情况偏差引致的风险。为控制法律风险，在设计产品时，产品的名称应恰当反映产品属性，避免使用带有诱惑性、误导性和承诺性的称谓。为理财产品（尤其是非保证收益型理财产品）命名时，应避免使用蕴涵潜在风险或易引发争议的模糊性语言。

根据监管要求，理财产品的宣传和介绍材料中应全面反映产品的重要特性和与产品有关的重要事实，在首页最醒目位置揭示风险，说明最不利的投资情形和投资结果。宣传和介绍材料中如含有对某项业务或产品以往业绩的描述或未来业绩的预测，应指明所引用的期间和信息的来源，并提示以往业绩和未来业绩的预测并不是产品最终业绩的可靠依据，不得将以往业绩和未来业绩的预测作为业务宣传的最重要内容。

（三）操作风险

销售人员在销售产品时，应根据有关产品前台管理规定，要求客户认真填写申请表，签订协议书并处理好客户账户的资金交易，避免操作性风险。销售人员为客户办理业务时不得"一手清"或私下替客户保管密码、银行卡、存折和有价凭证等物品和资料，不得私自接受客户委托处理产品的有关交易。

第六章 个人理财业务的服务分析

第一节 个人理财业务的服务概述

一、个人理财业务的服务特点

（一）专业性

个人理财业务的服务是一项专业性很强的服务，与商业银行其他储蓄存款产品、信贷产品、银行卡产品等产品的营销方式和管理要求都不同。因此商业银行应将理财服务与其他产品的营销和管理区分开来，体现理财服务的专业性。

（二）兼容性

个人理财业务的服务是为满足客户人生不同阶段财务需求的综合金融服务，因此涉及的内容非常广泛，不仅涵盖了储蓄存款、个人贷款、银行卡、本外币理财产品、网上银行等银行个人金融产品，还涵盖了基金、保险、证券、金融衍生产品乃至黄金、房地产、艺术品和实业投资等多种形式的投资工具或渠道。所以理财服务的兼容性非常强，以个人理财业务为平台，可以带动大量相关产品和业务的发展。

（三）无形性

个人理财业务并不是一个具体的产品，其价值也不是体现在理财规划书上，而是体现在专业人士协助客户设计和执行理财规划方案的过程中。个人理财业务为客户创造价值，这些价值有的是可衡量的（如资产的增值），而更多的价值是无法衡量的（如客户生活品质的提高、生活目标的达成和财务自由等）。

（四）长期性

商业银行为客户提供的理财服务，并不是传统意义上的"一锤子买卖"，即一次性交易，而是一个与客户反复沟通和修正的互动过程，在过程中商业银行逐步地为客户创造价值。同时，理财服务追求的不是短期收益，而是针对客户一生的长期规划。

二、个人理财业务的服务内容

(一) 从客户角度

从客户角度看，个要理财业务的服务内容分为生活理财与投资理财两大部分。

生活理财，即专业人士帮助客户设计直接或间接与其生命周期相关的财务规划，包括储蓄规划、保险规划、税务筹划、居住规划、子女教育规划、退休规划和遗产继承等，是与客户一生密切相关的综合性金融服务；其可使用的理财工具包括储蓄、个人贷款、理财产品及各类广泛的中间业务。专业人士通过为客户提供生活理财服务，保障客户的生活品质，实现客户的人生财务自由。

投资理财，是指在客户基本生活需求得到满足的基础上，专业人士通过各种投资方式，在保证客户资产安全性和流动性的前提下，帮助客户获取满意的投资回报，使客户资产增值。投资理财可使用的投资工具包括银行存款 (本外币)、股票、基金、债券、保险、金融衍生产品等金融产品，以及黄金、房地产、艺术品、实业投资等。

事实上，在为客户提供理财服务的过程中，生活理财和投资理财的内容往往是交织在一起的，很难严格区分开来。正是通过两个层面的理财服务，商业银行才能更全面地满足客户不同领域的金融需求。

(二) 从银行角度

个人理财业务是满足客户人生不同阶段财务需求的综合性金融服务。它既包括银行领域的，也包括银行领域之外的；既包括金融领域的，也包括非金融领域的。从商业银行的供给角度看，个人理财业务的服务内容可以概括为产品组合服务、理财咨询服务、理财规划服务、多渠道服务、增值服务等几项主要内容。这些具体的服务内容是构成整个个人理财业务的基本元素，它们共同构成了兼容并包的理财服务。

1. 产品组合服务

产品组合服务意味着根据客户需求，在产品库中选择具有不同安全性和流动性的产品，然后按一定的比例进行配置，最终得出既满足客户需要又符合其特征的资产组合方案。

根据客户的不同风险偏好来选择适合的产品，构造资产组合。总体而言，根据客户的风险特征大致可以分为五类客户：保守型、轻度保守型、均衡型、轻度进取型、进取型。相应的风险等级应匹配同等风险的产品，所以产品风险对应也可以分为五种类型：现金、无风险固定利息产品、低风险固定利息产品、中度风险收益产品和高风险投资产品，每种类型具体包括的产品见表 6-1：

表 6-1 产品风险等级分类

产品风险等级	产品种类
现金	现金
无风险固定利息产品	一年以上定期存款、凭证式国债
低风险固定利息产品	本外币理财产品、货币型基金、记账式国债、分红险
中度风险收益产品	债券型基金、外汇买卖、黄金、平衡型基金
高风险投资产品	股票型基金、股票、期权

产品组合并非配置完成后就一成不变，还必须考虑各种外在影响因素和客户自身情况的变化，定期进行动态调整。

2. 理财咨询服务

理财咨询服务被誉为"专家智囊服务"，是指专业人士为客户提供金融产品和主要投资产品的走势分析，以及金融市场动态预测和相关政策法规等信息的咨询，并解答客户有关金融专业知识方面的问题。它的作用是帮助客户合理地进行资产配置，提高客户理财能力和生活品质，同时密切银行与客户的关系，挖掘客户潜力，增加银行产品销售和盈利。

理财咨询服务主要含以下几方面内容：

（1）产品咨询服务。向客户提供主要投资产品的走势分析，特别是客户已购买的投资产品、新推出的热点投资产品和收益潜力较大的投资产品，为客户提供决策参考。

（2）金融市场动态分析及预测。向客户提供包括最新的股市、汇市、债市行情的变动情况分析，并对其未来走势进行预测。

（3）政策、法规咨询服务。向客户提供与个人理财业务相关的各种政策和法规信息咨询，如经济、金融政策，银行政策、法规，税收、遗产法规和其他相关政策、法规，以及与理财产品销售相关的管理规定等。

（4）经济、金融等相关专业知识的咨询服务。向客户提供个人理财所需的各种经济、金融知识，如企业财务报表和年报的解读，各种个人财务报表的制定与分析，金融理财工具的选择与使用，等等。

3. 理财规划服务

个人理财规划服务，是指为帮助客户实现人生目标而制订的、与其生涯事件相关的各项财务计划。

按照规划的内容，理财规划服务可以分为家庭财务分析与预算、家庭信用和债务管理、投资规划、教育规划、居住规划、个人风险管理和保险规划、个人税务筹划、退休规划和遗产规划等。

按照规划的目标，理财规划服务可以分为单目标理财规划服务和综合理财规划服务。

（1）单目标理财规划服务是就客户某一方面的单一理财目标，结合客户各方面情况来设计财务计划和策略，以帮助客户在预期时间内实现其预期目标。比较常见的单目标理财规划有投资规划、教育规划、住房规划、装修规划、购车规划、保险规划、税务规划、退休规划和遗产规划等。

（2）综合理财规划服务，顾名思义，就是由一个以上的理财规划目标构成的多目标综合理财规划服务。理财师需在全面了解客户个人及家庭状况、财务状况、所处环境和理财目标等信息的前提下，帮助客户确定合理的理财目标及各目标的实现顺序，然后综合运用各种财务规划和投资工具，帮助客户合理配置资产并构建有保障的生活体系，顺利达成客户各阶段的人生目标，最终实现其财务的自由、自主和自在。

4. 理财资讯服务

理财资讯服务的主要目的是利用商业银行的专业优势，帮助客户及时掌握理财相关信息，以便其作出更明智、合理的理财决策。理财资讯服务是由掌握专业知识和信息的商业银行主动提供给客户的，而非被动接受客户询问，这是其与理财咨询服务的最大不同。

在有的商业银行，理财资讯服务被归入增值服务，作为一项重要的增值服务内容。

理财资讯服务提供的主要资讯内容包括以下几方面：

（1）金融市场资讯。它包括国际、国内经济和金融发展形势，股市、汇市、债市的动态行情和预测，新出台的相关政策、法规，等等。

（2）行业资讯。它包括与个人理财相关的保险、证券、期货、房地产、外汇、汽车、黄金、收藏等行业的信息和动态。

（3）业务动态。它包括银行同业的新产品信息、服务举措、营销活动及亮点、热点分析，等等。

（4）优惠信息。它包括银行推出的个人业务优惠促销活动，以及与客户相关的消费场所（商场、餐馆、酒店、航空公司、高尔夫球场）的营销优惠信息。

理财资讯服务的提供方式有：

（1）通过公共信息平台发送，如银行网站、营业网点、自助银行、电话银行等。

（2）通过短信、邮件、宣传折页、客户专属刊物等形式，直接送达给客户。

（3）通过组织理财讲座、论坛、沙龙等客户营销活动，更深入、更有针对性地向客户传播有关信息。

5. 多渠道服务

为了给客户提供更全面周到、便捷、人性化的服务，商业银行针对理财客户推出了多种渠道构成的专属服务网络，为客户提供超时空的"3A"服务，即在任何时间（Anytime）、在任何地点（Anywhere）、以任何方式（Anyway）为客户提供服务。这也是商业银行打造个性化、差异化服务体系，提升理财服务品质的重要手段。

这种多层次的专属服务网络主要包括以下几种渠道：

（1）物理渠道。它包括银行建立的财富管理中心、理财中心、理财工作室、理财专窗等多层次的理财客户专属物理场所。在这里，理财客户经理为理财客户提供面对面、一对一的理财服务。

（2）电子渠道。广义的电子渠道包括自助服务终端、网上银行、电话银行、手机银行等。为了体现理财服务的差异性和尊贵性，不少商业银行都开设了理财客户专属的电子渠道，如网上银行的理财客户专用版、电话银行的VIP专线、信用卡贵宾客户的VIP专线等，为理财客户提供专属的服务平台。

6. 增值服务

金融服务仅仅是个人理财业务的一部分内容，增值服务已成为国内个人理财业务的重要组成部分。这既是当今理财市场竞争的需要，也是各商业银行发展差异化服务的需要。

增值服务是指商业银行在基本金融服务之外为客户提供的具有较高附加值的额外服务，目前它已经成为商业银行针对个人客户进行关系管理和维护的重要方式。增值服务大多是免费提供的，是各商业银行稳定理财客户资源、吸引潜力客户的重要武器。

目前各商业银行均开始重视理财业务的增值服务，力求多角度、全方位地为客户提供服务，在金融专业服务的基础上，使理财业务延伸为"贴身管家"式的无所不能的全面服务。根据增值服务的内容，其可以划分为金融便利、生活礼遇、客户活动、全球漫游服务四大类。

（1）金融便利。金融便利主要是指优先服务和金融服务优惠，具体内容如下：

优先服务。它是指理财客户到银行网点办理业务时，为避免排队等候，理财客户可在贵宾理财窗口、理财中心等专属渠道享受优先服务；同时，商业银行在电话银行、网上银行、客服中心等地方设立贵宾服务专用通道，为客户优先提供业务处理、业务咨询和业务投诉等服务。此外，有的商业银行还为理财客户提供个人贷款审批和放款、信用卡审批、新产品购买等方面的优先服务。

金融服务优惠。它是指理财客户在购买银行产品或使用银行服务时，可以享受不同程度的价格、手续费优惠及其他优惠，包括产品购买价格/手续费优惠、转账汇款手续费优惠、个人消费贷款利率优惠、保管箱租金优惠、信用卡年费优惠和其他手续费减免，以及较高的个人贷款信用额度和信用卡透支额度等。

（2）生活礼遇。

出行礼遇：国内机场贵宾通道、国际机场贵宾通道、道路紧急救援、旅游保险（包括航空意外险、失卡险、航空延误险、行李丢失险、购物保障险等）。

医疗健康：健康咨询热线、健康体检、预约专家、医院导医服务、协助挂号和排队等。

运动休闲：高尔夫畅打、美容美体、旅游便利等。

品质生活：在银行签约的商户合作伙伴网络（商场、宾馆、饭店、房地产公司、汽车经销商、航空票务等）消费，享受折扣优惠。

高端客户专属杂志：编订面向理财客户的专属杂志，内容包括理财咨询和生活时尚等。

（3）客户活动。为表达对客户的人性化关怀，让客户感受亲情服务，提高客户忠诚度，商业银行组织各种形式的客户营销活动，常见的活动如下。

讲座、沙龙：主题可以是投资理财，可以是与理财规划相关的税务、法律，也可以是客户感兴趣的子女教育、艺术品赏鉴、名酒品鉴等。

户外营销活动：境内外旅游、集体自驾游等。

文艺演出活动：音乐会、艺术专场演出等。

子女营销活动：针对理财客户的子女举办青少年夏令营、留学咨询、模拟理财大赛等，从小培养他们的理财意识和对商业银行的忠诚度。

重要日子问候：在重要节假日、客户及其家人的生日和其他重要纪念日，通过电话、短信、邮件、贺卡或赠送礼品等形式，为客户送去祝福。

（4）全球漫游服务。银行利用自身全球服务网络优势，为理财客户在世界范围内提供与本地同样的金融服务，如代理开户、现金提取、机场接送、酒店和旅行服务预订等海外服务。

目前优先优惠服务、客户沙龙、机场贵宾服务、医疗健康咨询、高尔夫畅打、商户优惠等已成为国内理财增值服务的重要内容，也是同业竞相吸引中高端客户的重要工具。具体服务内容见表 6 - 2：

表 6 - 2　　　　　国内主要商业银行个人理财业务的增值服务内容

同业名称	理财客户	财富客户
工商银行	金融服务优先优惠 特约优惠商户网络 金融资讯及理财沙龙 贵宾专刊 紧急支援服务	国际 SOS 救援 免费保险 机场贵宾礼遇 至尊租车优惠 高尔夫畅打
中国银行	金融服务优先优惠 特约优惠商户网络 机场贵宾服务、免费停车、生日关怀、 客户沙龙及联谊活动 理财资讯 商务、留学、旅游等国际金融服务	国内外机场贵宾室 免费道路援助 免费保险 专职秘书一对一专线服务
建设银行	金融服务优先优惠 特约优惠商户网络 机场贵宾服务 紧急援助服务 亲情服务	健康关爱服务 高尔夫俱乐部 国际 SOS 救援 机场嘉宾服务 高尔夫畅打

续表

同业名称	理财客户	财富客户
招商银行	金融服务优先优惠 特约优惠商户网络 机场贵宾、境外急救 生活便利服务 投资资讯和信息服务	高尔夫畅打 境外急救 健康体检 各类免费保险 财富沙龙 钻石专线电话
交通银行	金融服务优先优惠 手机提醒服务 专业理财讲座、手册	机场贵宾服务 医疗贵宾服务 沃德财富专刊
中信银行	全球机场贵宾服务 高尔夫服务 24小时贵宾汽车救援服务 医疗健康顾问服务 白金律师顾问服务 出国金融服务 贵宾专刊	

三、个人理财业务的服务流程

个人理财业务可以分为六个不同阶段。

（一）建立和界定与客户的关系

为客户提供理财服务的第一步，即与客户建立良好的互动关系。这是成功营销和服务客户的前提。与客户建立联系的方式有面谈、电话交谈和网络联系等，其中面谈是最重要的方式。在与客户进行初步接触中，应注意以下两点：

1. 专业理财人员首先要对潜在客户的详细信息进行充分挖掘和了解，不仅要充分了解客户的资产状况、风险偏好、投资取向、理财价值观等个人信息，还要进一步了解客户所处的人生阶段和家庭状况，并在了解信息的过程中与客户建立信任。

2. 专业理财人员也要清楚地为客户介绍理财所提供的服务范围、类型、性质和费用等信息，界定双方的法律关系和职责，使客户了解理财规划的作用和风险，从而建立起与客户进行深度沟通的基础和平台。

（二）收集客户信息

它一般包括以下三个步骤：

1. 收集客户信息。客户信息包括所有相关的财务信息和非财务信息，定量信息和定性信息，越详细越好。需收集的客户信息主要包括四方面：第一，客户收入信息；第二，客户家庭基本情况；第三，客户资产情况；第四，保险、投资、税务、资产传承等其他信息。

2. 了解客户理财需求。这个包括了解客户个人所处生命周期的理财需求和客户家庭所处阶段的理财需求。

3. 分析客户理财特性。客户的理财特性包括客户的理财目标、理财价值观和投资倾向、实际风险承受能力等。其中理财目标分为短期、中期和长期目标，理财人员都应加以考虑。只有准确掌握了客户的理财特性，理财人员才可能向客户推荐合适的产品或制订合适的理财规划。

在完成上述三步的基础上，专业理财人员应与客户共同确定其理财目标与期望（含生活和财务各方面），评估其可行性，并确定实现的先后顺序。

（三）分析和评估客户当前的财务状况

在制订个人理财规划方案之前，专业理财人员需对客户当前的财务状况和经济环境进行分析，以预测客户理财目标实现的可能性。分析内容包括内外两方面：

1. 个人状况，如收入水平与增长趋势、退休年龄、平均寿命、特殊时期需求、实现目标的时间期限、风险因素等。其中最主要的是财务状况，专业理财人员可以根据客户财务信息制定客户个人的资产负债表和现金流量表，并计算出相关的财务比例，以便更科学地对客户财务状况进行评估和诊断。

2. 外部经济环境，即可能影响客户财务状况的各种宏观经济信息，如利率、通货膨胀率、税率、投资回报率等的当前水平与变化趋势。

（四）制订并向客户提交理财规划方案

在分析完客户情况之后，专业理财人员应综合考虑多方面因素，为客户制订综合理财规划方案：

1. 设计各种能够合理实现客户目标和需求的基础规划方案，如基本财务规划、税务策划、保险规划、住房规划等，并评估其有效性。

2. 综合各项基础规划方案的需求，制订整合的投资方案，并构建落实方案的产品投资组合，包括投资方式、投资品种和各种产品的配置比例。

3. 编订综合理财规划书，并展示给客户，与客户一起讨论，帮助客户理解。

（五）执行个人理财规划方案

客户接受理财规划方案后，专业理财人员应协助客户执行。

1. 首先清晰界定双方在执行过程中的责任。

2. 确定实施步骤和方案匹配的资金来源。

3. 制定具体的实施时间表。

在执行过程中，如涉及某一特定专业领域的知识且超出专业理财人员的能力，可寻求其他专业人员的帮助。

（六）监控与调整

专业理财人员需协助和监控客户执行个人理财规划方案，评估执行情况和效果，并适时检查方案的适用性，针对市场和客户财务状况的变化，在征得客户同意的前提下适当调整资产配置或修正理财目标。

第二节　个人理财业务的服务模式

关于服务模式这个概念，业界并没有统一确切的定义。但可以肯定的是，服务模式是个包容性很强的概念，内涵十分丰富，并且从不同角度可以有不同的理解。从客户角度理解，服务模式即银行为其提供服务的方式的总和，包括服务形式、服务流程、服务能力、服务效率、服务团队与人员等；从银行角度理解，服务模式则是用以支持提供给客户的所有服务的相关机制和体系，包括服务定位、客户关系管理模式、团队设置、人员配置、职能分工、前中后台的协作机制，等等。本书分别从两个角度来阐述商业银行个人理财业务的服务模式。

一、客户视角的服务模式

为区别于大众客户的银行服务，在个人理财领域商业银行普遍采用了差异化的服务模式，并且理财服务体系内部不同层级所采用的服务模式也不同，这也是构建差异化的理财服务体系的重要内容之一。一般而言，从贵宾理财、财富管理到私人银行，随着层级的升高，服务模式的专业性、尊贵性和个性化程度增强。

根据各商业银行个人理财业务的发展水平和服务体系设计，个人理财业务的服务模式主要有"1对1"、"N对1"、"1+1+1"、"1+N"等。虽然表述迥异，但实质均为前台服务人员与后台支持团队的结合。

（一）前台专业客户经理的面对面服务

客户经理直接服务于客户，通过"一对一"的当面沟通，为客户解答问题、提供咨询、推荐产品和设计理财规划。

（二）后台专家团队的集体智慧支持

在直接服务于客户的客户经理背后，往往有一个专业团队的支持，包括外汇、证券、基金、保险、黄金、法律、财务等各方面的专家，他们为前台销售人员提供这些领域的专业知识支持，共同服务于理财客户。

本节通过列举国内各主要商业银行个人理财业务的服务模式，来说明个人理财业务差异化的服务模式及其内涵。

表 6 - 3　　　　　国内主要商业银行个人理财业务的服务模式

银行	贵宾理财服务	财富管理服务
中国银行	专业客户经理提供"1 对 1"服务，资深专家团队的顾问支持，提供综合销售式服务	"1 + 1"服务（1 名财富经理 + 1 名财富顾问），后台设专门的投资分析团队，提供顾问式服务
工商银行	专职客户经理"1 对 1"理财服务，专业的理财团队提供支持	专职客户经理"1 对 1"理财服务，专家团队支持，提供个性化资产管理服务
建设银行	专职客户经理提供"1 对 1"的专人专属个性化理财服务，专家后援团提供后台支持	"1 + 1 + 1"服务（客户经理 + 客户经理助理 + 投资顾问），专家团支持
招商银行	"1 对 1"的理财顾问，后台强大的专家团队	"1 对 1"专属客户经理服务，专业人员组成的产品开发及市场研究团队提供专家支持
交通银行	专业理财经理服务"一站式"综合管理	专属沃德客户经理一站式服务，专业性、国际化理财智囊团队支持
中信银行	"1 对 1"的理财经理服务，中信控股专业团队服务	

注：工商银行财富管理品牌"工银财富"面向"理财金"高端客户，拥有独立的品牌、产品和物理网点。

二、银行视角的服务模式

从商业银行视角，服务模式不是孤立存在的。在商业银行与客户接触的界面上，服务模式与该层级理财服务的价值定位、产品与服务内容、服务渠道、品牌推广和增值服务是密切相关、相互匹配的；在商业银行内部层面，支持服务模式的是中后台服务体系和相应的资源匹配，以及与商业银行其他部门的协作机制，如通过电话银行、网上银行辅助客户经理进行营销和沟通，获取技术部门的数据支持，整合商业银行海内外资源为客户提供全球漫游服务，以及汇聚商业银行所属金融集团下属的证券、基金、信托、保险等领域的专家为客户经理提供专业支持等。

一般而言，商业银行主要是从基本银行服务、理财咨询服务和增值服务三大方面入手，为各层级客户提供有针对性的差异化服务。

（一）基本银行服务

在服务优先级、服务价格、服务流程及业务办理权限（如转账额度、信用额度）等方面，给理财客户以更多的优先与便捷。

（二）理财咨询服务

由专职客户经理提供"一对一"的服务。由于我国财富管理业务起步较晚、服务网点较少，因此国内的理财服务体系具有向下兼容的特征，即高层级的客户可同时享受低层级的理财服务。例如，一名私人银行客户，可选择到私人银行中心体验私人银行家提供的顶级尊贵服务，也可以选择到离家最近的理财中心、财富中心享受普通的理财咨询服务。

1. 贵宾理财服务由理财经理提供专业、优先的综合销售服务和咨询服务。为实现专业、便捷的优先理财服务，商业银行通常配备金融投资相关背景较强、沟通能力和服务意识较好的优质理财经理，提供"一对一"的优质理财服务，并由理财中心及网点相关团队提供支持，客户可享受理财中心和普通网点的服务与资源。但一名理财经理服务的客户数通常较多，在200~300人。①

2. 财富管理服务由财富经理和投资顾问团队共同提供更加专业化的财富专属咨询服务。为实现尊贵、专业、贴心的财富管理服务，商业银行通常配

---

① 国内商业银行在实际经营中，受人力资源所限，理财客户与理财经理的比例往往超出此标准，有的高达500∶1，甚至更高。

备具有金融投资相关背景，且从业至少 4 年①并拥有相关资格证书的专业财富经理，并建立专属投资团队给予专业的财富管理和投资规划建议。一名财富经理服务的客户大约在 50～100 人。财富中心、理财中心及网点相关团队均提供支持，客户可享受到财富中心、理财中心和普通网点的服务与资源。

3. 私人银行客户则由资深的私人银行家、助理及投资顾问团队和全球专家智囊团提供尊贵、顶级的个性化咨询服务。为实现私人银行业务专享、顶级和个性化的全方位服务，私人银行家不仅是资深的理财规划师，还要拥有娴熟的服务和沟通技能。一般私人银行家拥有丰富的金融投资相关知识和从业经验（一般从业至少 8 年），一名私人银行家维护的客户一般在 50 人以下。私人银行家、助理及投资顾问团队共同为客户提供服务，客户可随时享受私人银行、财富中心、理财中心及普通网点的服务与资源。

（三）增值服务

随着财富级别的升高，增值服务的内容、范围及个性化、专业化程度越来越高。

1. 贵宾理财服务以标准化的增值服务为主。

2. 财富管理服务的增值服务范围更广、级别更高。

3. 私人银行业务则增加如法律、遗产、艺术品收藏等更高端的定制化服务，以体现出对最高端客户的重视。

个人理财业务客户所享受的服务模式的定位与内容具体见表 6 - 4：

表 6 - 4　　　　　　　个人理财业务的服务模式定位与内容

	服务模式的定位与内容
财富管理服务	优先级高于贵宾理财服务客户的传统银行服务 在优先的理财服务上增加高度专业化的财富专属服务，由专业的投资团队提供投资规划咨询及跟踪服务，以及根据需求提供定制的理财计划和其他咨询服务，如现金流管理 更多专属增值服务，如健康咨询，高端社交等 取款、转账额度及优惠高于贵宾理财服务
贵宾理财服务	比普通客户优先的理财服务 提供"一对一"理财经理服务、定期服务及跟踪 提供标准化产品、市场信息和投资理财计划 提供贴心的增值服务，如本地机场贵宾室、理财讲座、节日贺礼 提供一部分优惠项目

① 4 年的从业资格要求是国际理财行业普遍采用的标准。但在我国，受人力资源所限，财富经理的从业年限普遍偏短，平均水平并未达到 4 年。

第七章 品牌管理

在财富管理业务竞争日益激烈的今天，品牌是吸引客户确定差异性的最重要手段之一。本章将对品牌管理的内容、过程作一简单描述，并对国内银行在财富管理业务方面的品牌管理活动作一简单小结，使读者有个直观的认知。

第一节 品牌管理概述

一、品牌定义及特征

（一）内涵

品牌是一个复杂的综合概念。在有形的物质层面上，它是商标、名称、包装、招牌、广告风格等外在形象的总称；在无形的精神层面上，它代表一种口碑、品位、格调，其背后包含的是与商品有关的历史、声誉、文化、价值定位等消费者的主观感知。

由于品牌的内涵和外延非常丰富，研究者们纷纷从不同角度定义品牌，因此关于品牌的确切定义一直没有统一的说法，但关于品牌的基本特征和构成要素，形成了一定的共识。

（二）特征

品牌不仅是产品的标志，也是产品的质量、性能、定位、服务等方面的综合体现，并且还体现了企业的文化、历史、口碑、形象和信誉等丰富的文化内涵。因此，品牌具有以下几个特征：

1. 标识性

品牌的首要功能是赋予商品（含产品与服务）特定的名称和形象，因此品牌通常具有一定的名称和造型，以及其他的外在符号特征，以便商品在市场上进行宣传推广，也便于消费者认知和记忆。

2. 差异性

品牌的另一个重要功能是将一种商品与其他商品区分开来，因此品牌一定要具有差异性，要有独特的名称和外在形象，具备独特的个性和视觉冲击力，以便在目标消费者群体中推广时获得更高的认知度和识别率。

3. 价值性

品牌不仅是一个符号，同时也代表了对商品的品质、价位、效用等的承诺与保证，以及商品背后更丰富的市场定位、企业声誉等文化内涵。即使抽离了具体的商品，这种品牌内涵依然存在。因此品牌具有独立于商品之外的自身价值，是企业一种重要的无形资产，可以通过市场知名度和美誉度等指标去衡量。

4. 延展性

品牌的作用不仅在于作为一个外在标识被认知，更重要的是向消费者传递一定的隐喻式信息，使其产生丰富的品牌联想，使其将品牌与高质量、高价值、高品位、高信誉等企业所期望传递的正面信息联系起来，同时激发消费者的消费体验冲动和正向预期。所以好的品牌都具有很大的延展空间，在品牌标识基础上延展传递丰富的信息，而且品牌历史越长，其被赋予的信息越丰富，价值越高。

5. 两面性

好的品牌是经过长期的品牌经营与积累而逐步构建起来的，一旦根植于消费者心中，将为企业创造巨大的经济收益和社会效益；然而一旦长期积累的品牌形象毁灭，则会给企业带来巨大的负面效应，且很难在短期内重塑。因此品牌是一柄"双刃剑"，企业经营中的任何一个过失都会将辛辛苦苦塑造的品牌形象毁于一旦。

二、品牌管理的过程

（一）品牌定位

品牌管理的首要任务就是进行品牌定位，这是品牌建设的基础。品牌定位是指为自己的品牌树立一个鲜明的、独特的、符合消费者心理需求的形象，以在消费者心目中占据一个有利位置。好的品牌定位是品牌经营成功的前提。只有通过准确的品牌定位，才能确定鲜明的品牌形象，形成企业的品牌优势。

品牌定位事实上是一个创造差异的过程，包含市场细分（Segmenting）、确定目标市场（Targeting）和品牌定位（Positioning）三个步骤。

1. 市场细分

市场细分是根据消费者群体特征和需求差异进行区分的过程。通过市场细分，企业可以根据自身能力和资源，寻找合适的市场机会，进而将其转化为盈利机会。

2. 确定目标市场

在市场细分的基础上，企业综合考虑外部市场环境、消费者群体的需求容量和特征，以及自身的现实经营能力、资源限制和发展潜力等内外部因素，选定特定的细分领域作为目标市场，进而根据此细分市场的特性来作出产品开发、服务提供、定价和营销手段等一系列规划。

3. 品牌定位

品牌定位是指企业为品牌及相应的产品在目标消费者心目中设定一个特定的"位置"，包括品牌的档次、特征，以及其代表的理念和文化内涵等，实际上品牌定位是与目标市场的特定受众建立品牌联系的过程，它使目标市场的消费者能够很容易地甄别和接受该品牌所传递的信息，进而产生品牌认同。

产品是品牌的基础和载体，品牌则赋予产品实体以外的个性。因此品牌定位与产品定位的过程是相辅相成的，两者交织在一起，相互影响。

（二）品牌推广

品牌推广是将设计好的品牌推向市场并获取市场认知和美誉的过程，其主要任务是打造品牌的知名度和美誉度。品牌推广主要依靠以下几种手段：

1. 媒体广告

在各种平面媒体（报纸杂志、户外广告等）、电视、广播媒体和网络媒体上投放广告，是品牌推广的最主要方式。其优点是形象、直观、覆盖面广、引导性强，容易在消费者心目中树立起品牌形象；但传递的信息相对有限。

2. 人员推广

它是指凭借金融从业人员，特别是一线销售人员，直接面向消费者进行品牌宣传，以达到传递品牌定位、推广品牌形象、实现产品销售的目的。这种方式的优点是传递信息量大，对客户的影响更深；但不足之处是覆盖面窄、到达率低，且成本较高。

3. 新闻宣传

它是指借助大众媒体，以新闻发布或评论的方式无偿地为企业、品牌或产品进行宣传。它通常采取的是第三方机构间接宣传的方式，作为硬性广告的重要补充形式而存在。新闻宣传与硬性广告投放不同，它不以直白的品牌传播和促销为呈现方式，而是注重通过信息、资讯的投入潜移默化地影响受众，其优点是避免了生硬的直接推广，而融于大众媒体的公共宣传中，因而公信力较高，更易为目标客户所接受，说服力更强。

4. 公共关系

这是近些年兴起的新型宣传推广方式。它是指企业有计划、有目的地组织和参与一些公共活动或重大事件，如赞助体育赛事、参与社会公益活动、组织专题论坛等，来主动地推广、塑造良好的企业社会形象，提高品牌知名度，同时增进公众对品牌的了解和信任。

5. 自有渠道推广

渠道推广近几年日益受到企业重视，特别是像金融机构这种分销渠道众多且分布广的企业，分销渠道的营销价值不可低估。以商业银行为例，它可以在营业网点、ATM、电话银行、网上银行等消费者触点上进行多种形式的品牌形象推广，如通过横幅、海报、电子屏、视频动画等，进行巧妙的品牌宣传，激发客户兴趣，提高品牌认知度。

在实际的品牌推广中，企业往往需要制订一个统一的推广计划，综合运用多种宣传推广手段，形成"立体式"的营销宣传攻势，特别是在新品牌上市阶段，以取得最佳宣传效果。

（三）品牌维护

品牌维护是指对品牌资产进行维护管理。通过精心设计和推广，可以在短时间内迅速建立品牌的知名度，但要保持健康积极的品牌形象，并逐步培养客户的品牌忠诚度，就必须依靠持续不懈的品牌维护。品牌维护可以从以下几个方面入手：

1. 进行持续性的品牌推广，保持一定的品牌曝光率，并不断完善品牌形象，提升品牌美誉度，打造强势品牌。这就需要有效的品牌管理工作来高效合理地配置品牌资源，积极采用各种品牌传播经营手段强化品牌地位和声誉，在持续的品牌推广过程中引导消费者形成品牌偏好并进而建立品牌忠诚度。

2. 加强企业产品和服务的质量管理，保证品牌的内在品质，使品牌代表的内涵与产品和服务品质保持一致，这是品牌维护的必要条件。品牌代表的是一种对消费者的承诺和保证，成功的品牌是品牌承诺与客户体验的完美结合。因此企业必须加强内部质量管理，做到名副其实、一以贯之，为优秀的品牌形象奠定坚实的物质基础。

3. 不断进行品牌创新和修正，保持品牌的活力与生命力。品牌是有生命周期的，缺乏维护的品牌会逐渐衰退。要赋予品牌新的生命力，就需要不断进行创新，如根据市场和消费者心理变化更新品牌形象或定位，或赋予原有品牌新的内涵和价值，使品牌能够顺应新的竞争形势，继续发挥引导消费者的作用。

除上述三个核心环节之外，品牌管理还涉及许多其他方面的工作，如品牌延伸、品牌资产管理、品牌危机管理和品牌国际化等。总而言之，品牌管理是一项持续性的工作，必须根据市场和企业发展情况与时俱进，不断丰富和完善。

第二节　品牌定位

一、品牌定位

在个人理财业务中，品牌定位主要包括以下几方面主要内容：

（一）客户定位

通过市场调研等手段，找出合理的细分变量，对客户群进行细分，进而准确定位品牌所针对的特定客户群体及其特征。

（二）品牌—客户定位方式

根据目标客户群的需求与特征，以及自身可提供的产品与服务，寻找两者之间的结合点，进而定位出品牌的特征。具体包括以下步骤：

1. 产品与服务的信息梳理和分类宣传推广。

2. 品牌建设与管理。它包括品牌设计（定位、命名、内涵）和品牌传播，以及统一的品牌管理规范。

（三）品牌策略的选择

在品牌管理的实践中，应配合业务发展及品牌宣传需要，确定具体的品牌营销策略与方案。具体的方案包括：品牌活动的具体目标、活动分类（是一次性的还是一定时期内或长年持续性的营销活动）、目标客户、活动的内容、活动的形式、活动预算等。

二、国内银行个人理财业务的品牌定位实践

(一)贵宾理财服务品牌

国内不同商业银行都先后推出了贵宾理财服务的品牌,并确立了相应的品牌价值定位、宣传口号等。各主要商业银行的贵宾理财服务品牌概况见表7－1。

表7－1　　　　　　国内主要商业银行贵宾理财服务品牌

银行	品牌价值定位、宣传口号	品牌
工商银行	理财金账户:优先、优惠的金融服务,专家、专业的理财顾问及私人、个性化的银行秘书	理财金账户 ELITE CLUB 自信 自然 自由
建设银行	乐当家理财:"从容驾驭财富",为客户提供便捷、高效、综合性、全方位、"一站式"服务	乐当家 从容驾驭财富 建行个人理财
中国银行	中银理财:"财富之道,智者为先"	中银理财 Wealth Management
农业银行	金钥匙理财	金钥匙 理财 GOLDEN KEY WEALTH MANGEMENT
交通银行	交银理财:理财伙伴,精彩人生	交银理财 BOCOM FORTUNE
招商银行	金葵花理财:"专业用心",专业独到的个性化理财设计和服务	金葵花 SUNFLOWER
中信银行	中信贵宾理财	中信 贵宾理财 CITIC PREMIERR
民生银行	非凡理财	中国民生银行 非凡理财 CHINA MINSHENG BANKING CORP.,LTD

(二)财富管理服务品牌

对于财富管理级别的客户,国内商业银行也纷纷推出相应的财富管理服务品牌,并确立了相应的品牌价值定位、宣传口号等。有些商业银行还为客户推出专属的理财产品。

各商业银行的财富管理服务品牌概况见表 7 - 2。

表 7 - 2　　　　　　　国内主要商业银行财富管理服务的品牌

银行	品牌形象	品牌定位和内涵	品牌
工商银行	ICBC 工银财富	"财富一生，工银相伴"	"工银财富"系列
中国银行	中银 财富管理 PRESTIGIOUS WEALTH MANAGEMENT	"规划未来，与您同行"：以客户为中心、以客户需求为导向、以客户价值创造和维护为宗旨，提供全球化专业财富管理	博弈"中银财富专享"系列
建设银行	财富	"智足者富"：客户用智慧创造财富，建行用智慧管理财富，最终实现智者共谋、智者共赢，成就智慧人生	"建行财富"系列
交通银行	沃德财富 OTO FORUNE 丰沃共享 厚德载富	"丰沃共享，厚德载富"：以诚信优质的服务带来丰厚的回报，与您的理想和财富繁荣并进；以一对一、面对面、团队协作为服务方式，以全球视野和国际化智囊团队为支撑，以服务引领理财	钻石专享系列产品
招商银行	财富账户 WEALTH MANAGEMEM ACCOUNT	"专业尊崇"：从投资顾问、理财资讯、专享服务空间、灵活授信服务、贵宾专线、贵宾登机、高尔夫畅打、健康医疗等方面，为客户打造钻石级的贵宾礼遇	非凡专属产品："尊享"、"增赢"、"好运"、"稳健"、"保得"等系列
民生银行	非凡财富 FAVORED BANKING	"非凡专业团队，非凡专属产品，非凡专享服务"：通过打造"非凡"的团队，推出"非凡"的理财产品，以"非凡"的贵宾服务向客户全方位展示"非凡财富"的核心竞争力	阳光理财计划系列
光大银行	阳光财富 EVERBRIGHT WEALTH MANAGEMENT	"全专、至诚、致远"：提供强大的金融资讯服务平台，以更审慎的投资态度，更专业的投资手段，专注于财富客户的资产增值	"金玉满堂"打新系列、"本无忧"系列、"新动力"新股资产组合系列
北京银行	超越财富 Beyond Forune	"超越自我，超越梦想"：为客户努力创造财富的同时，帮助客户实现更高追求，达到不断超越的境界	"聚通天下"系列之收益、策略、保本类

第三节　品牌推广

随着我国金融市场的进一步开放和同业竞争的持续升级，目前我国商业银行理财业务正在上演一场"品牌大战"。各种营销方式广泛使用，营销活动日益个性化，新的营销理念和手段也层出不穷。本节将对商业银行常用的品牌推广营销活动作一简单介绍。

一、事件营销

事件营销是当前银行业最常使用的一种营销手段，即与当时的社会时政热点结合，借助事件本身的影响力来扩大品牌的传播范围，提升营销效果。如中国银行携手 2008 年北京奥运会，成为其唯一的银行业合作伙伴；交通银行赞助 2010 年上海世博会；此外，在新中国成立六十周年、世界杯、亚运会、大学生运动会等重大社会热点事件中，许多商业银行"借题发挥"，或与银行整体品牌形象相结合，或与某一项相关业务结合，积极推行事件营销。

二、文化营销

由于理财业务面向的是综合素质较高的中高端客户，很多商业银行结合各种文化资源以及人们的文化情结，以各种形式将文化融于营销之中，大打文化牌，以此吸引客户。我国悠久的传统文化为各商业银行提供了丰富的营销素材，很多商业银行纷纷赋予其产品浓厚的文化特征，并在广告、宣传、公关等一系列营销活动中注入知识价值和文化内涵，大力推行文化营销。例如，中国银行每个新年都会发行生肖卡（电子借记卡），以及用传统文化元素设计的礼仪存单；招商银行 2008 年推出的"和"卡信用卡，也是对我国古代文明的一次弘扬。除此之外，各商业银行还面向理财客户组织多种形式的文化活动，如名曲音乐会、艺术品品鉴会，以及茶艺、礼仪讲座和品酒会等文化沙龙活动。客户在感受文化深厚内涵的同时，又增进了对理财品牌和服务的了解，一举两得。

三、主题营销

主题营销即将商业银行某项相关产品或服务，与某一个特定的主题联系起来进行营销，或结合该主题推出创新产品，以产品为平台进行推广。在这里主题的选择非常重要，它必须能引起消费者的广泛兴趣，激发其潜在的消费欲望。这种营销方式在银行卡领域最为常见，如中国银行结合奥运主题推出的"奥运卡"、结合运动主题推出的"全民健身卡"，招商银行结合卡通主题推出的"QQ卡"、"Hello Kitty 粉丝卡"，民生银行和广东发展银行以女性为主题分别推出的"女人花卡"和"真情卡"，以及种类繁多的以购物为主题的商场联名卡、以教育为主题的校园联名卡和以商旅为主题的"携程卡"、航空公司联名卡等。

四、社区营销

我国传统的银行服务业是守株待兔式地"等"客户。而现代营销理念强调以客户为中心，主动"走出去"寻找客户，于是"社区营销"应运而生，并普遍为各银行所采用。它指的是银行业务人员走进居民社区，采用路演或义务咨询、服务的形式，向目标客户群面对面地宣传、介绍与其生活相关的银行产品与服务，以达到宣传品牌、吸引消费者并促成销售的目的。

五、网络营销

互联网的迅猛发展改变了传统金融营销的概念、方式和手段，催生了"网络营销"这样一种新型营销方式，并使其在国内金融行业广泛应用。互联网为客户提供了一个综合信息平台，从而为银行提供了一个绝佳的营销展示平台和有效的传播手段，大大提高了营销效率，降低了营销成本；另外，客户可以获得更丰富的信息和多维度的、便捷的沟通，因而掌握更大的主动权，参与营销的积极性更高。

六、联动营销

联动营销分两种：一是内部联动，即以客户需求为指引，将某项银行个人业务（如理财）与银行卡业务、房贷业务，乃至公司业务等相关业务结合起来，共同推介给客户，为客户提供"一站式"的综合金融服务，既更好地满足了客户的需求，也充分发掘了营销潜力。二是外部联动，即与保险公司、基金公司、商场、航空公司、高档会所等外部机构联手，以联合提供服务或共享客户资源的形式开展合作，以扩大产品销售。联动营销使一种产品和服务成为另一种产品和服务的市场资源，用一种产品的销售来撬动另一种产品的销售，既能为银行开拓更广阔的销路，又能为客户提供系列化的金融产品和服务，使银行对优质客户形成持久的吸引。

七、全员营销

全员营销即调动全银行员工（含一线销售人员和中后台非销售人员）的积极性，使其参与某项业务及客户的营销，最大限度地发挥银行内部资源的力量，群策群力，共同推动营销工作，提高营销业绩。

此外还有公益营销、节日营销、互动营销等方式，也较常为理财业务所使用。限于篇幅，本节不一一介绍。

第八章　客户关系管理

客户是最终为企业创造利润的源泉，如何根据客户的行为、偏好，为客户提供更合适的产品和服务，增加客户价值和客户的忠诚度，已变得日益重要。而客户关系管理的基础是了解客户，所以本章首先介绍客户细分的概念、方法等，然后对客户关系管理的理论作一介绍，最后给出国内商业银行在客户关系管理方面的一个实践应用。

第一节　客户细分

现代商业银行强调的是"以市场为导向"、"以客户为中心"的经营理念。客户与市场被提到了前所未有的战略高度。这就要求商业银行对客户进行市场细分，在此基础上推行差异化竞争战略，满足不同客户的需求。所谓客户细分，是指商业银行以客户的某些明显的外在特征为标准，对客户进行划分，并针对不同层次的客户，提供适合其需求的服务。这也是商业银行理财业务发展的必然趋势。

一、客户细分的必要性和重要性

我国银行业早期发展中，推行的是大众营销策略，为所有客户提供统一的标准化的服务，用同样的产品和服务满足不同客户的需求。因此我国银行业也没有根据客户年龄、家庭状况、生命周期、价值取向、生活方式、风险偏好等因素对客户进行深入有效的细分，仅仅是根据其综合金融资产余额来对客户进行划分，划分方式较粗放，缺乏个人客户细分基础上的差别化服务，因而在市场定位方面也就缺乏差异化，从而难以挖掘发现目标客户的潜在需求，有针对性地设计理财产品服务方案，导致理财产品的差异性和个性严重不足，产品同质化现象非常明显，在维护高端客户的忠诚度方面受到极大的挑战。这种客户细分方式缺陷较多，已经阻碍了国内理财业务快速发展的步伐。

因此实施客户细分，对于当前我国商业银行来说有着非常重要的意义。

（一）体现"客户至上"的理念，标志着银行经营战略的转型

客户细分策略充分体现出银行对客户的重视。以客户需求为核心价值，这反映出银行服务理念的演进与成熟。客户细分意味着银行摒弃传统的"产品至上"、"销量至上"的理念，以及以标准化的产品满足所有客户需求的做法，转而关注客户的切实需求，并根据客户的不同特征和金融需求，有针对性地提供产品和服务。这有利于提高银行对客户的服务水平和服务效率，也提升了客户的满意度和忠诚度。这标志着银行理财服务的经营战略由同一化、大众化向层次化、个性化的转变。从这个意义上讲，这对中国金融市场的发展和成熟是一个促进。

（二）银行提供分层化、差异化、个性化服务的基础

个人理财业务与传统银行业务不同，其服务内容的差异性较大，因为其服务对象——个人客户的个体差异性较强，不同的个人和家庭有着不同的生活方式和理财需求，风险偏好也不同。所以，个人理财的精髓即差异化、个性化服务。随着经济的快速发展以及消费者金融需求的多元化，我国商业银行原先推行的标准化、同一化的服务模式早已不能满足客户需求，各商业银行开始推行分层化、差异化的营销策略，对目标客户群体进行细分，推行有针对性的营销策略，并集中资源服务最有价值的客户。而实现这个转型的第一步，就是客户细分。只有在客户细分的基础上实行的差异化管理和服务，才能满足各类客户的需求，更好地为客户服务，增加服务价值，提升管理与服务水平，提高客户满意度和忠诚度，进而提升银行的品牌形象和综合竞争力。

（三）提高理财业务经营效率和绩效的重要手段

商业银行依据客户的年龄、性别、风险偏好、职业、教育程度、收入水平、对银行利润的贡献程度及潜力等指标进行客户细分，从而确定目标客户，并界定和识别高价值客户，设立不同的营销和服务渠道。这样可以加大资源整合力度，逐步优化和形成稳定的客户群体，大大提高银行资源的利用率，提高银行的服务水平和服务效率，进而提升银行绩效。

（四）针对目标客户开展精准营销的前提

对特定客户群进行细分，可以帮助银行分析环境，选择目标市场，以特定群体为目标，一方面开发专门面向这些客户的产品与服务，另一方面制定有针对性的营销策略，将产品、定价、分销、渠道、地点等营销要素进行最

佳组合，有效地拓展客户，特别是针对重点客户加大营销和维护的力度，从而提高市场占有率。

总之，准确地进行客户细分，能够以更低的成本、更高的效率寻找客户，并为客户提供满足其需求的、差异化的产品和服务，这是吸引和留住高价值客户，推动银行持续发展的关键。建立在客户细分基础上的分层服务体系，已成为商业银行理财业务发展的重要基石。

二、客户细分的层次

就像蛋糕有无数种切分方法一样，如何细分市场并没有确切的答案，因企业需求而异。细分市场可以有不同的目的，如制定企业战略，策划具体的营销活动或提供差异化的客户服务。

细分市场的个数因目的而异。在公司战略层面，五至十个细分市场比较合适；具体营销活动，可以分为几十个甚至上千个细分市场，以适应不同客户间的细微差别。企业在不同业务领域需要不同的细分模型，并需要不断对模型加以分析和调整，以使模型更为精确。获得合适细分市场的唯一途径是不断地尝试，并且对行业有深刻的了解。

（一）战略市场细分

战略市场细分是指根据不同消费者群体的差异制定企业战略，它被重点应用于制定关于消费者的高层次的长期指导性策略上。一个企业通常不会划分超过 12 个战略细分市场，虽然战略细分市场也会随时间变化而变化，但变化不是常常发生的。战略性细分从上至下，立足于市场数据，需要了解细分市场的潜力和细分市场的概况。

战略市场细分一般包括以下组成部分：

1. 客户细分。企业如何在可管理而且对客户区分度足够大的层面上根据客户的特征（需求），把客户分类。

2. 竞争环境。客户如何以及为什么在企业和竞争对手之间分配他的购买份额；企业对客户的吸引力有多大。

3. 客户群质量。企业对有价值的客户细分市场的渗透程度有多大，钱包份额如何，客户数据的质量如何。

4. 亲密度。对待不同客户需要怎样不同的服务力度，需要达到怎样不同程度的亲密度。

5. 关系管理。谁负责与客户的关系，客户对这一关系是否满意，企业是否积极管理这一关系，使得它达到企业品牌所要求的标准。

6. 发展前景。每个细分市场中客户的发展潜力有多大，可以采取什么策略培养客户或剔除劣质客户。

（二）营销活动市场细分

营销活动市场细分根据消费者的营销活动而异。营销活动细分的市场可以数量众多，也可以随着营销活动的变化而不断变化。相对于战略市场细分，其级别更低，只局限于销售和营销活动。

营销性细分一般是自下而上，应用详细交易数据，帮助企业了解现在和过去的客户如何进行购买及提出需求，如之前对客户的服务情况如何，客户购买了什么，购买频率如何，客户在什么时间购买等。但是这些交易数据不能解释为什么某一个客户会从某个特定企业购买，因此需要市场研究数据来回答有关购买动机的问题。

三、客户细分的关键要素

商业银行开展个人理财业务，必须选择合适的细分变量，对目标客户群体进行较为细致的市场细分，进而根据其不同需求，提供个性化、差异化的产品和服务。那么，如何实施科学的客户细分呢？本节简要归纳了两个关键要素。

（一）选择合适的细分标准

对客户进行细分首先要解决的问题是如何确定客户细分变量，不同的细分变量往往会产生不同的细分效果。因此，客户细分的关键在于选取合适的划分标准，只有合适的细分标准，才能达到科学地细分客户市场、有效开展客户评估、合理进行市场定位的目的。

进行多维度客户细分的最终目标是根据不同目标客户群体的需求制定有吸引力的价值定位，建立吸引不同客户群体的业务模式，满足不同层次客户的差异化需求，并集中资源服务贡献度高的客户。在传统的营销理论中，确定客户细分变量主要有两种方法：一是依据自然属性来细分客户，包括地理因素、人口因素、社会经济变量等。这类变量多是消费者的显性特征，可以直接观测。基于此类变量的市场细分过程一般为：先细分，再看这些客户群体是否对产品有不同反应。二是依据行为属性来细分客户，包括行为因素、利益因素、心理因素和客户贡献度等。这类变量多是消费者的隐形特征，不易直接观测。基于此类变量的市场细分过程一般为：先细分，再寻找该细分市场的客户特征。

对银行的个人客户来说，客户细分主要可以依据客户的年龄、教育程度、职业、行业、地域、年收入、财富来源（创富还是继承）、消费习惯、交易习惯、风险偏好、可投资资产量，以及客户交易的活跃度、交易类型和客户所购买的产品等要素来划分，以便全面细致地了解客户信息，并对其特征、需求和价值进行评估，将其作为细分的依据。

表 8-1   常见细分变量

类型	变量	示例
地理细分	地区	北美洲、欧洲、亚洲、非洲、南美洲
	地区面积大小	小于 5 000 平方公里、5 000～50 000 平方公里、50 000～200 000平方公里、200 000 平方公里以上
	人口密度	都市、郊区、乡村
	气候	热带、亚热带、温带、寒带
人口细分	年龄	18 岁以下、18～30 岁、30～45 岁、45～60 岁、60 岁以上
	家庭规模	1 人、2 人、3 人、4 人及以上
	家庭生命周期	单身、已婚无子女、已婚子女上学、已婚子女成家、退休
	收入	少于6 万元/年、6 万～12 万元/年、12 万～25 万元/年、25 万元/年以上
	职业	专业技术人员、职员、中层管理人员、待业、其他
	教育程度	初中及以下、高中、大学本科、硕士研究生
	宗教	无、天主教、基督教、伊斯兰教、佛教
	民族	汉族、满族、壮族、蒙古族、回族、苗族、其他
	社会阶层	私营企业主阶层、白领阶层、公务员阶层、富豪阶层
心理细分	生活方式	简朴型、追求时尚型、嬉皮型
	个性	被动、擅交际、喜命令、有野心
行为细分	使用场合	家中、公众场合
	追求利益	质量、服务、经济实惠
	使用情况	从未使用过、第一次使用、以前用过
	使用频率	不常用、偶尔使用、经常使用、频繁使用
	忠诚度	不忠诚、一般忠诚、强烈忠诚、绝对忠诚
	熟悉程度	不知晓、比较熟悉、非常熟悉
	对产品态度	热情、积极、不关心、否定、敌视

这里应注意的是，科学的划分方法应是多个维度的结合，以便对客户类型进行综合评定，但同时以某几个维度为核心依据，不能过于复杂。一方面

细分维度直接体现了划分者最关心的客户特征，另一方面细分维度也是为了简单易操作，不影响细分方法的实用性。

（二）客户信息系统的支持

离开硬件系统的支持，"以客户为中心"的经营理念只能是纸上谈兵。商业银行应建立以客户为中心的数据库，以先进的计算机设备和理财软件为依托，应用数据挖掘技术对分散在各个相关业务信息系统中的客户交易数据、基本数据等进行分析，加快有关客户信息系统的整合和升级，依据更全面的客户信息对目标客户进行更科学合理的细分；同时利用该数据库对一线人员的客户营销工作给予支持和指导，增强商业银行理财服务的竞争优势。

四、客户细分实例

根据使用的细分变量的不同，商业银行对客户也有不同的细分结果。下面将介绍已经使用过的细分市场结果。

（一）金融资产细分法

根据客户拥有的金融资产的不同而进行客户细分是目前最为常用的客户细分方式。目前较为普遍的是三级服务体系。以中国银行为例，其财富管理业务服务体系由理财专柜/理财专区/理财中心（20万~200万元资产客户）、财富管理中心（200万~800万元资产客户）和私人银行分部（800万元以上资产客户）等三级渠道构成。目前，工商银行、交通银行等也采用三级服务体系。

对于每一个层级的客户，银行提供不同的服务渠道和服务内容。从理财专柜/理财专区/理财中心，到财富管理中心和私人银行，服务渠道的专属性、私密性和便捷性越来越高，服务内容的丰富程度以及个性化和定制化程度也越来越高。

（二）生命周期细分法

把生命周期理论运用于理财服务，其核心是研究处于不同生命周期阶段的客户的行为特征及其与理财的关联特性，找出客户不同人生阶段的需求模式与需求特点，以其作为银行提供理财服务的依据。

一般而言，银行根据个人客户在青年、中年和老年等不同时期特有的生活方式，将其生命周期划分为求学成长期、社会青年期、成家立业期、子女成长期、退休老年期等不同阶段，然后，对于处于每个阶段的客户，设计和开发每个阶段独具特色的金融理财规划，同时选择银行相关的服务和产品进行整合打包，以"产品套餐"的形式提供给特定的客户。

如汇丰银行以生命周期为维度，针对中端客户进行细分，得到八类特征细分人群，即学生、刚参加工作人群、事业刚起步人群、事业小有成就人群、家庭主妇、中年富有人群、退休不富有人群、退休富有人群。汇丰银行进而对八类细分客户的成长性和价值进行评估，确定重点目标客户。同样，花旗银行也以客户生命周期为维度，勾勒出不同阶段的目标客户，即学生、初入社会人群、结婚人群、生育子女人群、退休人群。

（三）社会收入细分法

一般而言，同一社会收入等级的客户，对金融产品的需求与偏好表现较为一致，人的态度、行为、消费模式、投资意识等也具有较强相似性。例如，中等收入阶层（相当于时下日益壮大的中产阶级）的一般需求为低费率、标准化、与日常生活紧密相关的实用型理财服务，而高收入阶层则通常希望获得高附加值、高度个性化和多元化的理财服务。商业银行可以社会收入为维度，将整个客户市场细分为若干个收入等级不同的子客户市场，并对应每一个子客户市场，找出其相似的需求，为不同收入阶层的客户提供不同的理财产品，制订相适应的营销方案，提供差异化服务；并可根据自身资源、业务特点及外部市场环境等进行合理定位，选定重点客户和目标市场，整合重点资源，最大限度地满足其需求，提高其忠诚度。

（四）客户需求细分法

波士顿咨询公司（BCG）以客户对金融服务的需求为标准对中高端客户进行划分，得出四类客户，即基础型客户、产品导向型客户、服务导向型客户和综合型客户。每一类客户对理财产品复杂度的需求，以及对咨询服务的专业性和全面性的需求程度等都非常不同，从而便于银行管理者有针对性地制定拓展与营销策略。

（五）心理价值诉求细分法

罗兰·贝格咨询公司应用的 Profiler 工具，是一种基于客户心理价值诉求而进行细分的方法。应用此工具，罗兰·贝格咨询公司对国内个人客户进行了细分，得到八类客户，即尊贵奢华型客户、新潮自由型客户、效率至上型客户、自我中心型客户、进取精英型客户、极致享乐型客户、勤俭持家型客户、传统安逸型客户。在这一分层的基础上，可以根据决策者的不同需求，并结合其他关键的差异化社会特征进行进一步细分。

（六）区域细分法

由于客户的整体需求和行为特征，也受到区域大环境的影响，所以从地理角度对客户进行市场细分，也是一种客户细分方法。例如，经济发达地区的客户金融需求更全面，要求也较高，银行可以全方位发展高起点、高技术含量、高收益的个人金融理财服务，如投资咨询、代客管理个人金融资产、代客进行各类衍生交易以及税务、法律、遗产等咨询服务；而经济欠发达地区和落后地区的客户以基本的理财服务需求为主，银行可向其大力推广各类基础性理财服务，并适当辅以高端的理财咨询服务。

（七）生活方式细分法

生活方式就是一个人或一个家庭如何生活。它是指在文化、价值观、人口统计特征、个性特征、社会阶层和参照群体等诸多因素的综合作用和影响下，一个人表现出来的各种行为、兴趣和看法。生活方式的研究为我们提供了一种了解消费者日常需求的途径，营销人员可以通过产品定位来满足客户对自己喜爱的生活方式的追求。

生活方式细分又称心理图示细分（Psychographic Segmentation），它把不同类型消费者的行为差异与其个性、社会心理特征联系起来。生活方式细分的代表性研究方法有两种：消费者活动、兴趣和意见法（Activity Interest Opinion，AIO）、价值观念和生活方式结构法（Value and Lifestyles，VALS）。

其中 VALS 法被许多企业成功应用，VALS 法是最著名、使用最广泛的生活方式测度系统。它是由美国斯坦福国际研究院创立的一种观察人们生存状态的方式。它运用统计方法综合了人口地理、个性、社会阶层、态度、购买行为等多种消费者信息，根据人们的心理特征、教育程度、收入状况、自信程度、购买欲望等因素将消费者分为八类。

1. 实现型。他们热衷于自身成长，追求发展和探索，喜欢以各种方式实现自我，形象对他们很重要，他们喜欢接受新产品和新技术，怀疑广告，阅读很广泛，看电视较少。

2. 完成型。他们成熟、安逸，善于思考，讲求实际，对形象和尊严要求不高，喜欢教育性和公共事务性的节目，经常阅读。

3. 信奉型。他们信守传统的家庭、社会道德观念，行事循规蹈矩。他们喜欢国产货和声誉好的品牌，阅读兴趣广泛，爱看电视。

4. 成就型。他们事业有成，对工作和家庭非常投入，喜欢自己主宰生活。喜欢购买能显示成就的产品，形象对他们很重要。

5. 奋斗型。他们注重个人形象，收入较少，钱主要用于服装和个人护理。他们更喜欢看电视，看书较少。

6. 体验型。他们喜欢跟随时尚，其收入的很大部分都用于社会活动上。这类消费者的购买行为属于冲动型，他们比较关注广告，爱听摇滚乐。

7. 制造型。他们非常务实，有建设性技能，崇尚自给自足。他们不去关注豪华奢侈品，只购买基本的生活用品，通过自己修理汽车、建造房屋等体验生活。

8. 挣扎型。他们生活在社会的底层，教育程度低，缺乏技能，没有广泛的社会联系。他们使用购物赠券，相信广告，经常看电视，阅读小报。

随着产品和服务的复杂性不断提升，经济、社会因素，消费者行为、生命周期、生活方式乃至价值观等诸多因素共同决定着消费者的特点和需求。银行要精确地盯住每个细分市场，就必须构建一套多维度的科学的客户细分方法，并以此为依据制订相应的服务方案、服务模式和营销策略等，这样才能真正满足客户的需求，赢得市场竞争的制高点，而这也是主动应对日益激烈的细分市场竞争的必然要求。

第二节　客户关系管理概述

一、客户关系管理兴起的背景及意义

对于商业银行的客户管理工作来说，进行了客户细分并确定相应的客户特征后，下一个问题就是如何通过有效的服务和管理模式来为客户、为银行创造价值，这就要借助客户关系管理（Customer Relationship Management，CRM）。

本节重点讨论客户关系管理的产生和主要内容，以及如何实施客户关系管理，并分析了该理念在中国银行业的实践。

（一）客户关系管理的兴起背景

客户关系管理作为一种管理实践早已有之，而将其提升到管理理论层面加以研究则是近些年的事情，它为企业经营管理带来一种全新的管理思想。

在客户需求理论占据企业理论的主导地位之前，企业的业务增长模式大体经历了生产主导、销售主导和推广主导三个阶段，而这三个阶段无一例外地都以产品为核心，属于"由内而外"的业务驱动增长模式，而客户关系管理则是以客户需求为导向的"由外而内"的业务驱动模式。① 早期的企业面临的是需求巨大而供应不足的市场，企业管理工作的核心是如何提高企业效率。在这个阶段，市场营销的重点是产品，通过对目标客户进行营销，达到销售产品的目的。这属于传统的交易营销，但不能帮助企业解决客户忠诚度、客户满意度等方面的问题。进入 20 世纪 70 年代以后，随着市场生产效率的提高，以及经济全球化等因素的影响，买方市场特点逐步明显，并且同业竞争更加激烈。企业面临的核心问题从"生产"转到了"消费"，即如何让更多的消费者购买企业的产品。客户的重要地位由此凸显出来。在企业与客户、供应商、分销商等所有关联关系中，客户与企业的关系最重要，是企业生存和发展的基础。实践证明，客户需求驱动模式更能满足外部市场，企业产品和服务也只有在不断满足客户需求的过程中才能得到不断的提升和完善。

客户关系管理从 20 世纪 80 年代中期开始萌芽，到 20 世纪 90 年代获得企业的广泛重视。20 世纪 90 年代，客户关系管理也成为企业营销的基本手段，即通过建立与客户长期的相互满意的关系，从而使双方获益。随着客户关系管理理念认同程度的扩大和行业产品系统的日趋成熟，客户关系管理也被一些大型银行引入并应用于金融领域。随后，针对客户关系管理的理论研究也日益兴盛，并逐步发展为一门新兴理论。

对于我国银行业来说，随着经济的飞速发展，个人收入的不断增加，银行个人客户购买金融产品的渠道不断拓宽，消费心态和购买行为也日趋成熟。客户很难对某一银行或产品盲目地保持绝对忠诚，而是要求银行更多地尊重他们，并对服务及产品提出了更高的个性化需求。

（二）客户关系管理的意义

不同于过去以网点和人际关系为主线、对客户不加选择的竞争，现代商业银行实行"以客户为中心"的竞争和发展战略，即先细分客户价值，针对不同客户进行市场定位，然后有针对性地提供符合客户需求的金融产品和服务，并着力稳定发展高效益的客户，以期获得客户与银行的双赢。客户关系管理正是在这种背景下应运而生，它具有以下意义。②

1. 发现并维护有价值的客户

---

① 王增国：《正确认识和实施客户关系管理》，载《中国信用卡》，2006（16）。

② 杨柳勇：《个人客户实施 CRM 的意义和策略分析——以杭州联合银行为例》，载《浙江金融》，2008（9）。

通过客户关系管理系统，银行可以清楚地掌握每一位客户的资料和交易信息，可以在设定参数的前提下应用 CRM 系统中的分析方法对客户的贡献度、忠诚度和盈利潜力进行计算，准确区分银行的重点客户、潜力客户和普通客户，以此作为差别化服务的依据。这样银行能够快速准确地甄别出获利能力最高的目标客户，对有价值的客户和潜力客户进行重点营销并实施特殊的维护策略，千方百计地从客户的角度出发，建立对客户需求和投诉的快速响应机制，让客户感受到银行的尊重和关怀，以换取客户对银行的长久忠诚，从而优化客户结构，扩大与巩固银行的客户基础。

2. 实现客户和银行双重价值的最大化

客户关系管理极大地拓展了个人理财的盈利空间和盈利能力。客户关系管理体现了银行对客户长期价值的重视，而长期稳定的客户关系与银行的长期盈利能力是高度正相关的。通过实施客户关系管理，银行可以对客户的潜在价值进行系统挖掘，从根本上提升卖方的服务层次和品质，以超出一般的服务能力维护好重点客户，为客户创造超越其期望的价值，同时确保客户贡献的增值，为银行带来收益的持续增长，由此实现客户与银行双赢。因此客户关系管理是银行顺应现代市场营销理念、提高盈利能力、获取长期竞争优势的重要手段。

3. 银行资源配置

首先，从营销和服务资源角度看，根据银行业的"二八法则"，只有少数有价值的客户才是为银行创造最多利润的客户，因此银行不应将资源平均用于每一位客户，而应向贡献较大的客户倾注更多的营销与维护资源。客户关系管理可以帮助银行甄别最有价值和潜力的客户，把有限的资源用于最能获得回报的客户，提高资源利用效率和利润回报率。其次，从优化人力资源角度看，客户关系管理可以使银行的前台服务、市场销售、技术管理、产品研发等部门的员工紧紧围绕客户需求，形成一个面向客户的强大团队，改变过去各自为战的服务方式，发挥整体服务效益。最后，从优化运营资源角度看，客户关系管理系统向前延伸至前台的销售渠道如电话银行、自助设备、网点机构等，向后渗透到银行的产品开发设计、客服中心、科技服务等支持部门，并可以让各部门共享整合了所有客户信息资源的客户信息平台，从而实现各部门围绕"以客户为中心"的协同工作，使销售、服务和管理一体化，有利于提高银行运营效率。

4. 降低银行成本

银行成本主要体现在客户的维护与拓展成本，以及银行的管理运营成本两大方面。

首先，客户关系管理使银行在准确了解客户需求的前提下大大提高了服务的针对性。有针对性地提供客户所需的服务，有针对性地推介产品、开展营销，有针对性地解决客户问题，有针对性地改进产品和服务，可以避免传统方式下的盲目，做到有的放矢，把最重要的资源集中到最需要、最有潜力的重点客户上，获得事半功倍的效益。其次，银行业是一个高度竞争的市场，保持一个老客户的营销成本远远低于开发一个新客户的成本。有研究发现，吸引一个高端客户和留住一个高端客户付出的成本比为5:1。因此对商业银行来说，更重要的是获取存量客户的忠诚度，留住老客户资源，并且随着时间的推移，通过忠诚的客户更多的购买和良好的口碑传播，可以带来更多的新客户。因此保持较高的客户忠诚能够降低管理成本，为银行带来明显的市场竞争优势。最后，客户关系管理对商业银行的业务流程和营销体系进行重新整合，减少了不必要的环节和资源浪费；同时所有为客户服务的人员，无论前台营销人员、客户服务人员还是后台技术人员、产品研发人员等，都能共享客户信息，这也有利于节省时间和成本、提高工作效率。

5. 建立标准化的考核模式

客户关系管理系统可以记录客户在银行的一切消费行为，包括购买产品、客户咨询与投诉等各项活动，决策层可以通过该系统随时掌握客户经理的业绩数据以及其与客户的互动情况，将定量考核和定性考核结合，形成一套公开、客观的考核机制，从而对客户经理的绩效考核和行为评价起到激励和监督作用。

二、客户关系管理的含义

客户关系管理的定义还没有一个统一的表述，但就其功能来看，它通过先进的信息技术和优化的管理方法对客户进行系统化的研究，通过识别有价值的客户以及客户挖掘、研究和培育等工作流程，提高客户的关系价值、满意度、忠诚度，从而为企业带来更多的利润。

从字面上看，客户关系管理是以客户为主体的关系管理。因此其核心思想是"以客户为中心"，在充分掌握服务对象资料的前提下，由企业员工为特定的服务对象提供服务，提高客户满意度，改善客户关系，从而提高企业的竞争力。所以客户关系管理实际上是一种企业经营战略，通过围绕客户细分来组织企业，鼓励满足客户需要的行为，并通过加强客户与供应商之间联系等手段，来提高企业盈利和客户满意度。它通过信息技术，在适当的时间，采取最有效的方式，以最有竞争力的价格，针对最适合的客户提供合适的产品。①

因此客户关系管理的关键，就是彻底实现从"以产品为导向"向"以客户需求为导向"的经营模式转变。这一模式的转变涉及传统产品研发、业务支持、营销策划和售后服务等诸多环节的流程再造和优化，所以客户关系管理是一个"先客户、后产品、再市场化"的系统工程，既涉及经营理念转变，又直接关系到具体操作层面的重塑。它既是一种"以客户为中心"的管理理念，又代表一种适用于管理客户信息的系统，是理念和技术的紧密结合。本书将分别对这两种内涵进行阐述。

（一）理念层面

从理念层面上看，客户关系管理是一种现代经营管理理念，其核心是始终坚持以客户为中心，并将其贯穿到企业所有员工的思想中，贯穿到企业的业务和服务的每个岗位和每个环节，以确保取得实质性的成效。所以，客户需求是该理念的核心和出发点。从这个意义上看，客户关系管理可以看做对客户需求作出反应的过程。有学者认为，建立在客户需求基础上的客户关系管理可以具体阐述为相辅相成的两个方面：一是以客户需求引导企业经营管理全过程；二是通过健全的创新和研发机制，确保提供的产品和服务能够始终处于客户需求的最佳契合点上，不断培植和开发高端客户群体，增加客户贡献度，创造最佳经营绩效。②

（二）技术层面

从技术层面上看，客户关系管理可以理解为通过采用信息技术，使市场营销、销售管理、客户服务和支持等经营流程信息化，实现客户资源有效利用的管理软件系统。

客户关系管理需要以一套基于数据库的客户资料综合分析和处理体系为支撑。这一体系包含众多复杂的技术因素，如数据库、数据挖掘和在线分析处理等商业智能技术。但要避免走入一个误区，即把客户关系管理等同于实体化的客户管理系统，简单地将客户关系管理定位于一个纯粹的技术问题。

---

① 张剑渝等：《客户关系管理在我国银行的应用初探》，载《西南金融》，2006（5）。

② 王增国：《正确认识和实施客户关系管理》，载《中国信用卡》，2006（16）。

事实上，客户关系管理的成功实施除了需要一套先进的、真正适合于自身特点的软件系统之外，经营管理机制对该套系统输出效果高效执行的保障程度以及对产品、人才、信息、技术等资源优势高度整合与创新的能力，也是影响客户关系管理能否成功实现的关键因素。片面地将客户关系管理理解为一个技术系统，必然会使客户关系管理失去必要的执行基础和保障，难以发挥其应有的作用。

可见，客户关系管理是融合市场营销、IT 和现代企业管理的一个综合性、系统化的工程。客户关系管理既是一种管理手段、一种企业文化，代表了以客户为中心的经营理念；同时又是一个全面、周密的管理银行与客户之间关系的系统，客户关系管理要求银行通过客户数据的收集、存储和分析利用，了解他们的需求并作出反应，以实现客户价值的最大化和银行利润的最大化。客户关系管理既是个人理财业务发展的技术支撑，也将牵引着个人理财业务走向更高的阶段。

作为企业系统工程，客户关系管理要求银行从理念到行为彻底革新，真正建立"以客户为中心"的服务文化，通过树立现代经营意识，加强产品创新，开展综合营销，充分挖掘客户关系管理的价值。这一系统工程至少包括以下几大要素：

1. "以客户为中心"的相关制度安排，特别是与之相适应的包括产品研发、市场拓展、跟踪服务、后台支持、信息反馈等在内的快速反应机制。

2. 全员参与并把客户关系管理落实到每一具体行动细节的实施步骤。

3. 成熟的分析平台和关系管理软件系统。

4. 确保客户维系能力和客户持续贡献的长效驱动力，如良好的客户服务团队建设等。

5. 客户关系管理的持续改进能力，包括关系管理的后期评价及对操作中存在的不合理现象的纠正等。

三、客户价值

客户管理理论认为：企业的盈利能力是建立在客户价值基础上的。客户价值，又可称为客户终生价值（Customer Lifetime Value，CLV）。

（一）定义

简单地说，每个客户为企业创造的价值就是该客户的价值，它是客户利润与客户成本之间的差值，一般可以通过两种方式来得到。一是折现法。即根据客户已有的购买行为，对其未来的购买行为作出预测，基于一定的折现率计算客户所有购买行为所带来的收益，再减去获取、维护该客户的成本，就是该客户的终生价值。二是分解法。即顾客价值是客户收益与客户成本之差，其中客户收益是客户从产品（或服务）中得到的经济、功能和心理利益组成的总价值，而客户成本是在评估、使用和抛弃该产品（或服务）时所发生的客户预估的成本，可用下列公式表示：

$$客户价值 = 总客户收益 - 总客户成本$$
$$= （产品价值 + 服务价值 + 人员价值 + 形象价值） - $$
$$（货币成本 + 时间成本 + 体力成本 + 心理成本）$$

某企业所有个体客户的客户价值之和就是该企业的客户价值，学术上又称之为顾客资产（Customer Equity）。研究表明：一个企业的顾客资产越大，该企业与客户的关系越亲密，相应的企业利润越高，企业投资的回报率也越高。

（二）客户价值分析

从客户总体层面上看，其所创造的价值可以分为三部分，即

$$客户价值 = 新客户价值 + 客户保持价值 + 增量销售价值$$

其中，新客户价值是指新获取的客户所创造的价值，老客户价值是指已有老客户保持现有的购买量所创造的价值，增量销售价值是指老客户交叉购买其他产品或增加原来购买产品数量所创造的价值。

1. 客户获取

对于客户获取通常有两种形式的定义。一是客户获取交易说，即随着客户第一次交易的完成，客户获取随之结束。二是客户获取进程说，即客户获取包含了第一次交易的客户和没有交易的可能客户，也包含了客户交易之前及交易之后进行重复购买的一系列行为。客户获取进程说被广泛接纳，因为它包含了客户—公司关系的初始和发展阶段，也包含了公司和客户的相互交流，这些交流会影响到客户是否再次购买的决策。

2. 客户保持

客户保持有两个含义：一是在产品短期购买周期中，超过一定时间后，客户继续购买或享受服务的行为。二是在产品长期购买周期中，客户具有继续购买或享受服务的打算。当客户不再使用该产品时，即意味着客户的流失。如何防止客户流失是客户保持的重要内容。

3. 增量销售

增量销售包括深化现有产品的购买量和增加购买其他品类产品，比交叉

销售的范围更广。增量销售最明显的作用是通过对每个客户获利能力的提高增加了企业的客户资产。获取增量销售的一个关键原则就是，在整个期限内每个客户获利越多，企业从客户获取的投资就可能越多。

表 8 – 2　　　　　　　　　　客户关系管理内容

客户 ＼ 产品	老产品（或服务）	新产品（或服务）
老客户	增量购买	交叉销售
新客户	新客户获取	

第三节　客户关系管理的实施

一、客户关系管理的实施步骤

客户关系管理旨在运用以客户为中心的先进的客户关系管理方法，对客户实行细分，分析不同客户的历史价值，并挖掘其潜在价值，以实现利润最大化。

（一）建立经营理念和服务体系

实施客户关系管理的核心就是关怀客户，其成功的关键在于树立"以客户为导向、以市场为中心"的经营理念和相应的服务体系。建立以客户为导向的经营思想就是：将市场营销的中心从以往注重业务量的增长转向注重质的管理，将营销目标从降低成本、提高效率转向开拓业务，注重提高客户忠诚度。银行必须秉承"以客户为中心"的理念，以建立客户经理与客户之间稳定、可靠的关系为核心，改变与客户之间单纯的交易关系，建立面向客户需求的客户关系，通过整合所有的业务系统和服务形式，规范面向客户的业务服务流程，培养客户的忠诚度，提高客户的钱包份额。

（二）开发信息管理系统

客户关系管理需要先进的信息系统进行支持，并将其作为应用客户关系管理的基础。银行必须建立全面的客户数据资料库，以便在收集客户信息的基础上，统一客户数据的定义标准，整合客户信息，形成全面、一致的客户视图，实现客户信息的实时共享。这就是所谓的客户关系管理系统。客户关系管理系统通过建立大型的数据库，利用先进的数据库技术和数据挖掘技术对积聚于银行的大量客户数据进行综合分析，对市场进行细分，区分不同价值的客户，确定目标市场，将客户通过多种指标进行分类。由此银行可以针对不同的客户实施不同的策略，为目标客户提供更加个性化的、符合客户需求的服务，以提高客户的满意度与忠诚度，实现银行业务的盈利目标。

（三）信息系统的建设步骤

实施客户关系管理事实上是银行积极深化与客户关系的过程，其主要实施步骤可以分为广泛收集客户信息、形成数据库共享、进行客户细分和实行差异化营销策略四步。而这些步骤的实施，又与客户关系管理的构建密不可分：一方面，这些步骤的实现离不开客户关系管理系统的支持；另一方面，通过完成这些步骤，客户关系管理系统得到了完善。

1. 广泛收集客户信息

高效地收集和整理庞大、分散、详细的各种客户信息和数据，是银行实施客户关系管理所必须进行的第一项基础工作。银行必须及时跟踪调查、观察、记录和整理与个人客户相关的信息，并将其与银行交易记录等原始记录数据等结合起来进行整合，信息越全面越好，这样才能对客户进行客观全面的分析。对客户的相关信息如客户偏好、需求及家庭关系等，进行采集并输入系统，及时更新相关信息，并进行等级评定。同时还要注意根据客户的实际情况对客户信息进行动态调整，客户业务变动情况应及时输入系统，以确保其时效性。以花旗银行为例，其采用直复式营销方式，即利用电话、传真、电子邮件等多种方式与客户直接沟通，将客户信息以零距离的方式直接输入客户关系管理系统，这样既能够使数据库的资料更完善、翔实，又节约了大量从事信息收集工作的人力资源。以杭州联合银行的客户关系管理系统为例，其个人客户视图包括客户信息查询、销售机会查询、销售工具和产品查询，具体见表8－3。

表8－3　　　　　　　　　　客户管理系统内容

系统模块	模块内容	作用
客户信息	客户基本信息、持有本行业务产品情况及客户活跃度、客户异动情况	在了解客户拥有本行产品情况的基础上进行交叉销售，当客户资金发生异动时进行后续客户维护工作
销售机会查询	客户存贷款或者理财产品的到期情况	进行新产品营销
销售工具和产品查询	本行重点产品、普通产品的介绍，包括产品的利率、期限、销售客户定位，在销售过程中针对客户需求的常见问题进行解答，同他行同类产品进行比较分析	进行有针对性的产品营销，提高销售成功率

2. 数据库共享

通过客户关系管理系统，银行可以整合与个人客户相关的所有信息和交易情况，并在此基础上构建跨部门、多系统的业务协作平台，以及银行与客户的联系平台。由此，银行可以实现对客户的准确分类和快捷服务：一旦客户进入任何一个相关的信息系统，一线营销人员马上就能知道客户的类别和潜在销售机会，进而可对高、中、低端客户分别进行引导，主动提供营销服务，从而改善金融服务手段，大幅提高工作效率，扩大与客户的交流，满足客户多元化、个性化的金融需求。

3. 客户细分

商业银行在确定市场营销策略以及实施战略的具体措施之前首先必须进行市场细分。正确的市场细分是商业银行开展个人理财业务、选择合适的目标市场的基础，是商业银行在激烈竞争中维系存量客户、获取新增客户的有利武器，也是实施客户关系管理的前提。如本章第二节所述，以科学的细分方法，采用客户年龄、职业、收入水平等社会属性，以及资产状况、风险偏好、财务目标、个人客户所处的家庭生命周期阶段等维度对客户进行综合划分，从而区分出对银行贡献度和价值不同的各层次的客户群体，为推行差异化服务奠定基础。

4. 差别化管理和差异化营销

个人理财市场是一个提供差别化产品的业务市场。差异化管理与差异化营销，简而言之就是通过客户关系管理系统找出本行的目标客户，进行不同于普通客户的管理和营销，以个性化的服务与产品销售来加强对客户的维护力度，并集中优势力量为重点客户提供更加周到便捷的服务，不断提高其满意度和忠诚度。

例如，美国商业银行一般将客户分为三个层次，即大众消费者、较富裕的消费者和高端消费客户，银行对不同的客户提供不同的服务，各有侧重。相应地，美国商业银行对个人理财业务的管理机构也分为普及式个人理财业务部、客户经理个人理财业务部和私人理财部三档。随着层级的晋升，银行提供服务的私密性、个性化，以及服务人员的数量依次提升。对于最高端的客户，银行专门成立了私人理财部，配备专门的客户经理或私人银行家。

结合国内的个人理财业务实践，营销和服务的差异性主要体现在以下三方面：

第一，渠道的差异性。目前银行的营销和服务渠道主要以传统的物理网点为主，辅以自助银行（含 ATM）、电话银行、网上银行、手机银行等新的服务渠道。差异性主要体现在物理渠道上。对于普通大众客户，银行通过普通营业网点为其提供标准化服务；对于一般理财客户，银行通过理财窗口和理财工作室、理财中心，为其营造亲情化和人性化的服务环境；对于财富管理客户和私人银行客户，银行通过环境更高档、更私密的专属财富管理中心或私人银行中心，为其提供"一对一"的专业化服务。与此同时，在辅助渠道方面也有差异性。对普通大众客户，银行为提高效率、节约成本，尽量引导其使用自助服务终端和网上银行、电话银行等，以缓解柜台压力；对中高端客户，银行重点打造各层级专属的物理渠道服务，同时在网上银行、电话银行、客服中心等渠道上开设贵宾通道，集中更多的资源为重点客户提供服务。

第二，产品与服务的差异性。针对普通客户，银行主要满足其一般传统存贷款、汇兑和结算业务的需求，同时为其提供标准化的大众理财产品；针对理财客户，在了解客户风险偏好、年龄、收入、可投资资产等情况的基础上，为其提供一定程度的定制化产品和"一对一"的咨询服务，并积极开展交叉销售；针对高端优质客户，银行为其提供定制化、个性化的专属产品与更具针对性的咨询服务，并加入更多个性化、人性化的增值服务和营销手段，如定期组织客户开展各种形式的聚会，开辟交流沟通的场所，聘请相关领域的专家为客户提供经济形势、投资理财、企业管理、健康及税务管理等方面的培训讲座，通过一系列的客户关怀活动，与客户建立良好关系，提升客户的满意度与忠诚度。

第三，服务人员的差异性。对于普通大众客户，银行在营业大厅设立大堂经理对客户进行分类营销和引导，由柜台营销人员或自助系统为客户提供标准化的服务；对于理财客户，由具备一定金融专业知识、懂得营销技巧、通晓客户心理的客户经理为其提供专业化的"一对一"咨询服务；对于顶级高端客户，则由经过精心挑选和全面培训的财富经理或私人银行家及其背后的投资分析和顾问团队一起为客户提供"多对一"的专属个性化服务。

二、客户关系管理在我国银行个人理财业务中的应用

就国内而言，招商银行在全国率先推出了与个人生命周期相关联的"伙伴一生"金融计划，交通银行推出了针对学生族的"志学理财"、针对年轻一族的"精英理财"、针对两人世界的"伉俪理财"等。这些个性化、品牌

化的理财服务满足了不同人士在不同阶段的需求，是客户关系管理在国内的有益尝试。下面以招商银行的"伙伴一生"金融计划为例，介绍其应用情况。

（一）招商银行"伙伴一生"金融计划

2006年3月，招商银行依据客户生命周期这条主线，同时兼顾个人财富状况，将其服务对象细分为"炫彩人生"、"浪漫人生"、"和美人生"、"丰硕人生"和"悠然人生"五类群体，然后根据客户在人生成长过程不同阶段的行为特征和理财趋向，整合现有产品和服务，针对每一类群体分别推出专属的理财计划，使理财服务更为个性化、人性化，并服务于客户的一生。如表8-4所示，这一计划的产品组合涵盖了银行、保险、基金、证券等金融产品和其他增值服务，充分体现出以客户为核心的客户细分策略和服务理念。

表8-4　　　　　　　　　　招商银行"伙伴一生"金融计划

理财计划名称	服务对象	客户特征	风险承受能力与投资偏好	提供的产品及服务内容
炫彩人生	刚刚进入社会，年龄在18～25岁、未婚的年轻时尚一族	多为在校学生，经济收入比较低，大多依靠父母资助，但花销较大，喜好刷卡购物，多为网络一族	风险承受力较低，投资意识不强	助学贷款、耐用消费品贷款和留学深造等方面的融资服务
浪漫人生	年龄在23～30岁的初入社会工作一族，未婚或结婚未育，事业走向正轨，经济收入逐步增加且生活稳定	为提高生活质量往往需要较大的家庭建设支出，消费观念时尚，用卡结算频繁	资产增值愿望迫切，有一定风险承受能力，更加注重投资收益，以积极进取型投资风格为主	购房、购车方面的融资服务
和美人生	年龄在28～45岁的社会中坚力量，对未来的生活安排和人生目标日渐清晰	重视成长教育和文化环境，对生活品质有一定的要求，日常消费稳定，着手准备子女教育、投资增值计划	希望保持合理的流动资金，理财意识很强，有较强的风险承受能力，往往涉足多样化的投资品种，以温和进取型投资风格为主	

续表

理财计划名称	服务对象	客户特征	风险承受能力与投资偏好	提供的产品及服务内容
丰硕人生	年龄在 45～55 岁的中年人	子女已长大成人，家庭和事业处于成熟期，开始为退休生活和保持健康作准备	投资风格成熟稳健，有较强的风险承受能力，以均衡型投资风格为主	
悠然人生	退休人群	开始享受生活，对生活质量没有太高的要求，但希望过得悠闲且丰衣足食，生活稳定，重视健康，享受生活乐趣	风险承受能力较低，追求风险较低的投资收益，以温和保守型投资风格为主	大部分资产为存款或国债，部分为开放式基金，少量为股票和外汇

基于以上对客户的细分，招商银行将现有服务和产品整合打包为"核心产品"、"附属产品"、"个性化产品及服务"、"主推功能及服务"和"主要服务渠道"，形成了一整套完善的金融解决方案。

"伙伴一生"金融计划是生命周期理论在我国商业银行个人理财业务中运用的一个先例，在针对不同生命阶段的客户推出相应的静态产品组合方面取得了一定的成效，是商业银行在个人理财服务领域的一项突破。但"伙伴一生"金融计划在产品的动态发展、个性化差异和产品定价机制方面还存在着局限性，有待进一步完善。例如，即使是处于同一生命阶段的客户，生活方式和金融需求也大相径庭，不能将相同的产品简单地捆绑在一起销售给同一生命阶段的所有客户。此外，即使客户所处的生命周期未发生改变，但由于主客观环境变化而使客户的生活方式发生改变时，银行必须及时重新评价客户的金融需求。

（二）国内商业银行改进客户关系管理的措施

我国商业银行应在总结国际先进银行开展客户关系管理先进经验的基础上，充分结合我国个人理财市场客户的特点与需求，通过建立完善的客户关系管理系统，切实推进客户关系管理，并将其与理财产品和服务创新相结合，不断拓宽客户关系管理的战略思路，突出个性化管理，努力与中高端客户建立持续稳定的客户关系。商业银行可以从以下几方面入手改进：

1. 加强"以客户为中心"的经营理念

树立"以客户为中心"的经营理念是拓展个人理财业务的前提。由于银行产品的差异化较小,因而,对于客户来说,服务是客户最关注的因素。作为银行要实施客户关系管理,首先必须建立"以客户为中心"的战略思想,树立"以客户为中心"的企业文化,为客户提供优质服务。

个人理财业务是金融行业的全新业务,要在竞争中取胜,商业银行必须从本位主义向以服务为导向的市场化转型,尽快转变营销思想,采用先进的"以客户为中心"的客户关系管理,赢取客户的终身价值。

2. 与客户建立长期合作共赢关系

完善的客户关系管理制度的一个突出特点是银行与客户之间是长期的合作共赢关系,而不只是简单的一次性产品交易关系。要建立和维护好这种互信合作关系,银行必须坚持"以客户为中心"的经营理念,建立完善的客户关系管理制度。一是通过各种形式的互动加强银行员工与客户的联系与交流,与客户建立持续稳定的联系,最大限度地获取客户忠诚;二是为客户提供全面的服务,包括资产管理、保险、咨询,甚至家庭消费服务等;三是为客户提供个性化服务。商业银行应该根据客户的市场细分,实施有效的市场定位,针对不同层次的客户分别提供适合其需求的金融产品和服务,使银行服务由统一化、大众化向层次化、个性化转变。

3. 推进个人理财业务的创新

商业银行满足客户日趋多样化、复杂化需求的唯一途径,就是不断创新,为客户提供更加丰富、便捷的服务。进行个人理财业务的创新要注重以下几点:一是产品要体现个性,切忌一味地模仿导致产品同质化,要充分运用本行优势,做到人无我有、人有我新、人新我优;二是产品要适用,只有产品适用,才能有客户、有市场,也才能给客户创造价值,给银行带来利润;三是产品要能给客户带来增值收益,而不能仅停留在方便、快捷等表面层次,为客户创造增值收益是银行个人理财业务的核心价值。

此外,没有任何一套客户关系管理系统是"放之四海而皆准"的,不同企业有着不同的资源状况和战略需求。所以,构建客户关系管理系统,前期市场调研、客户分析、建模准备和业务融合等环节必不可少。要找出可能会对未来客户关系管理效率形成制约和影响的关键环节,这些决定着系统建设的成败。

随着外资银行参与竞争程度的提高,以及国内中高端客户的日益理性,国内理财市场将很快与国际成熟市场接轨。我国的个人理财业务必须尽快从以销售理财产品为主的业务模式转型为向高端客户提供满足其需求的差异化、个性化服务的业务模式，我国的商业银行应建立起适应业务发展的管理体制和业务运行机制，投入优势资源，全面提高产品和服务的专业品质，这样才能使个人理财业务真正掌握核心竞争力，赢得客户，赢得市场。

第九章　组织管理

第一节　组织架构

一、个人理财业务的组织架构设计目标与任务

个人理财业务是体现"以客户为中心"的理念、为客户提供"一站式"服务的一种新型综合性业务，它与传统个人金融业务的区别在于，它不是一个单一的银行产品或单一的银行服务，而是对相关的个人金融产品与服务进行整合后产生的全新的综合金融服务，因此它的顺利开展必须依赖于前中后台业务的整合，需要对银行原有的经营结构、组织设计、运作流程、管理方式和资源配置等进行结构化的变革与重组，以构建一种全新的经营模式和一套高效运作的组织架构，为个人理财业务的快速发展奠定组织基础。

个人理财业务的组织架构设计，必须以个人理财业务发展战略为指引，围绕"创造客户价值"这一核心导向，整合、优化相关的业务流程、组织管理流程和资源配置，依托相关的客户关系管理系统，以实现为客户提供全方位、多层次、差异化、个性化的服务为宗旨。

具体来说，个人理财业务的组织架构设计必须有助于以下几个目标的实现：

1. 有利于跨部门、跨职能的团队协作和业务的一体化运作与管理，实现整体协同效应。个人理财业务是银行内部高度复杂化和精细化分工的产物，涉及众多产品与服务，有的已经超出银行零售部门的范畴，会产生管理流程较长、部门协作较多、内部手续烦琐等问题。因此个人理财业务的组织架构必须打破传统银行内部管理体制的藩篱分割，将分散的管理与操作流程整合到一个单一的专职部门进行管理，对产品、渠道、账户、客户信息等进行整合，消除多头管理和手续烦琐的弊病，简化流程，提高效率，实现银行内部的协同效应。

2. 有利于面向市场和客户需求的创新，帮助银行更好地应对外在竞争压力。客户需求的不断升级和市场形势的瞬息万变，都对个人理财业务的快速创新提出了较高的要求。银行必须迅速发现客户需求，寻找市场机会，并及时作出回应。因此个人理财业务的组织架构必须有利于建立面向市场的创新机制，凭借一体化的研发流程与管理流程，快速推出新产品或新服务，迅速将其标准化和市场化，并在创新过程中，不断激发和发现客户新的金融需求，建立起"顾客金融需求—量身定做的金融产品—标准化的金融工具及市场交易量的增加—新的顾客需求"的螺旋式过程，[①] 从而帮助银行确立差别优势，最终在激烈的竞争中胜出。

二、个人理财业务的组织管理模式

（一）国际领先银行个人理财业务的组织管理模式

当前国际领先银行个人理财业务的组织管理模式主要有三类：

1. 建立全球型财富机构，将目标锁定在多个在岸和离岸业务，寻求成熟高回报市场与新兴高增长市场的平衡发展。

2. 建立大中型理财机构，侧重本土的在岸和离岸业务，拓展部分海外区域。

3. 建立小型理财机构和专门机构，侧重一种类型的客户，采用分销模式实现产品开发、运营和 IT 外包。

（二）目前我国商业银行个人理财业务的组织管理模式

目前国内商业银行普遍设立了隶属于零售银行部门（个人金融部门）的专职理财业务管理部门，承担个人理财业务的专业化管理和拓展职能。该部门的主要职责是将分散于各业务部门的涉及个人理财业务的相关职能进行整合和归并，分析客户需求，研发和整合个人理财产品，组织理财产品的市场营销，推广理财品牌，统一协调银行与保险公司、证券公司、信托公司、期货公司、基金管理公司等机构的业务合作与沟通，对本级重点营销客户提供投资理财服务。

根据总分行纵向管理关系的不同，国内个人理财业务的组织管理模式可以分为两种：

1. 在总分行个人金融部门体系内自上而下设置个人理财业务管理机构

---

① 栾小华：《个人理财服务需求供给分析与建议》，载《农金纵横》，2003（1）。

<u>财富管理</u>

这是目前大多数国内商业银行采用的业务管理组织管理模式，即在原有个人金融部门的总分行体系中增加对个人理财业务的管理与考核职能，在不调整各部门职能和整体架构的前提下，通过跨部门的协调机制，与其他相关业务部门紧密协作。其中，个人金融部门负责统筹，对理财业务进行统一规划和指导，并对其经营结果进行单线考核；其他相关业务部门负责利用本部门的业务资源为个人理财业务发展提供支持或为目标客户提供服务，同时有义务挖掘本部门内目标客户资源，与个人金融部门建立资源共享机制和协作机制；而分支行的理财机构则定位为一个客户经营与管理的部门，负责从事具体的客户关系管理和产品销售活动，服务于辖内达到标准的理财客户，其定位以客户维护、关系营销、综合理财、顾问销售为主，可以同时为几家支行网点的理财客户提供服务。

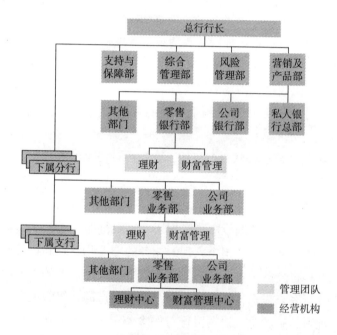

图9-1　模式一

这种模式多用于理财中心，在个人理财业务发展初期使用较为广泛。这种模式的最大优点是，充分利用原组织架构，避免了银行内部大的机构调整，降低了机构转换成本和开办新业务的管理成本，较快地满足了市场需求。但这种模式承袭了银行原有管理体制的弊病，与个人理财相关的经营管理职能相对分散，相关部门各自为政、多头营销，导致协调成本高，运作效率低，难以快速准确地响应客户需求。随着个人理财业务的快速发展和银行内部管理水平的提升，目前这种模式正在不断地改进完善之中，以增强个人理财业务管理的整体联动性。

2. 在总行层面由个人金融部门统管，在分行层面则成立相对独立的、挂靠个人金融条线的专职理财业务经营与管理机构

这种模式下的理财机构只是挂靠在总行或分行对应级别的个人金融部门下，但自主权限较大，承担着个人理财业务的专业化管理和拓展职能，定位为经营性机构，实行独立的财务核算。理财机构不仅发挥专业优势，指导、协助、支持网点维护现有客户，提升潜在客户，减少客户流失，巩固客户基础；还在此基础上加大对外部客户的拓展。总分行个人金融部门对理财机构进行业务支持和资源支持，并考核其绩效，但不参与其日常经营活动与决策；总分行其他相关业务部门参与协作。

作为集中维护个人中高端客户的服务经营机构，理财机构实行总分行相结合的矩阵式管理，分别向总行个人金融部门和一级分行汇报情况。

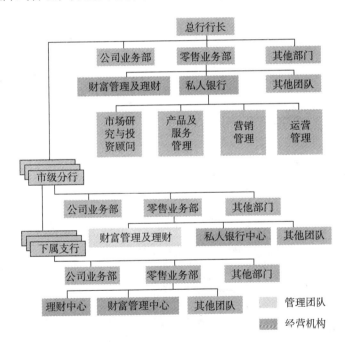

图 9－2　模式二

这种模式多应用于新成立的且达到一定规模的财富管理中心，是近两年随着私人银行业务与财富管理服务的兴起而出现的，适用于个人理财业务的发展成熟阶段。其最大优点是将各种紧密相关的业务和流程放在一个部门中

集中统一管理，既分工明确又高度整合，大大提高了整体联动性和协作性，有利于提高效率和资源利用率，能及时准确地对市场作出反应。但不足之处是对原有管理模式的改造较大，组织建设成本较高。

三、个人理财部门的人员配置

（一）专职服务人员分类

从财富管理中心、个人理财中心、贵宾理财室到理财专柜，不同层级的个人理财服务机构均需要配置不同级别的客户经理，具体配备人数根据该理财服务机构的规模、所处环境、业务量、客户人数以及发展潜力等因素来确定。一般理财服务机构的专职服务人员主要有以下几类：

1. 专职客户经理

专职客户经理是经过专业培训，在专属的理财服务场所为客户提供理财服务的专业人员。专职客户经理是客户关系管理的主要实施者，负责细分并挖掘理财客户，实行"以客户为中心"的营销，集合前台接待员、柜员、产品经理的团队力量共同为客户服务，满足客户金融及相关需求，提高客户的满意度与忠诚度，通过提升客户的终身价值来为银行创造更多的利润。

专职客户经理的主要工作内容包括向客户提供理财咨询、推荐和销售相关理财产品，为客户制订理财规划方案，帮助客户达成理财目标，为客户提供个性化、专业化的贴心服务。

服务客户的层级不同，对专职客户经理的专业性和资质要求也有所不同，其工作内容也不尽相同。银行根据专职客户经理的工作内容和业绩，对其实行分级管理与考核。

当前国内银行已经普遍接受了金融理财师资格认证制度（AFP——金融理财师/CFP——国际金融理财师），具有 AFP/CFP 资格的专职客户经理队伍日益壮大，这有利于个人理财服务向标准化、规范化方向发展。

2. 客户经理助理

客户经理助理通常经过短期的专业培训，掌握一定的金融理财专业知识，为客户提供简单的理财咨询和投资分析与规划服务。他们是专职客户经理服务的延伸和帮手，同时也是专职客户经理的人才预备队。

3. 产品经理

为进一步完善理财服务体系，更好地开展顾问式营销，促进理财产品的销售，银行普遍实施了产品经理制。产品经理是证券、基金、保险、外汇、黄金等某一个领域的专家，与客户经理相互配合，专为客户提供特定领域的深入的投资分析和建议，以满足客户多样化的投资理财需求。

4. 投资顾问

投资顾问凭借其在银行、证券、基金、保险等金融领域的专业知识，协助客户经理为客户提供财务分析与规划、投资建议等服务，并根据客户的要求研发其专业领域方面的产品和服务，满足客户的各类金融需求，为理财服务提供专业支持与保障。

5. 管理者

在较高层级的理财服务机构，还需要有专职的管理者负责其日常运营与管理工作。

下面分别介绍理财中心与财富管理中心理财服务人员的配置。

（二）理财中心人员配置

一般理财中心的人员配置主要有以下几类：

1. 理财中心主任

理财中心主任为理财中心管理人员，负责理财中心的日常经营管理，落实上级管理部门制定的经营目标和营销计划，也可以和理财经理共同维护本中心的重要客户。

2. 理财经理

理财经理作为网点个人客户经理，负责网点中高端客户的营销和维护，向客户提供标准化理财产品和金融咨询服务，承担存款、贷款、理财产品、基金、银行卡等各项网点销售指标，并为客户提供理财规划、理财顾问等服务，原则上 150~200 名客户配备一名理财经理。

3. 产品经理（理财）

为理财经理提供顾问支持，不直接管理客户和掌握客户资料，向客户提供专业的咨询服务，制订理财规划方案。

4. 前台接待员

在引领区内负责迎宾，进行简单的业务介绍，同时负责参与相关的客户营销活动。

5. 柜员

在低柜区内负责产品销售和业务系统操作，在现金服务柜台负责现金业务的操作。

（三）财富管理中心

财富管理中心以各自的工作职责为基础，采取前中后台"三位一体"的团队合作模式，其中财富经理是在服务过程中集合团队力量的主要角色。

1. 财富经理

财富经理是客户关系管理的主要实施者，负责拜访与开发潜在的客户，为客户提供专业的财富管理服务，为客户提供专业的投资管理及最新的市场信息，主动、积极地为客户推荐各类金融产品，需要与营运部门保持良好的合作关系。

2. 助理财富经理

助理财富经理是财富经理的助手，协助财富经理维护客户关系，配合财富经理为客户提供专业的财富管理服务、办理银行业务和推荐产品。助理财富经理原则上应是财富经理的 B 角。

3. 财富顾问

财富顾问在证券、基金、保险、外汇、黄金、房地产、税务、法律等某一领域为财富经理提供专业支持，协助财富经理根据客户需求提供量身定做的财富规划及建议，为客户提供咨询服务，研发其专业领域方面的产品和服务。

4. 助理财富顾问

助理财富顾问是财富顾问的助手，协助财富顾问在某一专业领域为客户提供财富规划、咨询等服务。

5. 前台接待员

前台接待员在接待区内负责接待、分流、引导客户，同时负责在整个财富管理中心内协调各项日常工作。

此外，各类业务柜员、行政经理、风险经理等人员也参与财富管理中心的各项运营工作。

第二节　绩效考核

绩效考核是银行组织管理的重要内容，也是银行各项政策措施得以贯彻执行的保障。

优质客户是开展理财业务的基础。个人理财业务的最大目标就是吸引和维护好优质客户，通过提升客户满意度和忠诚度，来提高客户对银行的利润贡献。因此，个人理财业务的考核也是以客户满意为导向的。在个人理财业务中，绩效考核分为个人绩效考核与机构绩效考核两大类，主要体现在对个人客户经理和财富管理中心/理财中心的考核上，两者分别有不同的考核维度及关键绩效指标（KPI）。

一、个人绩效考核

理财服务人员是个人理财业务开展的关键。为保障业务可持续发展，理财业务在考核中，应以客户为中心，侧重对客户拓展和客户服务质量指标的考核，同时兼顾经济效益，辅之以业务量、利润贡献度以及综合评价等其他指标的考核。

总体而言，对客户经理、产品经理、投资顾问和客户经理助理等人员的考核均采用定性与定量相结合的方法，从业务发展、客户满意度、利润贡献度等几个主要维度展开，只是不同的角色因其工作内容和性质的不同，各指标的权重有所不同。下面本节以客户经理和产品经理的考核为例分别进行阐述。

（一）客户经理（专职客户经理、财富经理）

客户经理应遵循"以客户为中心"的原则，在业绩评价过程中注重引导客户经理开展客户关系维护和服务营销，提高理财客户对个人金融业务的贡献度，强调维护客户利益的重要性。主要业绩考核指标应包括：

1. 客户服务指标

（1）维护客户数量。即客户发展指标完成情况。注意客户数量并非越多越好，必须是在服务人数的上限之内，并且要与其他指标结合综合考虑。

（2）客户联系频率。即每周、每月联系或拜访客户的频率。以此考察客户经理是否对每位客户进行了有效维护。

（3）客户满意度。可采用匿名问卷调查和电话回访等方式获取。

（4）客户美誉度评估。它包括对客户经理的行为态度评估、客户投诉、客户分析报告、产品调研报告等。

（5）客户流失率。它包括流失的客户数量，以及现有客户和流失客户转移走的资产总额。

2. 业务量和利润指标

（1）管理的客户资产规模。它包括管理的理财客户资产规模总额、管理的理财客户资产规模新增情况等，具体包括储蓄存款和个人贷款的日均余额和时点数，基金、保险、债券和银行理财产品的销售额，以及其他形式管理的理财客户资产，必须从存量和新增量两个角度进行考核。

（2）交叉销售指标。即其他与个人金融相关的业务，如银行卡发卡量和配卡率、结售汇和出国金融服务等中间业务的完成情况等。

（3）利润指标。它主要包括销售产品创造的收益和管理客户资产创造的收益等。可依据相关公式，从客户角度计算利润贡献，将客户在银行发生的各项业务所创造的利润加总，即可得出。利润主要包括存款业务、贷款业务、银行卡业务和中间业务等四大类业务的净收入。其中银行卡业务收入包括卡内存款净收入、透支收入、手续费收入、年费收入和消费回扣收入几大部分；中间业务收入包括汇款业务手续费收入、结售汇业务手续费收入，以及基金、国债、外汇买卖、理财产品手续费收入等。

3. 综合评价指标

它主要为定性指标，包括客户经理的业务水平、沟通能力、管理能力、协调能力、创新能力和风险控制能力（客户贷款的不良率，以及向客户销售产品和服务过程中的风险提示与风险防范），以及落实各项规章制度的情况等，由客户经理的主管评定。

（二）产品经理

对产品经理的业绩考核应突出专业性的原则，在业绩评价过程中突出其所研究领域对客户经理的专业化支持和中台保障程度，以及其向客户提供的专业化金融解决方案的合理性。

1. 业务量和利润指标

（1）财务指标。即理财产品销售完成情况，包括实现的客户产品交易收益、财富账户管理费、顾问费等业务收入。

（2）客户交易指标。它包括客户金融资产规模、各类理财产品销售量等。

2. 客户服务指标

（1）客户拓展指标。它包括客户维护率和资产增长情况、所维护的高端客户数量等。

（2）客户服务质量指标。它包括客户满意度、客户忠诚度、客户有效投诉、客户流失率等。

3. 综合评价指标

（1）合规性指标。它包括规范业务操作，严守客户秘密，反洗钱等。

（2）员工发展指标。它包括继续教育、信息收集和管理等。

（3）其他指标。它包括研究分析能力、团队合作、工作效率等，以此考核产品经理对前台客户经理的支持保障程度。

在考核指标体系的推行过程中，还应注意以下几个问题，以逐步建立"简单清晰、直接有效"的绩效管理制度。

1. 对理财服务人员的考核方案应与对机构的考核方案相匹配。各级理财经营机构根据总行的考核指导方案，制订本级机构的具体考核方案，并将各项业绩目标和任务以指标的形式分解到客户经理、投资顾问及每位中后台服务人员，确定其各自的考核指标、权重及各指标的计分方式，以确保个人绩效的完成能顺利实现机构业绩目标。

2. 为体现客观、公正、科学、全面的考核原则，对理财服务人员的考核应采用定量与定性指标相结合的方式，并分配好一定的权重。其中定量指标主要是依据相关系统记录数据和公式计算的结果，定性指标则是通过采用360 度考核的方式，将被考核者的自评与其同事、主管的他评相结合得出的结果。特别地，在考核产品销售指标时，应考核各类理财产品销售量，而非偏重某几个产品，避免理财服务人员为完成产品销售任务向客户销售不合适的产品，损害客户利益。

3. 考核指标体系制定完成后必须进行公告，确保每位客户经理和相关服务人员知晓对自己的考核方式，以起到正面的引导作用。

4. 合理设置考核周期，加大考核结果与激励约束的挂钩力度，提高激励约束的及时性和有效性。个人绩效考核分为年度考核和日常考核，因此每隔一段时间（每月、每双月或每季度），要对理财服务人员进行一次考核，并对考核情况进行反馈，以便被考核人员及时调整自己的工作方法和重心，更好地完成年度指标与任务。

5. 考核指标体系应定期（每双月或每季度）进行检视和动态调整。应根据市场形势和业务发展重点，调整各指标的权重和目标数值，或追加新的考核指标（但不宜太多），以增强考核方案的适用性。例如，在资本市场由牛市转为不景气的时候，可以适当降低各类理财产品的考核目标与分值，而提高储蓄存款的考核分值。

二、机构绩效考核

对理财服务机构进行考核，即将其作为一个独立的主体，对其整体经营发展情况，如业务发展、利润盈亏以及内部管理等方面进行考察评价。对理财服务机构的绩效考核应遵循以下指导原则：

1. 绩效考核体系设置应与银行整体战略目标、业务定位相匹配，发挥绩效考核对战略贯彻执行的保障作用。

2. 绩效考核体系的指标分解及构建应合理有效，易于调动银行内部各层级积极性，并兼顾整体协调性。

3. 绩效考核体系应理顺银行内部不同部门、机构间存在的内部利益冲突。

一般而言，理财服务机构的绩效考核维度和指标主要包括以下几个方面。[①]

（一）经营性指标

经营性指标具体又分为三类，并且与个人绩效考核中的客户维护指标、业务发展指标和利润指标相对应。

1. 客户维护指标。重点考察各级理财机构作为专业服务机构有效服务客户的能力及对目标客户的关系维护情况，具体指标有客户联系频率、客户满意度、客户投诉率和客户流失率等。

2. 业务发展指标。重点考察客户及其资产增长情况，具体指标有维护客户总人数及新增客户数，存贷款余额及新增额，基金、保险、债券、银行产品等各类产品的销售额，银行卡发卡量与消费额，以及其他产品交叉销售总额等。

3. 利润与收入指标。重点考察理财机构的盈利能力，主要指标为理财机构各项业务收益累计总额和管理的资产总额，以及理财业务在全行（同级机构）的收入贡献度和理财客户资产的占比，等等。由于理财服务人员的业务考核指标是从其所属理财机构的考核指标逐项分解到个人的，所以理财机构的利润与收入指标事实上是由各位理财服务人员的业务绩效逐项汇总而得出的。

理财机构的盈亏情况主要是将其业务发展指标中所涵盖的利润项目加总，得出理财机构的总收入，再与其机构运营成本进行比较。

（二）管理性指标

理财中心/财富管理中心作为一个机构，机构管理与团队建设的职能必

---

① 本节只探讨对各级经营性理财机构的绩效考核，不包括对总行理财业务管理部门的考核。

不可少。因此管理性指标涵盖了理财机构的内部管理指标，如机构受表彰情况、执行规章制度情况、落实风险管理情况、重大事故情况、客户投诉情况、内部培训情况（内部培训次数及在职客户经理参与资格考试合格情况）、客户经理流失情况及内部工作人员的满意度，等等。

在对理财机构进行绩效考核时，应注意以下两个问题：

1. 理财机构的绩效考核指标与其机构定位密切相关。各级理财服务机构因其层级不同、定位不同，考核指标的侧重点也不同，以此体现管理模式和服务方式的差异。

（1）网点及理财中心重点考核本机构的经营绩效及其对理财客户的维护能力，主要考核指标有产品销售额或销售收入、理财客户新增数、客户资产增长率、理财达标客户流失率等。

（2）财富管理中心一般定位为成本中心，侧重于对理财客户的关系维护和专业服务，并配合网点完成针对理财客户的各类业务指标。因此考核指标主要选取客户新增数、客户资产增长率、客户有效维护率、客户流失率、产品销售额或销售收入、交叉销售指标及其他相关业务指标完成情况。如有销售财富客户专属产品的，可设置"财富客户专属产品销售额"指标。

2. 考核指标体系要充分体现"以客户为中心"的经营导向。当前在国内个人理财业务的实践中，不少商业银行迫于发展压力，往往对利润指标过于强调，把简单的理财产品销售当做个人理财业务的核心，对业务发展指标的重视甚至超过了客户满意度等客户维护指标，以单纯的盈利性考核替代对理财机构的全面考核。长此以往，这种短视行为很容易将个人理财业务带入误区，这值得国内同业警惕。

第三节　渠道管理

一、理财服务渠道的作用

个人理财服务渠道是指商业银行向理财客户提供服务的渠道和方式，它是开展个人理财业务的必要物质前提，包括物理服务渠道、电子服务渠道、第三方渠道等。其中物理服务渠道包括财富管理中心、理财中心、理财室、理财专柜、理财窗口等，电子服务渠道包括网上银行、电话银行、手机银行、短信平台等，第三方渠道包括客户推介、策略联盟等。这些渠道共同构成了为客户提供综合化、差异化和个性化服务的平台，同时也是银行进行客户营销、展示自身形象的窗口。因此，一个全方位、多层次的理财服务网络，对于银行发展理财业务至关重要。

为实现理财客户与普通客户的差别化服务，并集中优质资源为个人中高端客户服务，当前国内各商业银行纷纷加大了理财客户专属服务渠道的建设力度，一方面加快了财富管理中心、理财中心、理财室、理财专柜的布局与建设，另一方面通过推出贵宾客服专线、贵宾网上银行、贵宾手机银行等专属辅助渠道，打造多维度的理财服务网络，逐步形成了以财富管理中心和个人理财中心等物理渠道为核心，以自助银行、网上银行、电话银行和手机银行为纽带的高端客户服务网络。

本节侧重介绍物理服务渠道和电子服务渠道的管理。

二、理财服务渠道网络的构成

目前国内银行的理财服务渠道依然以传统的物理渠道为主，同时辅以自助银行、ATM、电话银行、网上银行、手机银行等新型服务渠道。各种类型的理财服务渠道，共同构筑了全方位、多层次的理财服务网络，这个网络主要可以划分为物理渠道和电子渠道两大类，并且以物理渠道为主。

（一）物理渠道

物理渠道主要是指理财客户专属服务渠道，如财富管理中心、理财中心、理财室、理财专柜以及理财窗口等，随着理财服务层级的提升，相应层级物理渠道的私密性、尊贵性和安全性也随之提高。此外，普通营业网点在服务理财客户、满足中高端客户基础金融需求方面，依然发挥着重要作用。所以在理财服务网络中，普通营业网点依然是重要的组成内容之一。

由于面对面的服务方式可传递的信息量大，可以增进客户与理财人员之间的交流，从而给予客户更大的安全感与信任感，所以现阶段客户依然最青睐物理渠道的理财服务。迄今为止，物理渠道依然是理财业务中使用最频繁和范围最广的服务渠道。

多层次的物理渠道营造了一个亲情化、人性化的服务环境，为客户经理面对面地为理财客户开展专业化理财服务提供了必要的场所。

1. 财富管理中心

它是专为财富管理客户提供专业、专属、专家财富管理服务的机构。财富管理中心一般依托大城市分行设立，在体制上同时归总行和属地一级分行管理。其所服务的客户，可以自行选择将账户保留在原属网点或理财中心，也可以将账户转移至财富管理中心。相应地，对客户的服务模式可以是原理财客户经理与财富经理的"双边维护"，也可以是财富经理的"单边维护"。

2. 理财中心

它是银行为理财客户①提供综合性、专业化的"一站式"理财服务的最主要场所，也是目前国内商业银行在理财服务中覆盖面最广、使用最为广泛的物理渠道，它综合反映了银行个人理财业务的水平。

3. 理财室

它是银行为达到理财客户标准的个人客户以及潜在理财客户提供贵宾理财服务的场所，一般设在规模较小、不足以开设理财中心的银行营业网点，一般场所较小，提供的理财服务较为初级。开设理财室，一方面便于现有理财客户就近享受理财服务待遇，另一方面便于潜在理财客户体验尊贵专享的理财服务。

4. 理财专柜

一般为开放式柜台形式，设在银行营业网点大厅内，由专业客户经理接受理财客户或潜在理财客户关于理财业务的咨询，为客户推荐合适的产品或服务，并提供简单的投资理财建议及规划。设立理财专柜主要是为了拓展服务理财客户的渠道与形式，拓宽理财服务渠道的覆盖面，并以最快捷的方式满足理财客户的基础理财需求。

5. 理财窗口

它是指在普通营业网点设置的专为理财客户办理业务的优先服务窗口，体现了理财客户独享的优先金融服务。原则上每个银行网点均应开辟专门的理财窗口，以体现差异化服务的理念。

理财室、理财专柜和理财窗口是财富管理中心、理财中心等高端客户专属服务渠道的重要补充，是全方位、多层次的理财服务网络的有机组成部分。

（二）电子渠道②

随着计算机和通信技术的发展，以及互联网的兴起，国内各家银行开始广泛应用自助银行、电话银行、网上银行和手机银行等高科技手段，这一方

---

① 此处的理财客户包括财富管理客户和私人银行客户。层级高的理财客户可以向下兼容使用层级较低的理财服务渠道，但反之不可。

② 本书采用广义的电子渠道定义，包括自助银行、电话银行、网上银行和手机银行等借助通信技术、网络和银行自助服务终端等而建设的服务网络。

面缓解了网点服务压力，进一步完善了银行金融服务的功能，大大提高了服务效率和便捷程度，另一方面大幅降低了银行服务成本，为银行业务的飞速发展创造了物质条件。此外，电子渠道的最大特点就是客户可以自己主导，可以享受"随时、随地、随意"的"3A"① 服务。

正是由于电子渠道具有如此强大的优势，国内银行纷纷在理财服务领域大力推广电子渠道，并在电子渠道中开辟了理财客户专属的特殊通路，以确保其享受到更优先、便利的理财服务。当前使用较广的理财服务电子渠道有：

1. 网上银行贵宾版

网络信息技术的发展使银行充分利用网络资源发展个人理财业务，例如理财产品（广义）网上交易、理财账户网上动态查询、网上个人理财咨询、网上投资咨询与评估、网上期货经纪、网上租赁等。

目前开通网上银行贵宾版的主要商业银行有工商银行、中国银行、交通银行、中信银行、民生银行、汇丰银行（仅私人银行客户版）等。

然而，目前国内银行大多只是将传统银行服务搬到互联网上，对网上银行自身功能的开发依然不够，在线投资的理财产品种类较少，网上银行的营销功能也尚未充分发挥。但各家银行均将网上银行作为未来电子银行发展的重要业务平台和营销平台，正大力研发和完善其理财服务功能，并强化其营销功能。

2. 电话银行贵宾专线

电话银行是银行通过电信手段为客户提供全方位、多功能的服务。为便于理财客户更好地享受电话银行带来的"3A"服务，商业银行普遍推出了针对中高端客户（含理财客户与高端信用卡客户）的贵宾专线，提供的服务内容包括业务咨询、受理客户投诉、账户挂失、人工交易业务、自助贷款、传真服务、账务查询等，涵盖了银行服务的各个方面。

目前开通电话银行贵宾专线（含白金卡、钻石卡等信用卡客户专线）的主要商业银行有工商银行（仅限北京地区）、中国银行（白金卡贵宾专线）、招商银行、中信银行、汇丰银行、渣打银行等。

3. 手机银行

手机银行兴起较晚，是银行以电信手段为依托推出的超时空限制的个性化金融服务渠道。作为电子渠道之一，手机银行的优势更加突出，它比网上银行更为便利，可随身携带、随时办理；同时它又比使用电话银行享有更大

---

① 3A 即 Anytime、Anywhere、Anyway，中文可以理解为随时、随地、随意。

的主动权，完全由客户方主导服务过程。因此，手机银行必将成为未来银行电子渠道建设的重点。

目前手机银行可办理的个人金融业务十分广泛，能够实现账务查询、转账、汇款、缴费、手机支付、银证转账、外汇买卖等功能，基本上除了现金业务以外，其他业务都能在手机银行上完成。

然而，由于手机银行的兴起历史较短，在国内银行尚未完全普及，业务量较小，市场和用户尚未产生分层服务的需求，因此手机银行贵宾版仍在研发当中，尚未正式推出。

三、理财服务渠道管理的内容

银行必须对所有的渠道进行有效的管理，以保障其充分发挥协同作用，满足客户的需求。渠道管理的内容也非常广泛，包括渠道布局、渠道选址与设计、流程管理、营销管理、渠道创新与人员配置等。本节选取几个重要方面进行讨论。

（一）物理渠道的选址与布局

渠道选址与布局是渠道管理的一项重要内容，主要体现在物理渠道上。

1. 财富管理中心

财富管理中心一般设立在经济发达、具有一定规模高端客户资源的大城市，多集聚在北京、上海、广州、深圳等一线城市或沿海发达城市。如建设银行的100多个财富管理中心覆盖全国除西藏以外的各省，但在东部沿海地区分布较密集，如广东、江苏、福建、浙江、山东等。

2. 理财中心

理财中心一般设立在经济较发达、高端客户资源丰富的城市和地区。我国商业银行的理财中心几乎覆盖了我国东部和中部各省的重点城市。

（二）物理渠道的内部设计

物理网点的内部设计至关重要，直接关系到对客户的服务能力和营销能力。一是必须从客户视角出发，充分体现客户导向，按客户的需求和思维进行设计，减少客户办理业务的直接和间接成本，提高服务的便利性；二是要有利于网点向营销服务型转变，以提高营销效益和服务效率为目标，对网点进行合理化、专业化的布局，在网点内部进行合理的功能分区。

1. 财富管理中心

财富管理中心的服务场所面积应在600平方米（含）以上，具体面积根据财富管理中心的业务量、客户需求及投入产出分析决定。财富管理中心的首要职能是提供营销和服务，因此财富管理中心内部应设前台接待服务区、财富经理工作室、客户休息区、客户交流区、现金及交易服务区、内部办公区、茶水间、卫生间等区域，尽可能满足客户的日常金融需求，并考虑到客户交流和客户活动的需求；同时，室外应尽量设有专门的停车场地，有条件的还可设档案保管室及饮品自助区等。

2. 理财中心

理财中心的设计应体现精品和特色经营的思路，并以实现统一服务差别化和业务营销综合化为目标。理财中心的分区结构可参照国外理财中心的模式，设置引领区、展示区、资讯服务区、理财室（封闭式）、多功能室、低柜服务区和现金服务区等，有条件的还可以增加档案保管室、自助交易区等区域。理财中心除了承担服务功能外，还承担着重要的营销职能，例如在理财中心应定期举办讲座、理财沙龙等，还可聘请相关领域的专家不定期来理财中心提供专家式的"坐堂服务"。

（三）人员配备

1. 财富管理中心

财富管理中心应配备各方面素质均较高的优秀客户经理和专业的投资分析团队，以及风险管理、系统管理等后台支持人员。原则上这些专业人员应具有丰富的理财服务经验（从事个人金融业务工作5年及以上，或从事个人理财业务工作2年及以上），以及较高的个人综合素质，并拥有专业知识背景和相应资格证书，熟悉银行各项个人业务，以及保险、证券、基金、信托等市场上主要的理财产品。客户经理及专业团队的具体人数视财富管理中心的客户数量、业务规模等因素而定。

2. 理财中心

理财中心的人员配备以客户经理为主，应按不同层级客户的需求配备不同级别的客户经理。客户经理应具有丰富的业务知识和营销经验、较高的业务素质和较强的综合业务处理能力和沟通能力。客户经理的具体人数由理财中心的规模、客户数量和业务量大小，以及发展规划等因素综合决定。

四、理财服务渠道管理的策略

加强理财服务渠道建设，提高渠道管理水平，是拓展理财业务的重要保障，也是目前各家商业银行的普遍共识。个人理财业务发展步伐的加快，对理财业务渠道管理工作也提出了较高要求。

（一）依照"统筹规划、综合布局"的原则打造和完善理财服务网络

理财服务网络涉及的各种类型的渠道繁多，且区域分布广，对这些渠道的建设和管理必须有一个统一的规划和布局，要提高资源利用效率，避免重复投资，同时确保服务网络的全面性和协作性，逐步构建起一个覆盖全国、多层次、多功能的立体化服务网络。

（二）理财服务网络要做到"差异服务、各显特色"

所谓"差异服务"就是通过渠道的差异化来实现服务的差异化。每种形式和每个层级的理财服务渠道都有其特殊优势和定位，如理财中心有面对面服务的亲和性，网上银行和手机银行有提供"随时、随地、随意"服务的特性。在设计和构建理财服务网络时，要充分利用这些优势，突出其特点和差异化的定位，去满足不同层次、不同需求的客户。

所谓"各显特色"就是在统筹和管理各类理财服务渠道时，要充分发挥各种渠道的特色。如渣打银行将网上银行的重点定位在按揭业务，东亚银行将重点定位在网上交易等，二者均取得了较好的效果。在渠道的装修设计和营销宣传等工作中，要发挥、利用各自优势，有效互补，扬长避短，实现多层次、多方位的综合化服务目标。

（三）加强电子服务渠道建设

我国商业银行的电子银行业务发展的速度空前迅猛，目前已粗具规模。电子渠道体系框架基本形成，功能也在不断丰富和完善，对个人金融业务的加速发展起到了不可低估的作用。

电子渠道的众多优势恰好满足了许多日常事务繁忙的个人中高端客户的需求，为个人理财业务实现超常规发展提供了绝好的契机。银行必须提高理财业务中电子渠道的使用效率，进一步完善其功能，朝"个人理财电子化"的方向努力，为中高端客户建立统一的电子化理财业务平台。

第一，利用不同的电子渠道资源，整合客户信息。网上银行、电话银行和手机银行都积累了大量宝贵的客户信息。对电子渠道资源进行有效整合，有利于银行更科学地进行客户细分，从而为客户提供更有针对性的、个性化的服务。

第二，充分发挥电子渠道的优势，为客户提供特色服务，提高自身的竞争力。电子渠道相对于其他服务渠道而言，其高效益、低成本的特色十分显著，要将此特色与业务发展特点结合起来，推动业务的发展。

第三，对电子渠道采用差异化的费率标准，鼓励客户使用电子渠道完成较简易的业务，从而集中理财中心/财富管理中心的优质资源和客户经理的宝贵时间，来为客户提供高端的、复杂化的理财规划等服务。目前我国部分商业银行已经在推行贵宾版网上银行的优惠费率，要坚持这种网上银行的市场推广策略，大力推动网上理财业务的发展。

（四）优化渠道"软件"服务质量，为客户提供一致的最佳服务体验

在理财服务渠道的建设过程中，要注意把握好渠道建设速度与服务质量的匹配，确保客户在所有理财服务渠道上都享受到一致的优质服务体验，即客户对各渠道和接触点上的服务体验均感到满意。为此，银行在加强渠道硬件建设的同时，更要抓好"软件"的建设。这包括通过流程改造和系统研发，简化手续，缩短服务流程；通过培训提升客户经理的综合素质，提高渠道服务的内在品质；通过加强对全国各理财服务渠道的统一管理，增强服务的规范性，兑现服务承诺，提高客户满意度。

第十章　我国个人理财业务的外部监管

大力发展个人理财业务，已成为我国商业银行加快金融创新、提高经营管理水平和国际竞争力的必然趋势。然而，个人理财业务的运营和操作过程中存在着各种内外部风险。为了有效防范和控制风险，除了商业银行自身必须构建完善的内控机制和风险防范机制外，有效的政策、法规和管理制度等外部监管也必不可少，这同时也是保护投资者的合法权益，防止恶性竞争，推动商业银行发展和完善个人理财业务，提高商业银行服务水平和竞争力的必要措施。

个人理财业务外部监管的主要形式是监管机构通过制定相应的政策、法规来规范市场和相关金融机构，有效防范和控制个人理财业务的风险（特别是外部风险），以保证市场正常运行。本章主要探讨我国商业银行个人理财业务的外部监管。

第一节　外部监管的基本框架

当前我国对商业银行个人理财业务的外部监管，主要由行政监管和法律监管两大体系构成。

一、理财业务监管的行政体系

目前我国金融机构采取分业经营的形式，而个人理财业务涉及商业银行、证券公司、基金公司、保险公司、信托公司等各种金融机构，相应的理财市场也受到中国银监会、证监会和保监会三个部门的监管，对商业银行个人理财业务的监管从属于对商业银行整体的监管。

二、理财业务监管的法律体系

完善的法律、法规是个人理财业务有序发展的基石，可以为其发展提供一个有效的约束框架和法律保障，有效保护市场参与主体的合法利益。在理财业务发展过程中，我国相关监管部门在完善个人理财业务风险管理制度和管理体系的基础上，以"规范与发展并重、创新与完善并举"作为个人理财业务的监管原则，不断建立与完善金融理财的法规体系，形成了商业银行理财、证券理财、保险理财、信托理财等在内的较全面的法律规范体系，并且引导和带动了金融机构提高理财业务的风险管理水平。

我国商业银行个人理财业务法律体系的建立，以中国银行业监督管理委员会于 2005 年颁布并于当年 11 月 1 日正式实施的《商业银行个人理财业务管理暂行办法》和《商业银行个人理财业务风险管理指引》为重要标志。二者本着"规范与发展并重、创新与完善并举"的监管原则，对商业银行个人理财业务进行了系统的法律界定和规范。此外，2006 年 4 月 17 日由中国人民银行、中国银行业监督管理委员会和国家外汇管理局联合颁布的《商业银行开办代客境外理财业务管理暂行办法》，以及由中国银行业监督管理委员会于 2006 年 6 月颁布的《关于商业银行开展个人理财业务风险提示的通知》、于 2007 年 11 月颁布的《关于调整商业银行个人理财业务管理有关规定的通知》、于 2008 年 4 月颁布的《关于进一步规范商业银行个人理财业务有关问题的通知》和于 2009 年 7 月颁布的《关于进一步规范商业银行个人理财业务投资管理有关问题的通知》，对相关业务的管理也进行了规范。至此，商业银行个人理财业务的法律规范基本有了比较清楚的依据和保障。

目前，我国涉及商业银行个人理财业务的法律、法规分为四个层次，即由全国人民代表大会或者全国人大常务委员会颁布的国家法律、由国务院制定并颁布的行政法规、由有关监管部门和相关部门制定的部门规章，以及由相关部门针对特定问题推出的规范性文件。以下主要介绍国家法律、部门规章、规范性文件。

（一）国家法律

1.《中华人民共和国商业银行法》关于对存款人的保护等相关内容。

2.《中华人民共和国银行业监督管理法》关于监督管理措施等相关内容。

3.《中华人民共和国个人所得税法》关于征税对象、税率、应纳税所得额计算等相关内容。

（二）部门规章

1.《商业银行个人理财业务管理暂行办法》。

2.《商业银行个人理财业务风险管理指引》。

3.《商业银行开办代客境外理财业务管理暂行办法》关于投资购汇额度与汇兑、资金流出入等方面的规定。

4.《商业银行外部营销业务指导意见》的相关规定。

5.《证券投资基金销售管理办法》关于基金销售业务规范等方面的规定。

（三）规范性文件（不一一列举）

尽管关于个人理财业务监管的法律体系尚不完善，有些速成性的规范性文件的层次较低，但这些规则填补了我国商业银行个人理财业务急需规范的空白，缓和了业务快速发展在银行与监管者之间所形成的矛盾，为我国商业银行个人理财业务的有序化发展及风险防范提供了急需的法律保障。

第二节　外部监管的主要内容

一、理财业务外部监管的主要内容

我国对商业银行个人理财业务的监管，主要是通过界定性质、分类规范、严格风险揭示、完善内控制度等办法，提高商业银行的风险管理和监管水平，保护好投资者的利益，促进个人理财业务的发展与完善。监管工作主要围绕以下几个方面展开：

第一，建立和完善商业银行个人理财业务监管法律、法规。对商业银行从事个人理财业务进行全面规范，就商业银行个人理财业务的产品设计、投资范围、风险内控、宣传营销、后续服务、理财从业人员管理和监督管理等进行进一步的规范和完善。

第二，按照有关规定，检查督促商业银行建立相应的规章制度，明确管理部门，配备必要的专业人员，本着审慎的原则，从产品开发到销售和服务各个环节，做好风险防范和控制工作。

第三，加强对理财从业人员的管理。重点抓理财资格管理，要求各家银行建立从业人员资格管理的体制，并建立一套完整的管理方式和考核方法，所有一线理财从业人员均应获得本行给予的资格认证，并在银监会统一登记，建立理财人员数据库。

第四，加强对金融消费者的服务和教育。引导个人金融消费者，特别是个人理财客户，树立正确的理财观念和风险意识，加强自我保护和抵御风险的能力。

总之，通过进一步规范个人理财业务活动，引导商业银行提高个人理财业务的风险管理水平，稳步发展高端客户和改善银行客户结构，保护客户的合法权益。

二、相关监管法规和文件要求

我国金融监管部门早期颁布的《商业银行个人理财业务管理暂行办法》和《商业银行个人理财业务风险管理指引》，其内容可以概括为"一个原则，两项制度，三个要求，四个禁止，五个注意"。[①]

（一）一个原则

即按照符合客户利益和风险承受能力的原则，审慎尽责地开展个人理财业务。这是贯穿于个人理财业务外部监管的一条主线。

（二）两项制度

即商业银行开展个人理财业务必须针对理财业务的特点制定相应的风险管理制度和内部控制制度。

（三）三个要求

第一，要求个人理财业务的成本可计算，合理定价，规范销售，这主要体现在个人理财产品的成本管理和销售管理中；第二，风险可控；第三，信息披露，即进行充分的风险揭示，特别是在理财产品销售阶段要向客户充分说明可能存在的风险，避免不当销售和错误销售。

（四）四个禁止

商业银行开展个人理财业务，应遵守相关法律、法规和政策规定，禁止以下四种行为：

1. 禁止将理财业务作为变相高息揽储的手段。
2. 禁止将一般储蓄存款产品单独作为理财计划销售。
3. 禁止销售无条件承诺高于同期储蓄存款利率的保证收益率产品。
4. 禁止销售不能独立测算或收益率为零或负值的理财计划。

（五）五个注意

1. 在理财产品销售和相关资产管理过程中，注意防范法律风险和声誉

---

① 中国银行业从业人员资格认证办公室：《个人理财》，北京，中国金融出版社，2006。

风险。

2. 在理财投资过程中，注意防范市场风险和信用风险。

3. 在从业人员管理过程中，注意防范操作风险。

4. 在理财业务的会计处理、税务管理方面，注意防范合规性风险。

5. 在确定理财业务发展方向方面，注意防范战略风险。

监管部门后期推出的四个"通知类"行政性文件（即 2006 年 6 月颁布的《关于商业银行开展个人理财业务风险提示的通知》、2007 年 11 月颁布的《关于调整商业银行个人理财业务管理有关规定的通知》、2008 年 4 月颁布的《关于进一步规范商业银行个人理财业务有关问题的通知》和 2009 年 7 月颁布的《关于进一步规范商业银行个人理财业务投资管理有关问题的通知》），尽管并不属于严格意义的法律范畴，但在当时市场的特殊情势下，其规范效果更明显，影响力更大。如 2008 年 4 月中国银监会发布的《关于进一步规范商业银行个人理财业务有关问题的通知》就从产品设计、客户评估、宣传营销、信息披露、投诉处理等方面，对商业银行个人理财业务进行了规范，细化了原有的监管要求。主要体现在以下几个方面：

第一，要求商业银行履行代客资产管理角色，健全产品设计管理机制。文件规定：商业银行为理财产品命名时，不得使用带有诱惑性、误导性和承诺性的称谓和蕴涵潜在风险或易引发争议的模糊性语言；商业银行不得销售无市场分析预测和无定价依据的理财产品；商业银行应根据理财产品的风险状况和潜在客户群的风险偏好和风险承受能力，设置适当的销售起点金额，理财产品的销售起点金额不得低于 5 万元人民币（或等值外币）；商业银行开展综合理财服务时，应通过自主设计开发理财产品，代理客户进行投资和资产管理，不得以发售理财产品名义变相代销境外基金或违反法律、法规规定的其他境外投资理财产品。

第二，要求商业银行建立客户评估机制，切实做好客户评估工作。文件规定：商业银行在向客户销售理财产品前，应充分了解客户各方面情况，建立客户资料档案；同时应建立客户评估机制，针对不同的理财产品设计专门的产品适合度评估书，对客户的产品适合度进行评估，并由客户对评估结果进行签字确认。对于与股票相关或结构较为复杂的理财产品，商业银行尤其应注意选择科学、合理的评估方法，防止错误销售。商业银行对理财客户进行的产品适合度评估应在营业网点当面进行，不得通过网络或电话等手段进行客户产品适合度评估。

第三，要求商业银行规范产品宣传材料，加强产品宣传与营销活动的合规性管理。文件规定：商业银行理财产品的宣传和介绍材料中应全面反映产品的重要特性和与产品有关的重要事实，在首页最醒目位置揭示风险，说明最不利的投资情形和投资结果，对于无法在宣传和介绍材料中提供科学、准确的测算依据和测算方式的理财产品，不得在宣传和介绍材料中出现"预期收益率"或"最高收益率"字样。若产品的宣传和介绍材料中含有对某项业务或产品以往业绩的描述或未来业绩的预测，应指明所引用的期间和信息的来源，并提示以往业绩和未来业绩的预测并不是产品最终业绩的可靠依据，不得将以往业绩和未来业绩的预测作为业务宣传的最重要内容。

第四，要求商业银行切实做好信息披露。文件规定：商业银行在与客户签订合同时，应明确约定与客户联络和信息传递的方式，以及在信息传递过程中双方的责任，确保客户及时获取信息，避免导致客户因未及时获知信息而错过资金使用和再投资的机会。商业银行在未与客户约定的情况下，在网站公布产品相关信息而未确认客户已经获取该信息，不能视为其向客户进行了信息披露。

第五，要求商业银行构建客户投诉处理机制。文件规定：商业银行应建立全面、透明、方便和快捷的客户投诉处理机制。客户投诉处理机制应至少包括处理投诉的流程、回复的安排、调查的程序及补偿或赔偿机制。

2009 年 7 月，为进一步规范对商业银行理财资金的投资管理，增强商业银行的风险管理能力，保护投资者特别是广大中低收入投资者的利益，银监会又颁布了《关于进一步规范商业银行个人理财业务投资管理有关问题的通知》（以下简称"新《通知》"）。新《通知》突出强调了三点要求：

第一，商业银行应坚持审慎、稳健的原则，对理财资金进行科学有效的投资管理，尽责履行信息披露义务。新《通知》在客户分类方面也提出了原则性要求，要求商业银行将理财客户分为有投资经验客户和无投资经验客户，并要求仅向有投资经验客户销售的理财产品的起点金额不得低于 10 万元人民币，且不得向无投资经验客户销售。

第二，在投资管理方式上，新《通知》提出，商业银行可以委托其他金融机构对理财资金进行投资管理，前提条件是所委托的金融机构必须经过相关监管机构批准或认可，商业银行必须对其资质和信用状况等作出尽职调查，并经过高级管理层核准。新《通知》对于理财业务的会计核算和资金托管也提出了明确要求，商业银行对于计入表内的理财资产必须计提必要的风险拨备，加强对理财资金安全性的管理。

第三，在投资方向上，新《通知》对理财资金投资于固定收益类金融产品、银行信贷资产、金融衍生品和结构性产品等提出了具体要求，禁止理财资金以任何形式投资于境内二级市场公开交易的股票或与其相关的证券投资基金，以及未上市企业股权和上市公司非公开发行或交易的股份，督促和引导商业银行加强投资风险管理，不得将商业银行理财客户的资金用于投资可能造成本金重大损失的高风险金融产品，以及结构过于复杂的金融产品。此外，新《通知》中也明确提出，对于具备一定投资经验、风险承受能力较强的高资产净值客户，商业银行可以通过私人银行服务满足其投资需求，不受新《通知》所禁止投向的限制。

尽管我国相关监管部门实施了一系列法律、法规，为个人理财业务各方利益的保障奠定了较好的基础，但这些法律、法规仍然存在着不完善及不适应发展的地方。未来我国个人理财业务的监管工作将朝着统一监管标准，实行专业化、综合化监管的方向逐步改进和完善，为商业银行个人理财业务的长远发展保驾护航。

第三篇　私人银行篇

第十一章　私人银行业务概述

第一节　私人银行业务简介

一、私人银行业务内涵

（一）定义

私人银行业务是财富管理业务中最高端的服务，是为处在财富金字塔"塔尖"的富裕人群提供的一种私密性极强的综合性金融服务。私人银行的服务渗透到客户生活的每一个阶段、每一个细节、每一个角落。这从服务接受者的角度描述了私人银行业务的广度和深度。通俗地说，私人银行业务是"从摇篮到坟墓"、伴随终生的服务。对于富豪家庭的孩子，从其出生到接受教育，到打理庞大的继承财产，再到接管企业、运营企业，直至辞世前的遗产安排，私人银行业务都可以伴其左右，或许几代私人银行家几百年都在为同一个家族服务。

从私人银行业务提供的服务内容看，私人银行业务就是向高净值客户提供其所需的一切金融产品和金融服务，包括存款、贷款、个人信托、遗嘱处理、资金转移、开立转付账户、开立离岸账户，以及其他不向一般公众提供的金融服务。私人银行家会根据客户需求量身定制投资理财产品、对客户投资的企业进行全方位投融资服务，以及为客户及其家人提供教育规划、移民计划、合理避税计划、信托计划等服务。

关于其定义，目前尚无被广泛认可的说法。下面将列举几个业内较为常用的私人银行释义。

维基百科全书是这样定义的："私人银行一方面是指向高端客户提供的服务，另一方面是指向高端客户提供支票、储蓄、贷款等业务的机构。同时，'私人'还暗含着私人股权——一种社会公众难以在股票市场上买到的未上市公司股票，私人银行客户经常会获得这种机会，甚至他们能获得首次公开发行股票（IPO）的购买机会。"

1909 年成立的比利时刚果银行（Bank of Belgian Congo）认为："私人银行业务就是向客户提供的一系列服务，其特征在于其所提供的服务质量比向一般零售客户提供服务的质量更高。私人银行业务以量身定做的理念为基础，为投资和遗产继承提供建议，为交易行为提供积极支持，为资产相关业务提供解决方案。"

境外学者林·比克（Lyn Bicker）于 1996 年把私人银行定义为："私人银行是为拥有高额净财富的个人提供财富管理、维护的服务，并提供投资服务与商品，以满足个人的需求。"

2005 年 5 月 26 日，中国银行业监督管理委员会发布了《商业银行个人理财业务管理暂行办法（征求意见稿）》。在第九条中首次正式提出了私人银行的概念，并在第十条中作出如下定义："私人银行服务，是指商业银行与特定客户在充分沟通协商的基础上，签订有关投资和资产管理合同，客户全权委托商业银行按照合同约定的投资计划、投资范围和投资方式，代理客户进行有关投资和资产管理操作的综合委托投资服务。"

随着银行业的发展，私人银行这一概念的内涵和外延都在不断延伸。根据国际和国内银行业开展私人银行业务的实践，本书认为：私人银行业务是面向高净值客户及其家庭提供的、以财富管理为核心、以投资研究为手段、以高层次人才为支撑、以专业化服务为特色的高端个性化综合金融服务。

（二）服务对象

私人银行业务的目标客户是富有的私人顾客，这些顾客有富裕的资产或很高的收入，有较强的对资产保值、增值的需要，但由于精力和专业知识所限，需要专业而又具有较高安全性的服务来为其实现资产增值和其他方面的多样化需求。

根据西方银行业的服务分类，银行可分为以下几类：第一类是大众银行（Mass Banking），它不限制客户资产规模；第二类是贵宾银行（Affluent Banking），它一般要求客户资产在 10 万美元以上；第三类是私人银行（Private Banking），它要求客户资产在 100 万美元以上；第四类是家庭办公室（Family Office），它要求客户资产在 8 000 万美元以上。表 11-1 为国际上针对个人银行客户所作的四个层次的标准和业务划分。

表 11-1　　　　　　　　个人银行客户层次标准和业务划分

大众银行	贵宾银行	私人银行	家庭办公室
10 万美元以下	10 万~100 万美元	100 万美元以上	8 000 万美元以上
提供低端个人理财业务，如证券、外汇、保险等普通理财产品	面向中端客户提供相对比较综合的个人理财产品和服务	由专职财富顾问为富有阶层提供个性化投资及宽泛的资产管理服务	由顶级财富管理团队提供全面的家族资产综合管理专属服务

在国外，私人银行开户金额的底线通常是 100 万美元，并且每一笔交易的金额常以几十万美元为单位。当然，各家国际性的大银行有不同的标准。例如瑞士银行、花旗银行和汇丰银行，客户至少要拥有 100 万美元可以进行投资的资产，才可以在私人银行部开户；美国最大的私人银行摩根大通，开户底线是 500 万美元；而摩根士丹利私人银行部，除了有高达 500 万美元的最低开户限额之外，还要求其私人银行客户最低净资产达到 2 500 万美元，同时必须拥有 1 000 万美元流动资产，这些人多是社会上真正的超级富豪。

一般而言，私人银行客户存入银行的资金介于 200 万至 500 万美元之间。许多拥有上千万美元甚至上亿美元的富豪往往会通过两个或两个以上私人银行为其服务。

(三) 服务内容

私人银行服务是银行服务的一种，是专门面向富有阶层提供个人财产投资与管理的服务。

私人银行的基本服务是投资顾问、咨询和资产管理，由专业的私人银行家针对客户的多样化需求提出个性化的综合解决方案。私人银行服务还可以通过设立离岸公司、家族信托基金等方式为顾客节省税务和金融交易成本。私人银行服务往往综合了信托、投资、银行、保险、税务咨询等多种金融服务。在 2008 年金融危机之前，美国私人银行业年均利润率可达到 35%，年平均盈利增长达到 12%~15%，远远优于一般的零售银行业务。

私人银行业务可划分为在岸金融业务和离岸金融业务。离岸金融业务是指银行吸收非居民——主要包括境外（含港、澳、台地区）的个人、法人（含在境外注册的中资企业）、政府机构、国际组织的资金，为非居民服务的金融活动。从严格意义上讲，离岸金融业务就是不受国内当局银行法管制的资金融通业务，无论这些活动发生在境内还是在境外。在岸金融业务相对于离岸金融业务而言，就是指在传统国内市场的金融机构从事的金融活动，它要受到货币发行国中央银行的管辖、干预。

以存款计算的私人银行业务，在岸金融业务与离岸金融业务的比例大约为2:1。北美是全球最大的私人银行在岸金融业务市场，估计该地区的私人银行所管理的现金及流动资产占全球在岸金融业务的50%以上；其次是欧洲，欧洲私人银行经营的业务约70%属于在岸金融业务，高于全球平均水平；再次是日本及亚太地区。

（四）服务方式

专业的私人银行服务是一种"管家式"的贴身服务，它强调服务的私密性和全面性。私人银行家（客户经理）需要充分了解客户的投资特点、生活方式和兴趣爱好，能从客户生活的各个方面了解客户，和客户建立高度的信任关系，理解并能够根据客户需求提出综合解决方案。

二、历史起源

由于私人银行自诞生伊始就具有神秘色彩，因而历史上对私人银行起源也缺乏统一的说法，但大部分的说法都认为其起源于三四百年前欧洲古老而显贵的家族。其庞大的组织机构及大量的财富需要由家族信任的专业人士协助打理，于是出现了一批忠心耿耿的银行家、律师、会计师，他们进驻这些家族最隐秘的部分，全心全意为整个家族打理诸如投资、避税、遗产规划等金融事务。就这样年复一年，家族成员从小孩变成老人，这些银行家、律师、会计师也由壮年慢慢变老，然后他们负责的业务会亲手交接给自己培养的接班人。时光不能冲刷的是他们对这些家族的绝对忠诚和隐私保护，他们秉承"从摇篮到坟墓"的服务。这就是最早的、最传统的私人银行。最具有代表性的私人银行是英国著名的 Grosvenor Estate 银行，这个银行为西敏斯公爵家族服务了三百多年。

说到私人银行的起源，不得不提到瑞士。一种普遍的说法认为，私人银行业务起源于16世纪的瑞士日内瓦。16世纪中期，法国一些经商的贵族由于宗教信仰原因被驱逐出境，来到瑞士的日内瓦，也同时带来了与其他欧洲国家权势阶层的密切联系和客户关系，正是他们形成了第一代的瑞士私人银行家。欧洲的皇室高官们开始享受这种私密性和优越感很强的金融服务，享受这种服务带来的高度金融自由。

在瑞士有家名为"隆巴德·奥迪耶·达里耶·亨奇"的银行，私人银行界流传着这么一句话："如果你没听说过这家银行的名字，最大的原因就是你还不够富有。"这家银行在全世界有20个分支机构，遍布15个国家，提供包括私人财富管理、投资银行和专业投资者服务三项内容的服务，其中私人银行业务收入占了总收入的60%。

瑞士是全球私人银行业的中心，对于这个国家来说，打理富裕人群的财富是一笔大生意，金融业创造的价值占该国国内生产总值的13%左右。私人银行业只是金融业的一部分，但这个高利润业务不仅对各家银行的收益至关重要，也是瑞士直接和间接就业机会的重要源泉。人们估计，在全球大量秘密的私人财富中，这个因政治中立、经济稳定而备受青睐的阿尔卑斯山地国家占了约1/3。

三、发展沿革

私人银行业于16世纪登上历史舞台之后，慢慢发展并逐步形成自身的服务体系和特点。18世纪受惠于工业革命的影响，伦敦的银行开始向经商的富裕家族提供管理财富的特殊服务。其后不久，美国开始崛起，并迅速成为世界头号工业强国，创造了大量财富，同时也涌现了大批富翁。花旗银行和JP摩根银行开始为富翁们提供他们需要的特殊银行服务，私人银行服务于是得到了迅速发展，逐步演变为向高净值客户提供内容丰富的产品和金融服务。

人们认为家庭办公室（Family Office）是私人银行服务的最高级形式。一些古老而富有的家族，雇用了许多律师、会计师和私人银行家为家族打理投资、避税、收藏、遗产等各个方面的事务，直到遗嘱被继承。

一些瑞士私人银行在18世纪刚刚发展起来时，也类似于家庭办公室，不过也有资料显示，现代家庭办公室的先驱出现在文艺复兴时期的意大利。但真正的现代家庭办公室的成熟是在19世纪的美国，直接诱因是当时工业革命创造出了许多庞大的财富帝国——洛克菲勒、卡内基、杜邦等大亨，他们均建立了家庭办公室，家庭办公室起初是管理他们的个人财务，有一些后来开始为他们的朋友提供服务，再后来就更加正式，开始为其他富有家庭提供服务。

时光飞逝，随着近一百多年全球经济的飞速发展，顶级富有的人群不再是那些继承了大笔遗产的贵族后代，而变成了一批又一批通过自己创业而成为全球财富巨头的企业家，他们的财富规模迅速扩张，他们对财富的渴望和需求也远远超越了简单的投资、避税和遗产规划。他们需要放眼全球金融市场，创造多元化的投资组合，尤其在企业金融和投资银行方面，他们需要在海外投资或从事商业活动，需要在离岸避税、金融投资、遗嘱制定、艺术品收藏、奢侈品购买、慈善捐助、移民计划、信托计划、子女教育等诸多方面全面考量。现代私人银行便是基于这些多样化的需求而产生的。

而今，众多银行和金融机构都提供私人银行服务。服务提供的方式一般以信托管理服务或投资服务为承载，辅之以传统银行业务。随着现代经济学和 IT 的发展，该业务在服务方式、业务重点、组织架构、产品等方面也在不断发展之中。由于该行业带有很强的私密性，目前全球的私人银行市场规模难以准确计算。近几年，波士顿咨询公司（BCG）、普华永道（PWC）、美林凯捷、华尔街日报、英国金融时报等咨询及财经机构经常发表有关专题报告对该市场的规模进行测算。其认为 2009 年末此市场的规模在 30 万亿美元左右。而 1986 年时该市场只有约 4.3 万亿美元，也就是说，它几乎以平均每年 30% 的速度增长，因而私人银行业务是世界规模最大的一项单一金融业务。

第二节　全球私人银行市场概述

一、全球私人财富市场增长速度

根据波士顿咨询公司（BCG）发布的《2010 年全球财富报告》，2009年，在全球范围内，百万美元资产家庭占所有家庭的比例不到 1%，但这些家庭所拥有的财富占全部私人财富的比例从 2008 年的约 36% 增加到 2009 年的约 38%，这些家庭在三个地区——北美、中东及非洲拥有的财富超过财富总额的一半以上。2009 年，百万美元资产家庭数量增加约 14%，达到 1 120万户，总体数量接近 2007 年末的水平，百万美元资产家庭数量在所有地区增率在 12% ~ 16%（以所有家庭的管理资产额计算的全球财富在 2005—2008 年的年增长率分别为 8.8%、9.5%、10.1% 和 -11.7%）。2009 年末，中国百万美元资产家庭数量排名全球第三（见表 11 - 2）。

表 11 - 2　　　　　　　全球百万美元资产家庭数量　　　　单位：千户

国家和地区名称及排名	百万美元资产家庭数量
1. 美国	4 715
2. 日本	1 230
3. 中国	670

续表

国家和地区名称及排名	百万美元资产家庭数量
4. 英国	485
5. 德国	430
6. 意大利	300
7. 瑞士	285
8. 法国	280
9. 中国台湾	230
10. 中国香港	205

资料来源：2010 年波士顿咨询公司（BCG）全球财富管理市场规模数据库。

经波士顿咨询公司（BCG）预测，从 2009 年末到 2014 年间，全球财富年均增长率为 5.8%，大大低于 2009 年全球财富总额强势复苏速度以及 2004 年至 2007 年间的强劲增长率，但仍高于 2004 年末至 2009 年间全球财富 4.8% 的年均增长率。

二、全球私人财富增长的影响因素

21 世纪以来，全球经济飞速增长，私人财富节节攀升，全球各大富豪榜单的财富数量屡创新高。全球财富增长主要受到以下四大因素的驱动。

（一）经济全球化步伐的不断加速

经济全球化的进程早已开始，20 世纪 90 年代以后开始加速，特别是进入 21 世纪，随着世界贸易和跨国公司的快速发展，经济全球化的进程大大加快了。

经济全球化使得国际贸易飞速发展，因此大批工业企业的企业主和能源贸易商拥有了大量财富，成为全球富豪的重要力量，例如常居福布斯富豪榜前十的钢铁大王拉克西米·米塔尔和印度信诚工业集团董事长穆凯什·阿姆巴尼。在 2010 年 3 月《福布斯》杂志揭晓的富豪榜单中，年度"增值"最多的富豪就是巴西矿业和石油巨头艾克·巴蒂斯塔，他一年内财富增加高达 195 亿美元。

（二）信息科技的日渐发达

信息科技（IT）是 21 世纪的高频词，它具有极强的渗透力，给社会、经济、政治、文化、生活娱乐等各方面带来了巨大的、全方位的变革，它是世界经济在 21 世纪获得飞速增长的重要因素。

信息科技已渗透到几乎所有重大科技领域，成为科研和技术开发不可缺少的技术手段，是 21 世纪新经济竞争不可或缺的工具。信息科技行业的激烈竞争，在逐步优化行业自身的同时，有力地推动了整个世界经济的发展。信息获取更为便利，各种各样的交易过程更为快捷，生产技术因此得到不断更新，生产效率获得极大提高。

全球富豪中，不乏 IT 行业的从业者。例如，曾连续 13 年排名福布斯富豪榜榜首的比尔·盖茨，还有常居三甲并在 2010 年 3 月发布的福布斯富豪榜中成为 2010 年度世界首富的墨西哥电信业大亨卡洛斯·斯利姆·埃卢，他拥有资产 590 亿美元，他名下企业的总市值占到墨西哥股市总市值 3 660 亿美元的近一半，而其个人所拥有的财富总额相当于墨西哥国内生产总值的 8%。

（三）金融创新的深入发展

尽管金融创新是金融危机的罪魁祸首，但不可否认的是，金融创新的快速发展，是推动世界经济从 2000 年至 2007 年快速增长的重要因素。

与实业资本不同，金融资本具有高杠杆性和高风险的特征，杠杆性是指能以较低的成本撬动较高的收益，这是金融资本的独特性质。金融创新的发展，使得杠杆程度不断提高，从而资本可以在短期内翻番乃至获得更大程度的增长。全球私人财富在这种"爆发式"增长的驱动下快速增长。

大批富豪在金融创新福音的波及下应运而生。例如 2008 年以资产 620 亿美元问鼎福布斯富豪榜榜首的沃伦·巴菲特，在 2009 年和 2010 年的富豪榜中依然保持三甲地位，这显示了金融投资和金融创新的独特魅力。

（四）时尚服务业的全面发展

之所以称为时尚服务业，是因为它所提供的是与奢侈品、红酒、艺术品、高档住宅装饰、奢华高贵的酒店及度假服务相关的蕴涵时尚和品位等软性特点的专业服务。

随着富豪财富的不断增加，他们开始更多地关注生活和休闲，并通过各种资讯、购物不断提升生活水平，改善生活质量。时尚服务业就是为高端人群提供这类服务，它的高级形式是定制化服务。路易威登、香奈儿、时尚芭莎、澳大利亚巴罗莎山谷的奔富格兰奇（Penfolds Grange）酒庄、富人的专属运动高尔夫、阿联酋迪拜七星级的帆船酒店等，近年来在世界上的影响力不断扩大，不断点缀富人们时尚高贵的生活方式。

时尚服务业的快速发展，不仅提升了全球富翁们的生活质量，也诞生出这个行业自己的富豪。在 2009 年福布斯亿万富翁榜上有一位是美国葡萄酒大亨，他是加州肯德尔杰克逊酒庄的老板肯德尔杰克逊，他以个人财富 18.5

亿美元荣登 2009 年福布斯亿万富翁榜；瑞典宜家创始人英瓦尔·坎普拉德经位居福布斯富翁榜的前十名。

三、现代全球私人银行市场的地域特色

不同的地区和国家处于市场发展和成熟的不同阶段，并且由于各地资源和市场的差异，每个国家和地区推动财富增长的因素也不同。因此，富裕阶层在不同地区和国家的成长路径不同。下面本文将分析私人银行市场在不同地区呈现出的发展特色。

（一）北美地区

北美地区是世界最大、最成熟、竞争最激烈的财富市场，在美国和加拿大，经济和劳动生产率的持续强劲增长是财富增长的重要推动因素。

这里的私人银行业采用"私人投资办公室"的全面金融服务模式，受金融市场影响大。北美富裕人士的投资风格较为激进，他们乐于参与投资决策并发挥积极作用，他们会公开谈论财富、投资决策、投资战略，他们寻求高质量的、客观理性的投资建议，他们的资产组合包括更多的股权投资，他们善于寻找各种金融信息，善于运用金融规划工具。

（二）西欧地区

西欧地区拥有最成熟的私人银行市场。与美国不同，这里拥有很大一部分"旧"财富——主要是与遗产继承和其他更传统的资产增长相联系的财富，而并不是企业创造的财富。

西欧地区，尤其是德国和意大利有很多的企业是私有的，许多家庭持有这些企业的股权。在西欧一些国家，财富与土地紧密联系，造成流动性的缺乏。在西欧地区，全能型银行和大量小型独立银行占据主要地位，这里的私人银行客户投资策略偏保守。他们委托私人银行管理财富时，往往都带有倾向性的投资指令，绝大多数客户的首要要求是保护财富。

（三）中欧和东欧地区

中欧和东欧地区稳定的政治、经济环境，外国直接投资、资本利得及劳动生产率的提高，是中欧和东欧地区财富创造的重要因素。

由于市场自由化、低通货膨胀率和低利率、企业家和小企业数量增长，以及可支配收入快速增长等原因，一批富裕的中产阶级应运而生。他们在公司业务中常与外国银行打交道，并向其咨询投资事务，他们倾向于资产多样化和资产保值，偏好低风险、固定收益资产和不动产。

（四）拉丁美洲

近年来，拉丁美洲自由的投资环境、开放的银行体系、离岸贸易和服务行业的发展，带来了私人财富的巨大增长。

由于拉丁美洲地域特点、社会环境、顾客的特殊要求，私人银行在开展业务时要特别注意的因素有通货膨胀、政府将资产国有化和没收或征用、外汇管制、资本溃逃、强制继承、移民计划、恐吓等。对拉丁美洲顾客而言，在与私人银行的交往中匿名处理是非常重要的，他们在业务交往中重视关系，程序简单，只有少许书面文件。资产保值是大多数拉丁美洲私人银行客户的根本目标。几十年来，拉丁美洲的高端客户都热衷于把钱转移到美国、欧洲以及一些离岸市场上。

（五）亚太地区

亚太地区经济自20世纪70年代以来高速发展，社会财富伴随着高储蓄率迅速积累。亚太地区人口充足，外贸经济发达，有大量外国资本流入，房地产业、银行业和国际贸易是该地区财富增长的关键因素。

日本、中国、新加坡、中国香港、中国台湾、韩国、印度是亚太地区财富较为集中的主要区域。与这些区域的客户建立关系主要基于相互信任、成功的预期、愉快的业务交往等，而专家的理财经验还没有成为主要的因素。

（六）中东和阿拉伯地区

这部分地区典型的特征是石油拉动的经济增长，财富高度集中在很少的几个家族手中。这些家族企业将财富分散投资于各个经济领域，并成立许多子公司，大部分家族都是连续几代继承财富。

这些家族的后代接受过良好的高等教育，他们谨慎地选择私人银行，要求高质量的金融服务。这一地区拥有私人银行最高端的家庭办公室服务，有的办公室雇用了几十个人分散在海湾地区、欧洲和美国等地，收集最新的金融市场信息。

第三节 中国私人银行业务市场的概述

一、中国私人银行业务市场发展的现实背景

（一）中国私人财富积累迅速

伴随着经济的快速发展和居民财富的增加，中国涌现出数量庞大的高净

值人群，私人银行业务在中国前景光明。2004 年至 2007 年间，中国财富市场经历了飞速的发展；而在 2008 年市场总体增速放缓的情形下，国内高净值家庭的数量与财富依然增势不减。截至 2008 年末，家庭金融资产达到 50 万元的中高端家庭数量已达到 643 万户，财富规模已超过 20 万亿元人民币。其中，金融资产达到 800 万元的家庭达到 40 万户，金融资产规模达到 11 万亿元人民币。

2009 年全球财富市场呈现止跌企稳的趋势，增长 11.5%，达到 111.5 亿美元。中国的财富市场增长了 28% 左右，达到 5.4 万亿美元，是世界上增长最快速的财富市场之一。百万美元资产家庭的数量从 2008 年末的 417 000 户增加到 670 000 户，增长 60%，位列全球第三，仅次于美国和日本。

中国奢侈品市场的繁荣是个人财富增长的重要表现。在 2009 年全球奢侈品资产集体缩水的状况下，我国奢侈品消费依然保持了强劲增长。世界奢侈品协会发布的《2009—2010 年全球年度报告》显示，2009 年中国奢侈品市场增长了近 12%，2009 年全国奢侈品消费总额达到 96 亿美元，占全球市场份额的 27.5%，首次超过美国，直逼日本，稳居世界奢侈品消费大国亚军宝座。并且，波士顿咨询公司预测，2015 年中国奢侈品消费将达到 146 亿美元，占全球 32% 的份额，中国将成为世界最大的奢侈品消费市场。

（二）私人财富集中度高

中国的财富分布比较集中，少数的家庭掌握着大量的财富。2008 年末，金融资产总额在 50 万元以上的家庭总和只占全国家庭数的约 1%，但占据了全国家庭总财富的 70% 左右，而占全国家庭数不到 1‰ 的"高端家庭"，即金融资产总额在 800 万元以上的家庭，却占据了全国家庭总财富的 40% 左右，并且在现有政策环境和投资环境下，这一比率未来还将逐年增大。

（三）高净值人群地域分布集中趋势明显

中国的绝大多数高净值人群集中分布在少数几个重点省市地区。这些地区包括全国的经济、政治、文化中心北京，出口外向型企业众多、民营经济基础好的广东、江苏、浙江等东南沿海区域，以及内需强劲、经济一直保持较快增长且增速平稳的河南、山东等人口大省。私人财富地域分布的不均衡性使我国商业银行在私人银行业务开展初期能够确定率先发展和重点发展的区域。

2010 年末，全国共有 5 个省市的高净值人群数量超过 3 万人，分别为广东、上海、北京、浙江和江苏；有 10 个省市的高净值人群数量处于 1 万～3

万人，分别为山东、辽宁、四川、福建、河南、河北、天津、湖南、湖北和安徽，其余省市的高净值人群数量少于 1 万人。较之 2008 年，高净值人群数量过万的省市新增 4 个，分别为天津、湖南、湖北和安徽，总数达到 15 个。

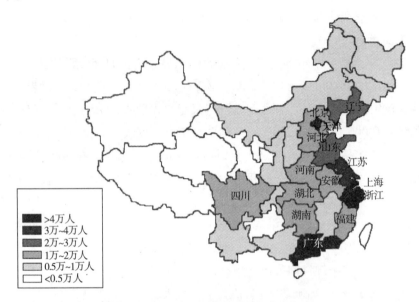

资料来源：《2011 年中国私人财富报告》，招商银行与贝恩咨询公司。

图 11 - 1　2010 年末中国高净值人群①地域分布

2008—2010 年，全国共有 5 个省市的高净值人群数量年增长率超过 30%，分别为天津、辽宁、湖南、四川和湖北；有 3 个省市的高净值人群数量年增长率介于 26%～30%，分别为福建、山东和安徽；北京、上海、江苏等省市的高净值人群数量年增长率介于 16%～25%。环渤海地区的天津、辽宁、山东三省市和中西部的湖南、四川、湖北、安徽四省增速超过 25%，快于上海、江苏、浙江、广东等东部沿海省市。另外，从绝对数量和增量上讲，广东、上海、北京、浙江和江苏五个省市仍然占据绝对优势，2008—2010 年间新增高净值人群均超过 1 万人，拥有的高净值人群总规模均已超过 3 万人；从比例上看，超过 40% 的新增高净值人群分布于这五个省市，全国近 50% 的高净值人群集中于这五个省市。

---

①　此图中的高净值人群是指可投资资产超过 1 000 万元人民币的个人，图 11 - 2 同。

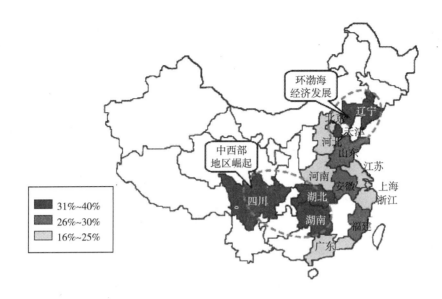

资料来源：《2011 年中国私人财富报告》，招商银行与贝恩咨询公司。

图 11 - 2　2008—2010 年中国高净值人群增速区域比较

二、中国私人银行业务的市场规模和增长预测

在中国，财富管理是一个相对较新的概念，仅在过去十年才开始出现，但已经与中国财富的增长亦步亦趋。2002 年中国百万美元资产家庭数量仅为 130 000 户，而到 2009 年则已增加到 670 000 户。近五年间，全国高端家庭和财富市场快速增长，增长率都大于一倍，这为私人银行业务的开展积累了良好的市场基础。

根据波士顿咨询公司（BCG）《2010 年中国财富报告》，在全球财富经历 2008 年 - 11.7% 的下降时，中国财富市场的下降率仅为 - 2.3%，而在 2009 年全球经济形势止跌企稳，财富增长率达到 11.5% 之时，中国财富市场的增长高达 28%。据其预测，从 2008 年起，中国百万美元资产家庭的数量将以年均 13.6% 的速度增长，至 2013 年将达到 78.8 万户，同期中国百万美元资产家庭的财富年均增长率为 17.5%，到 2013 年将达到 3.49 万亿美元，私人银行市场在中国有巨大的发展潜力。

此外，由于中国的财富高度集中于广东、上海、浙江、北京、江苏和山东这六大地区，政府正致力于将经济增长范围扩大到这些地区以外的区域，以创建一个更加平衡的经济发展模式。在中国"十二五"规划（2011—2015

年）中，中西部地区将吸引更多的投资，二三线城市将创造越来越多的财富。这将为财富从沿海地区扩展到内陆地区打下坚实的基础，私人银行业务向中西部地区的拓展和推进也指日可待。

三、私人银行业务在中国发展的意义

私人银行作为一种全新的概念在中国最富有的阶层中受到了广泛的关注，虽然私人银行业务在我国尚处于起步阶段，但却是一个获得多方面支持和有着良好前景的朝阳产业，未来发展空间广阔。

（一）巨大的财富市场为私人银行业务的发展提供了良好的环境

近年来中国市场私人财富的快速积累为私人银行业务的发展提供了良好的发展环境和客户基础。众多中资银行、外资银行近年来纷纷抢滩中国私人银行业务，仅在过去的 3 年中，就相继有近 20 家中外资银行在中国陆续开展私人银行业务。

尽管如此，已有的私人银行业务渗透率依然较低，服务水平尚处于初级阶段。由于受到全球金融危机的冲击，高净值人群更深刻地认识到市场风险和资产配置的重要性，也越来越趋向于接受私人银行提供的投资建议和服务。

（二）客户投资理财观念的强化酝酿了私人银行业务的需求

随着资本市场的发展，客户投资理财观念不断强化，而多数高净值人群事业繁忙，需要私人银行家为其理财，实现资产保值和增值。根据贝恩咨询公司调查，国内约70%的高净值人群具有理财需求，需要专家为其提供专业的理财建议，为其进行理财规划。

而从现状来看，目前私人银行业务在高净值人群中的渗透率较低。根据招商银行和贝恩咨询公司发布的《2009 年中国私人财富报告》的调查，超过80%的富人完全没有听过私人银行，或者对其认识不清、理解有误，也不知道私人银行可以提供什么与众不同的服务。有些客户不愿意使用私人银行服务，怕泄露其真正的财富水平；有些客户不能区分零售银行服务与私人银行服务；甚至还有些客户将其误解为"私营"的银行而感到缺乏可靠性。因此，该业务还有很大的需求潜力。

（三）金融市场的激烈竞争是私人银行业务发展的推动力

中国巨大的财富市场使得中资银行之间、外资银行之间、中资银行和外资银行之间在私人银行客户市场上都展开了激烈的竞争。同业的竞争无疑将加速对客户服务品质的提升和市场的完善，推动整个私人银行业不断发展。

随着商业银行逐渐向金融控股集团发展，私人银行综合经营的态势更加明显，并且国内证券公司、信托公司和私募基金管理公司也针对私人银行客户扩张直销业务，商业银行面对越来越多的竞争者。但商业银行可以充分运用广泛的渠道开展业务，增强自身在金融市场上和高端客户市场上的竞争力。

（四）金融危机带来的客户投资态度的变化是国内私人银行业发展的重要契机

中国的高净值人群在金融危机中遭受的损失虽然有限，但他们也深刻意识到风险控制的重要性，开始强调"追求回报的同时控制风险"。这样的改变，使他们更容易接受私人银行"保值、增值"的概念，在风险可控的前提下获取一定收益。同时，他们的投资理念也由单纯强调产品和回报转向接受"资产合理配置"，并希望通过多元化投资分散风险。

因此，金融市场的变化使中国的高净值人群对私人银行业务产生了很大的潜在需求，他们希望依托银行的稳健经营和专业研究能力，将其作为可信赖的信息渠道之一，获得专业的理财建议。

第十二章　私人银行业务竞争格局

第一节　国外私人银行业务的发展状况

一、大型银行集团的私人银行

2007 年末，全球管理资产超过 1 万亿美元的私人银行有 3 家，依次是瑞士银行、花旗银行和美林银行。管理资产超过 1 000 亿美元的私人银行有 27 家。其中，瑞士银行的市场份额排名第一，为 14.8%。

从全球角度看，私人银行业的行业集中度较低。调查数据揭示了私人银行业务的分散度（见表 12 - 1）。尽管前十大银行管理了前 400 大私人银行 63% 的总资产，但它们管理的高净值资产却不足 20%。

表 12 - 1　　　　2007 年末全球十大私人银行排名及份额概况

排名	机构	公司管理资产规模 （10 亿美元）	市场份额① （%）	占高净值人群资产份额（%）
1	瑞士银行	1 608	14.8	4.5
2	花旗集团	1 438	13.3	4.0
3	美林集团	1 209	11.2	3.3
4	瑞信银行	642	5.9	1.8
5	摩根大通	465	4.3	1.3
6	摩根士丹利	450	4.2	1.2
7	汇丰银行	408	3.8	1.1
8	德意志银行	249	2.3	0.7
9	美联银行	206	1.9	0.6
10	瑞士百达银行	192	1.8	0.5
前 10 名合计		6 867	63.5	19.0
前 400 名合计②		10 840	100.0	30.0

注：①市场份额根据全球 400 大私人银行管理资产规模作为基准计算。
②数据来源于 Global Wealth Management Businesses Continue to Surf Wave of Prosperity, Scorpio Partnership's Private Banking Benchmark , 2007。
③数据采用四舍五入的处理，合计占比数据存在一定出入。
资料来源：根据各银行 2007 年年报数据整理。

下面来看一下全球十大私人银行中有代表性的大型银行集团。

（一）瑞银集团：打造全球财富管理的旗舰

瑞银集团于 1998 年 6 月由瑞士联合银行（Union Bank of Switzerland）和瑞士银行公司（Swiss Bank Corporation）合并成立，两年之后兼并了美国的证券经纪商普惠（Paine Webber），此后，这一新组建的大银行采取了统一的品牌标识。瑞银集团是全球领先的金融企业之一，在全球各大主要金融中心都开展业务，在全球 50 多个国家设有办事机构，其业务范围和品牌影响力几乎覆盖了全球。

从某种意义上讲，瑞银集团是一个新企业、新品牌，但是它具有悠久的历史渊源。在瑞士的 Valposchiavo，一个瑞银集团的分支机构甚至可以追溯到 1747 年。即便是瑞银集团的核心成员，也可以追溯到 19 世纪下半期。在瑞银集团的成长过程中，它先后进行了多次并购，每次并购都给整个企业注入新的活力与内涵。

（二）花旗集团：优质、全方位的服务能力

2001 年 2 月 5 日，花旗银行私人银行宣布正式更名为花旗集团私人银行，新名字反映了其可以向客户提供花旗集团全部产品和服务的能力。

作为世界上最大的私人银行之一，花旗集团私人银行充分运用整个集团的资源来开展私人银行业务，通过遍布 30 多个国家的近 500 名私人银行家和 300 名产品专家向客户提供个性化财富管理服务。

花旗集团拥有优质、全方位的服务能力和无处不在的客户服务措施，有健全的客户关系管理制度和开展客户服务理论研究的能力。在金融危机之前，私人银行业务是花旗集团各项业务中投资资本回报率最高的业务。花旗集团私人银行拥有为福布斯亿万富翁排行榜上四分之一的富豪服务的经验，在全球拥有接近 3 万名私人银行客户。2006 年 4 月，花旗中国的私人银行部在上海成立，门槛是国际标准的 1 000 万美元。

在金融危机中，花旗集团的中国业务波动不大，并且花旗中国于 2010 年初表示还会继续加大对中国市场私人银行业务投入的力度。2010 年 2 月 25 日，花旗集团的私人银行部门和华润集团合作推出两只房地产基金，该房地产基金筹集约 5 亿美元的资金。

（三）汇丰集团：打造最优的本土银行

汇丰集团在世界上 79 个国家和地区拥有 9 500 多个网点。如同汇丰集团"全球服务，当地智慧"的理念一样，汇丰私人银行也非常重视地方特色。

首席执行官 Clive Bannister 指出："我们直截了当的一个理念就是，建设一个完全符合所在经营地的、适应不同地方状况的国际性私人银行，因为我们是世界上最大的'当地银行'。我们既要开展在岸业务，又要开展离岸业务；既要发挥自身是一个内在一致主体的优势，又要充分发挥汇丰集团的优势，最大限度地发挥交叉销售的好处。此外，还要充分发挥我们是顶级服务而非一般财富管理的优势。"

汇丰集团在 20 世纪的私人银行业务错综复杂，管理体系不清，每年税前利润仅在 8 000 万美元左右。当汇丰集团意识到发展私人银行业务的重要性之后，便通过一系列兼并和收购，迅速成为业界的领军人物，盈利水平和管理资产都在业界前列。如今，汇丰集团的大部分私人银行业务都集合到开设在瑞士的控股公司——汇丰私人银行。在同一机制、同一品牌之下，内部运作更为协调。

2008 年 3 月，汇丰银行（中国）有限公司在中国正式推出私人银行服务，目标客户为拥有 1 000 万美元净资产且其中可投资资产达 300 万美元的客户群体，开立汇丰私人银行账户的最低存款额为 100 万美元。

汇丰私人银行追求更加开放的客户关系，在管理客户财富的方式上也是开放的，没有拘泥一格的投资方案；在设计投资方案方面，汇丰私人银行会与其他公司和专家合作。汇丰私人银行对世界上不同文化和市场有着深入的了解，能够在国内、国际市场上发现并利用机会。

二、小型专业化的私人银行

说起私人银行，除了上述瑞银集团、花旗集团这些金融帝国之外，在私人银行的发源地瑞士还有些独立的小型私人银行，它们的名字虽不是众人皆知，但它们管理着巨额财富。而且，这些银行皆为世代传承的家族企业，绵延了数百年，至今仍保留着古典私人银行的尊贵血统和高尚品质，是私人银行界的"蓝血贵族"。

与瑞银集团、花旗集团、汇丰集团、瑞信集团等金融巨头的私人银行相比，瑞士传统的小型专业化私人银行就像那些独立于洲际、万豪、希尔顿等酒店集团之外的奢华精品酒店一样，在喧嚣的财富世界里悄然独立，散发着迷人的贵族气息。有人将这类小型的专业化私人银行称为精品银行，它们的服务私密、安全、专业、精致，同时也极具个性化，堪称私人银行业永恒的典范。

（一）瑞士的百达银行：坚持合伙制

百达银行总部位于日内瓦，是瑞士最大的专业私人银行之一，其客户囊括了前 1 000 位欧洲上流社会最为知名、富有的家庭，覆盖了欧洲大部分显赫家族。截至 2009 年末，该行管理与托管的客户资产总额达 3 750 亿美元，可谓专注于顶尖服务的私人银行代表。

作为传统私人银行翘楚的百达银行，其作风毫不张扬。虽然这家成立于 1805 年的独立私人银行管理的资产在瑞士名列前茅，客户覆盖了欧洲最知名、最富有的家族，但它从来不以银行巨头自居，它与客户的关系非常直接亲密，通常也会避免作公开宣传。

百达银行自 1805 年创建至今一直实行合伙制，目前由 7 位普通合伙人承担无限责任。2006 年 3 月，百达银行进军亚洲市场，在中国香港和新加坡建立分支机构，之后不久，又在日本东京建立了分支机构。截至 2009 年末，该行在全球共有 20 家分支机构，员工超过 3 000 名。

自建立伊始，百达银行仅仅专注于管理私人及机构投资者的财富，不从事任何形式的投资银行业务，不发行任何商业票据，不发放任何抵押贷款和无担保贷款。百达银行的服务领域包括私人银行、机构资产管理、基金运作管理、全球监管和投资者服务、家庭办公室、独立资产管理人服务。

（二）瑞士的 Hottinger 银行：坚持由创业者的直系后裔经营，专注于传统的私人银行服务

Hottinger 银行是一家拥有 220 多年历史的家族私人银行，是瑞士私人银行协会的 14 家会员之一，由瑞士银行监督管理部门负责监管。由于银行属于家族所有，所以 Hottinger 家族对银行承担无限责任。

作为私人银行，它为个人和一些小型机构提供私人银行服务，在欧洲之外，还在美国、加拿大和巴哈马等地设有分支机构。20 年前，Hottinger 银行成立了 Swiss Helvetia 基金，并在纽交所上市，1998 年以来，其业绩在同类基金中名列第一，六次荣获理柏奖。另外，它还在欧美其他市场发行并管理着十余只基金。因为 Hottinger 银行的家族属性，它为客户投资相当于为自己投资。

Hottinger 银行之所以经历过很多危机仍能够生存下来，善于处理危机是很重要的原因。Hottinger 银行旗下的基金在金融危机席卷全球的 2008 年仅亏损 5%，这一成绩得益于其稳健的投资风格。

通过运用 Hottinger 集团内巨大的知识库和资源，它能够为当今全世界富

有的家庭提供完整的高质量专业咨询服务，包括慈善事业、金融工程设计和高度复杂的国际信托和不动产规划。

第二节　中国私人银行的发展状况

一、整体竞争格局

2007 年 3 月，中国银行与苏格兰皇家银行集团（RBS）合作推出中国银行私人银行业务，开创了国内中资银行私人银行业务的先河。随后，另外两家国有商业银行——中国工商银行和中国建设银行，以及一些股份制商业银行，如招商银行和民生银行等也开展了私人银行业务。花旗银行和法国巴黎银行在 2007 年初就宣布在中国建立私人银行，早于中国银行；其他一些外资银行紧随其后，也在中国建立了私人银行。目前从客户数和管理资产额的角度来看，中资银行基于其网点的广泛性和庞大的客户基础尚处于主导地位，但仍未有一家银行成为中国私人银行业务的主导者。

中国的财富管理市场在快速发展，中资银行也在积极地扩张业务覆盖范围。中国银行已在 17 个地区建立了 17 家私人银行中心，也迈出了开展海外私人银行业务的第一步——在 2008 年收购了位于日内瓦的和瑞达基金公司（Heritage Fund Management），并在此基础上设立了在瑞士的私人银行和机构资产管理公司。招商银行现有 16 家私人银行中心，并计划在 2010 年末完成在全国重点城市的私人银行渠道布局。

外资银行拥有成熟的私人银行运营模式，并具备海外经验、系统化的知识和互补的境内外产品。虽然它们的业务规模还很小，但许多银行正在积极推出财富管理产品，扩大其市场占有率。能同时提供境内和境外的投资机会是外资银行在中国私人银行市场上的竞争优势，随着市场的发展，中国的高净值人群也会更加重视能在全球范围内进行投资组合多元化的机会。

另外，证券公司、资产管理公司和信托公司等其他金融机构也在逐步开展私人银行业务，向这个诱人的财富市场进军。中国国际金融公司于 2007 年针对高端客户成立了个人业务部（PCS）；2008 年鼎晖投资（知名 PE 基金管理公司）募集了一只规模为 30 亿元人民币的 PE 基金，其中有 15 亿元是通过中国国际金融公司的个人业务部门销售的。高盛高华证券于 2008 年末成立了私人财富管理部，积极开拓国内私人银行客户市场。然而，由于销售网络的限制，这些金融机构更多地担任银行合作伙伴的角色，尚未成为银行的直接竞争对手。

二、中外资银行面临的主要困难

（一）中资银行面临的主要困难

许多中资银行虽然发展迅速，但在价值定位上仍倾向于设立专属私人银行家和高私密性的私人银行中心，许多服务和产品还未能满足大部分高净值客户的需求。中资银行私人银行的经营，主要有以下几方面的困难。

1. 服务模式的选择

服务模式的选择是中资银行普遍面临的问题。从国外私人银行运行经验来看，私人银行可以采取"咨询模式"或"产品驱动模式"服务于私人银行客户。"咨询模式"要求私人银行家与客户建立相互信任的关系，向客户提供从投资组合建议到财务规划的整体解决方案，它是国外成熟的私人银行普遍采用的模式。"产品驱动模式"在我国目前的零售银行及理财业务中较为常见，它主要是以产品为依托，扩大银行的收入。成熟的私人银行的服务模式应该是"咨询模式"，它能以客户的需求为导向，向客户提供综合的解决方案。而目前由于国内私人银行家自身素质的限制以及国内私人银行家激励机制的缺乏，"产品驱动模式"成为中资银行私人银行业务的主要模式，私人银行业务成为"升级版"的理财服务，而不是投资规划服务，也不是资产管理服务。中资银行必须努力探索一条道路，从"产品驱动模式"中走出来，真正做到以客户为中心，这是私人银行业务成功的关键因素。

2. 客户物理渠道体验的一致感

确保一致的渠道体验是中资银行面临的另一个问题。目前中资银行几乎都投入巨资，建立高品质、拥有豪华配置的私人银行中心，旨在为私人银行客户带来尊贵的体验，但是由于一个省份基本只有一个私人银行中心，而客户分散在全省各个地方，客户日常业务的办理还需要到就近的网点进行，因而豪华的私人银行中心和普通的网点之间的落差，就造成客户体验的不一致。客户的体验是不同接触点共同作用的结果，因此中资银行要在这一点上获得突破还需要一定时间。

3. 不容易理顺私人银行与网点的关系

中资银行还面临一系列的内部组织挑战，其中最大的问题是如何理顺私人银行与网点的关系。中资银行私人银行部通常是通过零售业务部建立，新建立的部门必然要依靠原有的零售客户基础，而这些客户分散在各个网点，已经有自己已建立多年关系的客户经理。如何有效激励网点向私人银行部输送高端客户资源是绝大部分中资银行面临的挑战。另外，客户原有的客户经理与私人银行家之间的协作也是确保对高净值客户提供优质服务的关键所在。但通常由于网点和私人银行之间存在相互竞争，这往往造成客户体验不佳以致最终流失的后果。因此，中资银行需要确保客户经理和私人银行家都受到很好的激励，这样才能改善这一现状，更好地为客户提供服务。

4. 竞争同质化现象较为严重

目前国内私人银行业务同质化竞争较为严重，一是受零售银行业务同质化竞争的影响，二是因为私人银行业务还处于起步阶段，而竞争又较为激烈。由于各银行的资源和技术都较为接近，产品和服务的可复制性强，国内很难有某家银行能拥有自己的核心产品优势或服务优势。国内的私人银行业还处于探索之中，每家银行要建立自己的核心业务及成熟的经营模式尚需时日。

(二) 外资银行所面临的主要困难

私人银行业务经营模式较为成熟的外资银行已在中国市场上迅速开展了私人银行业务。但它们在中国市场上缺乏客户获取途径，同时也不具备广泛的零售服务网络，而大多数中国高净值人群非常重视获取基础银行服务的渠道。除此之外，它们还遇到了一系列的困难。

1. "咨询模式"在中国遇瓶颈

"咨询模式"在外资银行多年的发展中已较为成熟，也是目前大部分外资银行采用的模式，它注重和客户建立牢固的关系，能够满足高净值客户在包括个人、家庭和公司等多方面的需求。这种模式对于需求复杂的高净值客户最为有效。但目前许多中国高净值客户主要来自传统的客户群，他们对财富完全交予他人管理没有安全感，不愿意放弃自己对财富的控制，这种服务模式的价值也因此无法充分展现。

2. 外资银行的投资优势无法有效施展

外资银行的业务能力优势在中国市场并没有得到较好的发挥。例如，许多外资银行拥有在全球资本市场进行投资的丰富知识和经验，但涉及的产品大多不能在中国市场提供。此外，外资银行的人民币投资产品品种有限，使其难以提供差异化的境内产品。外资银行的境外投资优势不能发挥，而境内投资劣势又无法避免，因此，外资银行的施展空间就受到了限制，不能充分发挥其产品专长。随着私人银行市场的逐渐发展和完善，这种情况未来可能会得到改善。

3. 人才短缺的限制

外资银行在中国的扩张还受到人才短缺的限制，这方面的挑战也同样严峻。外资银行的私人银行业务在国外的发展，很大程度是因为它们拥有一批非常优秀的私人银行家，因而为了能复制它们在发达市场上成功的私人银行模式，它们需要聘用合格的私人银行家。而对于中国这个相对初级的财富管理市场，私人银行从业者的培训刚刚起步，缺乏有丰富经验和优秀素质的私人银行家，这对外资银行而言是个很大的挑战。

三、中国商业银行私人银行业务现状比较

2007 年 3 月，中国银行率先在国内推出私人银行业务。在随后的两年时间内，国内各大银行相继开展私人银行业务，目前初步形成了各自的一些特点。中国银行的私人银行业务起步最早，在业内声名远播，已享有较高的知名度；招商银行的私人银行业务凭借零售银行的基础和信誉快速扩张；工商银行的私人银行业务以事业部的形式独树一帜，通过业务条线和网点的紧密合作充分挖掘零售客户资源，并积极发挥产品团队的优势形成产品特色；建设银行则重点推出多个私人银行定制产品，紧锣密鼓地实施大规模的品牌营销战略，力争后来居上；中信银行借力于金融集团资源，保持其私人银行业务在核心产品（如信托、股权类产品）上的优势，并强化其增值服务体系来体现差异性优势（见表 12 - 2）。

表 12 - 2　　　　　　　　主要中资银行推出私人银行业务优势

推出时间	银行	各自优势
2007 年 3 月	中国银行	起步最早，知名度较高，国际化服务网络优势
2007 年 8 月	招商银行	零售银行名声和优势突出，产品和服务较同业有优势
	中信银行	通过其集团优势和增值服务扩大知名度
2008 年 3 月	工商银行	凭借大银行基础逐渐树立客户和产品优势
	交通银行	集团化综合经营优势，总部位于正在建立国际金融中心的上海
2008 年 7 月	建设银行	积极开展产品及品牌营销

资料来源：各银行网站。

下面，对比较有特点的四家银行进行简要介绍。

<u>财富管理</u>

（一）中国银行：开创国内私人银行业务先河

中国银行作为国内私人银行业务的领跑人，其私人银行业务经过4年的运营，稳健发展，在北京、上海、江苏、广东等富裕地区的私人银行市场都占有较大份额，受到上市公司总经理、企业高管、旅居海外华人、演艺界人士、体育明星等的青睐，签约客户持续增长，逐步建立了自己的品牌影响力。与私人银行同步建立的，是中国银行的"财富管理三级服务体系"（见表12-3）。

表12-3 中国银行三级财富管理体系简介

	私人银行	财富管理中心	个人理财中心
服务对象	金融资产在800万元以上的最高端客户	金融资产在200万元以上的高端客户	金融资产在20万元至200万元的中端客户
功能定位	专业化资产管理、多元化投资、另类投资、个性化投资及管家式服务	侧重高端客户关心的个人财富管理、理财规划、委托理财服务等，并利用一切资源，提供客户生活理财方面的服务	以综合性理财和客户关系维护为主
理财人员	专业的私人银行家及多个专业领域的投资顾问队伍	可靠的财富顾问，客户智囊团的支持、信息支持、服务支持	产品销售及综合理财队伍
服务方式	"1+1+1"对1的专门服务，即1个私人银行经理+1个私人银行助理+1个私人银行顾问服务1个客户；也可以提供上门服务和管家式服务	以团队为基础，为客户进行账户管理和财富管理	"1对1"的综合化服务及账户管理

资料来源：根据中国银行网站整理。

中国银行建立三级财富管理体系旨在对客户进行更好的细分，以提供差异化、精细化的银行服务。作为三级财富顶级的私人银行，从开业至今，秉承"1+1+1"的服务模式，坚持为每一位客户提供个性化的资产管理方案。

自开业以来，中国银行私人银行依托自身研发力量，与证券公司、基金管理公司、信托公司等外部金融机构合作，逐渐建立起投资产品资源库，为私人银行客户推出了一系列有竞争力的产品。在常规的资产管理、保险与信托等产品之外，私人银行部还向客户提供包括艺术品、古董、房产等在内的个性化投资咨询服务。另外，中国银行私人银行初步确立了自身的增值服务体系和服务渠道，为客户提供涵盖机场贵宾礼遇、医疗保健、子女教育、留学、旅游、休闲娱乐等多方面的增值服务。

通过有效整合中银集团整体资源优势，中国银行私人银行在税务和房地产规划、海外金融服务、跨境金融顾问咨询等方面为客户提供专家建议，不仅帮助客户实现财富的保值、增值，还能有效规避市场剧烈波动带来的风险，为客户提供全方位、高品质的全球化金融服务。

中国银行私人银行在四年的经营过程中，获得了各界好评。其获得的奖项包括2007年华夏理财总评榜中的"本土最佳私人银行奖"、2008年《欧洲货币》"最佳私人财富管理银行"年度评奖中的"中国区最佳外汇服务奖"、2008搜狐金融理财网络盛典中的"最佳中资私人银行奖"、2008—2009年度暨第二届中国理财总评榜中的"2008年度最佳服务私人银行奖"以及《亚洲金融》杂志评选的"2009年中国最佳私人银行奖"等奖项。

（二）工商银行：大银行实力不容小觑

作为国内最大的商业银行，工商银行在财富管理领域的角逐自然不甘落于人后。2008年3月27日，工商银行在上海召开了私人银行业务启动仪式，正式推出私人银行服务。

工商银行私人银行业务的服务对象是个人金融资产在800万元人民币以上的客户，经营理念是"诚信相守，稳健相传"，核心是资产管理与顾问咨询服务，它通过提供财务管理服务、资产管理服务、顾问咨询服务、私人增值服务与跨境金融服务等五大系列服务，为客户在全球范围内寻求合适的产品，提供多个领域的综合服务。

为提供专业的私人银行服务，工商银行私人银行部组建了一支熟悉国内市场、了解客户需求的专业队伍，采用团队化服务模式，由财富管理顾问团队重点服务客户，由产品专家团队提供私人银行专属产品开发和专业服务咨询。其中，财富顾问是经过层层筛选，从工商银行数万名理财经理中选拔出来的，均具有CFP或AFP资格。财富顾问团队还拥有来自银行、证券、基金、保险、外汇、信托、投行、法律等多个领域的行业专家，他们分别持有注册会计师、美国注册金融分析师和律师执照等专业证书。

通过其境内外资源的大力整合和多元化的国际平台，工商银行私人银行拥有为客户遴选和投资全球金融产品的能力和提供全球服务的能力。工商银行的私人银行产品线在运营三年的时间内逐渐丰富并拥有了一定的竞争能力，其主要产品系列有"资金融通，收益共享"的股权融资类产品、"股权市场，风险可控"的权益投资类产品、"全球价值，结构创新"的全球投资类产品、"汇市精英，收益增强"的外币投资类产品、"股债双赢，风险平衡"的配置投资类产品。2008 年，工商银行私人银行推出了二十几期私人银行专属产品，包括国内第一款期酒理财产品、收益较高的信托类产品等，获得了市场追捧。

此外，工商银行还构建了较为完善的私人银行业务运营管理体系和风险防范体系，严格按照国家法律、法规开展业务，切实保护客户利益，并严格执行监管部门的反洗钱规定，切实防范市场风险与合规风险。工商银行将按照国际一流私人银行的运作模式，依托几十年本土发展积累的经验与工商银行的优势，致力于打造国内最优质的私人银行服务。

（三）招商银行：精品零售银行典范

作为国内精品零售银行的典范，敢为天下先的招商银行秉承"因您而变"的服务理念，历经五年筹备，于 2007 年 8 月 6 日向全国客户推出私人银行业务，中心设在深圳。招商银行是继中国银行开展私人银行业务之后，国内首家推出私人银行业务的股份制商业银行，其服务对象是个人金融资产在 1 000 万元以上的客户。

招商银行多年来一直是国内零售银行业务的佼佼者，从"一卡通"、信用卡、白金信用卡、财富账户到"金葵花"理财，积淀了大量优质的个人高端客户。招商银行的网上银行、电话银行、手机银行和自助银行等电子服务网络非常发达，且便捷好用，在客户中拥有良好的口碑，形成了丰富的理财服务渠道。并且，由于招商银行的高端理财业务起步较早，客户经理的素质、储备、财富管理经验以及产品的研发等方面都较其他银行有更多优势。

招商银行私人银行客户拥有一支"1 + N"的专家团队，"1"是指 1 名私人银行高级经理，"N"是指专家级投资顾问团队。他们遵循严谨的"螺旋提升四步工作法"，以倾听、理解客户的需求为起点，历经财富管理方案建议、实施与绩效跟踪，再进一步地倾听客户需求。每进行一次循环，客户都能更深入理解投资产品、投资市场的变化，这也让专家团队在准确跟踪掌握市场变化的同时，能及时根据客户的需求，调整客户的财富配置，以最佳、最适宜的方案，使私人银行的专业服务更贴合客户的目标。

招商银行注重产品研发，与同业相比，其为客户提供的另类产品投资机会更多，深获客户赞誉。招商银行私人银行客户数和管理总资产客户连续三年保持了近35%的增速，即使在金融危机影响深重的2009年，客户数和管理总资产客户仍取得39%的增长。目前招商银行私人银行客户数已经超过1万名，管理的人均资产超过2 000万元人民币。当前招商银行私人银行客户数占全部零售银行客户数的1.2‰，但管理的客户总资产却占零售客户总资产的16%。

2010年2月，招商银行私人银行业务再次获得《欧洲货币》杂志评选的"中国区最佳私人银行"大奖，这是私人银行业务在中国区的唯一一个综合性奖项，也是招商银行连续两年蝉联的奖项。

（四）中信银行：目标直指中国私人银行第一品牌

2007年8月8日，在北京奥运会倒计时一周年的这天，中信银行正式宣布推出私人银行业务，并在北京成立了第一家私人银行中心。中信银行私人银行业务一亮相，立即引起社会多方关注。中信银行在同业中首次提出"全球视野、国际标准"的服务理念，发展目标直指"中国私人银行第一品牌"，其服务对象是个人资产在100万美元以上的高端客户。

通过结合国际理念和本土需求，中信银行率先在国内创立了六大私人银行服务体系，即商业银行服务、财富管理服务、国际资产传承规划服务、综合授信服务、投资银行服务和家庭增值服务。在这六项服务中，客户既可以享受到个人财富的保值、增值，又可以实现家庭资产的稳妥继承，还可满足自身企业融资发展的各种需求。这六项服务基本实现"伴随终生、渗透到生活每一个角落"的国际私人银行服务职能。中信银行私人银行还通过推出投资讲座沙龙、艺术品收藏沙龙、奢侈品鉴赏沙龙、健康养生沙龙等多个系列活动维护原有客户并吸引新客户。

中信银行私人银行中心自成立以来，不断探索自身经营道路，创下几项国内第一：第一个推出私人银行专属钻石卡，第一个提出私人银行六大服务，第一个从中外资银行公开招聘私人银行专业人才，第一个推出私人银行专属产品；第一个提出"核心—卫星"投资理念，第一个推出"8＋1"私人银行服务模式，第一个独家聘请艺术投资顾问，第一个提供私人银行客户电话签约服务，第一个聘请宏观经济顾问。中信银行私人银行中心的服务得到了客户和市场的广泛认可。

放眼未来，中信银行私人银行中心将依托中信集团的强大金融平台，继续发扬创新精神和领先优势，打造国内顶尖级的私人银行服务品牌。

从各大银行私人银行业务在中国发展的现状来看，对国内市场而言，私人银行业务尚处于发展的初级阶段，现有的理财服务还不能满足高净值人群的多样化需求，服务水平和质量与先进的私人银行业务还存在较大差距。然而，各银行都在紧跟财富市场步伐，积极调整战略，努力探索能运用自身优势、符合自身发展需要、适合市场需求的私人银行经营模式。中国私人银行市场发展三年来，虽然产品和服务存在同质化，但是各家银行的风格也已经初见端倪，相信通过市场的逐步磨炼，各大银行的私人银行业务都能有更加成熟的发展。

第十三章　私人银行业务的产品分析

第一节　私人银行的产品体系概述

一、私人银行产品体系的主要特征

无论是国内私人银行，还是国外运作成熟的私人银行，都非常重视产品研发，因为私人银行的产品是直接体现私人银行财富管理能力的重要渠道，也是私人银行业务利润的主要来源。

在国内，私人银行的产品是现阶段客户对私人银行的主要需求，也是目前私人银行业务竞争的焦点所在。由于国内还未建立成熟的私人银行业务，客户选择私人银行几乎都是为享受有较高收益的创新金融产品，客户许多其他方面的需求，例如资产规划、遗产规划等，目前尚在探索过程中。

由于国内私人银行业务所提供的各种增值服务同质化现象较严重，而在产品方面有较强创新能力的私人银行则可以占据先发优势，因此国内各私人银行都非常注重产品研发，目前市场上针对高净值人群研发的高端产品不断推陈出新。可以看到，产品创新能力较强的私人银行，目前都在国内的私人银行市场上占据了较为重要的地位。例如专营零售业务的招商银行，以丰富的产品在很短的时间内吸引了众多国内客户，在客户中拥有良好的口碑，已经成为国内私人银行业务的佼佼者。

由于私人银行业务产品面向的对象层次较高，投资范围较广，因此呈现出自己的一些特点。

表 13-1　私人银行产品与个人金融产品、普通理财产品比较

	个人金融产品	普通理财产品	私人银行产品
面向对象	面向大众银行客户，不限制客户进入门槛	面向贵宾银行客户，对客户资产有一定要求	面向财富与私人银行客户，对客户资产规模要求较高
客户需求	满足客户基本或常规的金融需求	满足客户的投资理财需求	提供全面解决方案，满足客户差异化、个性化需求

续表

	个人金融产品	普通理财产品	私人银行产品
产品风险	运行多年的产品，几乎没有风险	新兴产品，有一定的风险	部分产品针对高风险承受能力人士设计，风险较大
产品收益	存款类产品收益较低	年化收益率高于同期定期存款利率，且期限灵活	高端客户专属产品，收益高于同类理财产品
产品规模	没有规模限制	满足广大中低端客户的标准化需求，规模较大	满足特定客户的个性化需求，规模较小
客户数量	对客户数量没有限制	对客户数量没有严格上限限制	对客户数量有严格限制，信托计划类产品不超过50人（不含认购金额在300万元人民币以上的客户）
发售频率	发售频率以柜台服务效率为限	由于每批次规模较大，因而发售频率较低	满足客户的定制化需求，发售频率很高
监管限制	面临严格的监管，如利率管制，禁止非法吸储等	不能投资上市或未上市股票及相关基金等	监管限制较少，但对洗钱等有严格限制

私人银行的产品风险和收益较高，且受到的监管限制较少，与投资银行的产品有一些共性。而事实上，在过去的十年中，私人银行与投资银行呈现出一些明显的融合趋势，其提供的产品从纯粹私人银行产品转为结合私人银行、投资银行技能的综合性解决方案。几乎所有私人银行都努力增加获得资本市场产品的通道，增强高收益产品的供给能力。花旗银行、德意志银行等大型金融集团都将私人银行部门与投资银行部门紧密地结合在一起，借助自身的大投行优势加快私人银行业务发展。投资银行和证券经纪商也在增加咨询服务和私人银行服务。一些机构，如英国的巴克莱银行，甚至将私人银行与投资银行合并成为一个事业部。通过投资银行部门，私人银行客户可以获得资产处置的高溢价，甚至可以享受到参与 IPO 的高额利润，而这些优势是传统的独立私人银行不能实现的。由于私人银行部门和投资银行部门的联系更加紧密，银行和客户都受益匪浅。然而，私人银行产品与投资银行产品还是有不同之处，它们有各自的特点（见表13-2）。

表 13 - 2　　　　　　　　私人银行产品与投资银行产品比较

投资银行产品特点	私人银行产品特点
投资银行产品主要和资本市场相关，这是区别于私人银行产品的主要标志 投资银行的传统业务包括一级市场的证券承销和发行、二级市场的证券交易经纪和证券私募发行等，新兴业务包括企业并购、项目融资、风险投资、公司理财、投资咨询、资产及基金管理、资产证券化、风险投资、对冲工具和衍生品的发行等	私人银行的产品范围非常广泛，包括金融类的传统商业银行产品、投资银行产品以及非金融类的税务筹划、法律顾问、房地产咨询、遗产继承等 私人银行是向客户提供以金融产品为主，以其他产品与服务为辅的全套管家式服务

除此之外，私人银行的产品还体现出以下两个特点：

（一）丰富多样的产品体系

普通的理财产品可以看做一个理财金字塔。在金字塔的底端，可以放置保险、货币基金、银行存款、国债、债券型基金等风险较低的产品；在金字塔的中部，可以放置各类股票型基金、混合型基金、股票、外汇等中等投资风险的产品；在金字塔的顶端，则放置高风险类型的产品，如期货、期权等。

当这些产品都不能带来期望收益的时候，站在私人银行的视角，我们还可以看到黄金、艺术品、红酒、古玩、私募股权、房地产投资信托等另类产品和创新产品。

（二）量身定制和以客户需求为中心

个性化的产品是私人银行的生命，是私人银行生存和发展的关键，是私人银行服务的核心内容。

私人银行依据客户不同的需求形成了一系列各具特色、以客户需求为中心的产品和服务。其产品主要分为三类：金融产品、顾问产品和生活方式产品。金融产品包括专营经纪人信托工具、私募基金、联合投资基金以及一揽子保险计划，顾问产品包括理财教育、一站式金融顾问服务以及各种全权理财计划等，生活方式产品包括通过银行获得的公司会员享受的专属俱乐部权利，紧急援助服务以及全天候的娱乐和休闲活动等特色专属服务。

为赢得客户青睐，私人银行各显神通，提供的服务和产品几乎涵盖了生活的方方面面：它们帮助客户管理庞大的资产，将客户资金投资于股票、债券、对冲基金和外汇等金融产品，向客户提供并购案的建议及标的，帮助客户购车、买房，打理他们的税务，为他们的事业继承以及子孙后代的财产问题出谋划策，甚至还帮助客户策划慈善捐助、进行收藏鉴定，代表客户到拍卖场所竞标古董。而上述所有的服务都是根据客户的需求量身定制。

二、私人银行的产品研发

只有拥有强大的产品开发能力，为客户量身定制个性化、差异化产品的私人银行，才能在竞争中赢得主动。这是许多成功的国际私人银行领先世界同业的成功所在。

（一）打造开放式的产品遴选平台和"金融超市"

受到分业经营、分业监管模式的制约，我国商业银行目前只能提供银行类金融服务。由于商业银行不能涉足其他金融分支行业，而仅能在其固有业务领域进行产品设计与开发，其产品创新能力显得较为不足。就目前情况而言，尽管各大商业银行相继建立了专门的理财部门或机构，但其所能提供的产品仍然相当有限。

除传统的储蓄信贷和少数中间业务产品外，各类代销产品成为银行理财服务的主体产品，如公募证券基金、券商集合理财产品和商业保险产品等。近年来，市场上也开始出现针对高净值人群研发的私募股权产品和以阳光私募基金担任投资顾问的信托产品。需要指出的是，无论是自有产品还是代销产品，它们都具有标准化或格式化的特点，还没有实现私人银行业务所强调的个性化，没有完全适应高净值人群纷繁复杂的个性化财富管理需求。

因此，商业银行产品创新能力的不足制约了私人银行自身的服务内容和水平，使其难以向高净值人群提供专门的个性化财富管理服务。正是由于这一技术性障碍的存在，目前国内私人银行为客户提供高端服务时只能更多地专注于服务形式，如提供专属团队配备、专属场所、优先服务等，但服务形式的改善并不能满足客户的真实需求。产品种类的丰富与完备是提供全方位综合理财服务的基础，产品定制则是满足个性化财富管理需求的必备条件。国内私人银行要以打造开放式的金融产品遴选平台为目标，将私人银行业务真正落到实处。

针对国内私人银行业务在产品和服务方面存在的不足，为推动私人银行产品和服务创新，我们将国外私人银行的传统与新兴产品及服务进行了汇总，将其汇总成为一个"金融超市"（见表13-3）。

表 13 - 3　　　　　　　"金融超市"的产品和服务

产品和服务类型	产品和服务细分	主要产品和服务介绍
咨询、顾问类	客户档案建立	财富分析 风险偏好分析 资产分类 传承计划
	投资建议	资产配置 行业遴选 信托计划
	解决方案	企业并购 IPO
	税务咨询	合理避税
跟踪型产品	加速式跟踪型产品	跟踪上涨收益
	反向式跟踪型产品	熊市权证 （Bear Market Warrants）
	红利式跟踪型产品	红利复制计划
	折扣式跟踪型产品	风险折扣 收益设限
结构性产品	本金保障产品	外汇挂钩型票据 套头基金挂钩型票据 商品挂钩型票据 贵金属挂钩型票据 结构性定期存款 财产挂钩型产品 主动管理型结构产品
	单一股票套期保值	零溢价封顶保底策略
非传统投资工具	套头基金	市场中性类 股票多空类 趋势交易类 专长策略类
	私募股本	有限合伙投资 基金投资 封闭型投资基金 直接投资
	管理型期货基金	结构性信贷 危机债券 资产担保债券（ABS） 小盘和中盘企业

产品和服务类型	产品和服务细分	主要产品和服务介绍
财产与不动产	不动产顾问	管理 改造 物业管理 融资
	不动产投资信托	权益型不动产投资信托 按揭型不动产投资信托 混合型不动产投资信托
贷款服务	投资贷款	项目投资 合伙人投资
	奢侈品贷款	私人飞机 游艇 顶级轿车 度假住宅
	战略性贷款	保证金贷款 抵押品贷款
其他产品和服务	退休规划和信托服务	退休信托账户 养老金计划
	生命周期税务筹划服务	监管规避 合理避税
	保险服务	人身保险 财产保险 保险"包"
	家庭办公室	最优建议 家庭财富管理服务
	非金融资产的获得、融资与管理	艺术品 高档酒类 邮票 古董
	社会责任投资	慈善计划
	特殊教育项目	金融培训课程 资本运作讲授

跟踪型产品是指专门用于跟踪特定市场或指数的表现（既包括上涨，也包括下跌）的产品，它通常跟踪某个指数，这类产品通常期限较长（甚至可能无限长）。

单一股票套期保值则是针对拥有企业的客户，因其薪酬或出售企业所得的收入在短期内无法变现，或者在 IPO 之后其无法出售全部的股票，为了避免这类客户所承受的相关市场风险所开发的产品。

（二）产品创新和研发流程

在国内，私人银行产品创新和研发的主要方式有两种，一种是私人银行与非银行专业服务机构进行的"合作创新"，另一种是银行内部跨部门共同研发的"自主创新"。银行内部跨部门共同研发的代表产品是以公司业务信贷资产为基础资产的信托理财产品，这类产品通常收益稳定，并且比投资于货币类或债券类的理财产品收益高。而市场上的"合作创新"也越来越多。一方面是因为国内分业经营的监管要求，商业银行不能直接管理非银行资产，因而需要借助其他服务机构；另一方面也是由于其他专业服务机构如基金公司、证券公司、保险公司等的专业性更强，合作创新的产品更有吸引力。国内目前较多的合作模式有"银信合作"（私人银行与信托公司）、"银保合作"（私人银行与保险公司）、"银基合作"（私人银行与基金公司）、"银证合作"（私人银行与证券公司）等。

而私人银行产品研发的流程依次为市场调查、产品立项、产品设计和尽职调查。

1. 市场调查

为保证产品投放的针对性，研发产品时应根据宏观经济形势变动并结合客户资产配置偏好，调查市场的需求情况。市场调查形式包括同业跟踪、客户需求分析、与第三方合作机构洽谈等。

2. 产品立项

产品立项是研发端综合考虑市场需求、收益与风险情况，对产品进行全面评估后出具可行性报告。可行性报告须由领导层批准。

3. 产品设计

产品设计是针对市场调查结果，综合考虑收益与风险情况，与合作机构就产品相关要素进行商讨、选择和设计的过程。产品设计内容包括产品名称、产品规模、产品资金投向、产品定价、产品收益、交易结构、风险控制措施、产品发售计划等，但不限于此。

4. 尽职调查

产品研发端应确保产品资料的真实性。研发端应指派一名产品研发人之外的人员对产品合作机构进行独立的尽职调查。尽职调查内容包括合作机构资质，合作机构最近两年经营状况，所发售理财产品规模、种类和业绩，以往合作情况，已合作发售产品的业绩（如有），但不限于上述内容。若产品涉及融资方，则应参照各私人银行授信管理体系对公司贷款的相关标准，对融资方进行独立的尽职调查。

三、私人银行的产品和服务概况

好的私人银行产品是将客户关系管理、资金管理和投资组合管理等业务融合在一起，向客户提供综合性的定制化金融产品和服务。私人银行要积极顺应发展潮流，不断地、适时地推出新的理财产品，应对资本市场和直接融资的快速发展对商业银行造成的"金融脱媒"① 压力，满足客户的投资需要。同时，随着我国经济日益多元化和国际化，私人银行产品和服务必将不断丰富和完善。下面对私人银行各种产品和服务进行简要介绍。

（一）资产管理服务

这是银行在向客户提供顾问式服务的基础上，接受客户的委托和相关授权，按照与客户事先约定的投资计划和方式，选择决定投资工具的买卖并代理客户进行资产管理等的业务活动，它是私人银行最基本和最重要的服务。资产管理服务分为自主资产组合管理、非自主资产组合管理以及其他投资服务三类。

1. 自主资产组合管理

自主资产组合管理是专为顾客设计的个别管理账户，私人银行严格按照一定的准则管理资产，通常是经过与顾客协商达成委托协议，在此框架内进行资产运作。资产管理人要为每一个顾客专门制定资产组合，以迎合客户的个性化需要。这种服务的量身定做特性是私人银行所提供的资产管理服务与其他金融机构所提供的资产管理服务的最大区别。

2. 非自主资产组合管理

对于资产组合规模小一些的客户，私人银行则提供一种非自主资产组合

---

① "金融脱媒"是指随着以资本市场为中心的新金融商品的开发和需求的创造，特别是随着资本需求的超强劲增长，证券市场的功能日趋凸显，而银行的媒介作用则趋于萎缩，利润下降，利差收入减少，依靠传统的业务难以发展的状况。

管理，它基本上由各种投资基金构成，如共同基金、管理基金、单位信托等。私人银行通过使用各种投资基金，可以有效地管理客户的资产，优化小额资产组合，将多块资产整体运作，达到规模经济效应。

3. 其他投资服务

私人银行的其他投资服务是指特定目标投资和奢侈品投资。特定目标投资包括融资租赁、私人权益投资、风险投资和杠杆兼并等。奢侈品投资是指投资于绘画、瓷器、雕刻、乐器、珠宝、名贵汽车等。在私人银行业作奢侈品投资的客户往往被分为两类。一类是收藏家和专业人士，对于他们而言，奢侈品是生活的重要部分，购买奢侈品的目的主要不是为了投资，对于这类客户，私人银行可以将奢侈品投资与投资组合的其他部分合并在一起进行管理。另一类是将奢侈品作为投资工具之一的客户，由于奢侈品价格上的风险和回报不易量化，市场上也缺乏统一的标准，对于这类客户，私人银行只能被动地听取客户需求，然后提供咨询建议。在奢侈品领域，私人银行主要依靠外部的知名专家，只有极少数私人银行拥有自己的专家。

（二）保险服务

提供人寿保险、人身意外伤害险、一般保险、医疗保险等保险产品是私人银行财富管理的重要内容。从历史上看，私人银行往往通过销售保险产品迈出其财富管理的第一步。一般而言，保险产品的风险比较低，不像发放银行贷款那样存在较高的违约风险。国际上的大型商业银行，尤其是大型金融控股公司或全能银行，早已纷纷进入保险市场，通过建立分公司的形式，专门为富裕人士提供综合性的服务。

（三）信托服务

从国际经验来看，信托服务是国外私人银行产品中不可缺少的组成部分。信托是指委托人基于对受托人的信任，将其财产权委托给受托人，由受托人按委托人的意愿以自己的名义，为受益人的利益或者特定目的，进行管理或者处分的行为。信托具有风险隔离、第三方管理、权益重构等特点。信托的这些特点是信托成为私人银行进行私人资产管理的重要工具的主要原因。信托在私人银行业务中的应用主要体现在财产转移与保护、财产传承、税收策划服务、财产分割与保护、继承人教育及高端投资等。考察国外成熟的私人银行财富管理模式可以发现，信托一直是被广泛使用的重要财富管理工具。

（四）税务咨询和计划

私人银行提供的这方面服务包括为跨境移民拟订移民前税务规划，拟订与投资无关的税务咨询和税务规划，制订与投资管理相关的税务咨询和计划，告知客户税收法律对资产组合管理的影响等。

（五）遗产咨询和计划

私人银行提供的这方面服务有拟订遗嘱及遗产合同、执行遗嘱、清算已故人士遗产。私人银行还有一类服务是帮助客户拟订婚姻遗产协议。

（六）房地产咨询

私人银行在这方面提供的服务包括针对房地产问题的研究、房地产购买、房地产融资、合同审查、房地产清算等。

四、国内私人银行业务产品的现状和未来

目前，国内市场上私人银行产品由于受到四大瓶颈的限制，缺乏真正的创新能力，产品同质化严重。有专家指出："财富管理需求已经充分凸显，但有效的服务却难以迅速跟进的矛盾现象正是我国目前私人银行业务状况的集中反映。"国内财富管理理念的缺失，是造成私人银行产品和服务举步维艰的基础性障碍因素。

改革开放多年来，我国经济一直处于快速发展过程中，个人财富量随同经济总量的持续增长而不断增长。尽管财富水平有了很大改善，但尚未达到普遍富裕的程度，因而对于大多数人来说，如何快速积累财富仍是他们关注的重点。因此，社会各方面往往更多地关注财富增长问题，财富管理理念相当单一。理念单一的问题事实上对需求和供给双方同时造成了不利影响。就需求方而言，尽管高净值人士的财富积累已经达到了相当高的程度，其财富管理需求事实上已经从单一的财富积累需求转向了财产保护与传承等综合性需求，但是普遍的理念单一导致他们对自身的财富问题不够敏感，难以主动提出自身需求；就供给方而言，同样由于其服务理念过多关注于财产增值，忽视了高净值人士的其他需求，尚未形成全方位综合财富管理的服务理念和能力。国内私人银行业务要获得实质性进展，必须要从正确认识财富管理、形成全方位的综合管理理念入手。

为帮助国内私人银行丰富产品和服务，本书对国内私人银行和国际上比较成熟的私人银行提供的产品与服务的基本情况进行了简单列举，从中可以看出国内私人银行与国外成熟私人银行的一些差距（见表13-4）。

表 13 – 4　　　　　　　　国内和国际私人银行产品与服务内容

金融机构	产品与服务内容	
建设银行	资产保值类：资产管理、顾问咨询、信托 财富增值类：定制化理财产品、专属理财产品，实业、房地产、收藏、黄金、外汇、跨国资本流动等 增值服务类：旅游、健康、俱乐部、准公益、慈善等方面	
中信银行	商业银行服务：私人银行专属钻石卡 财富管理服务：投资产品和资产配置方案 国际资产传承规划服务：遗产继承、税务、移民、保险、子女留学等 综合授信服务：授信贷款及质押贷款 投资银行咨询服务：提供资产管理、IPO、风险投资（VC）、股权投资（PE）、兼并重组等 家庭增值服务：艺术品和收藏品鉴赏、私人健康顾问、顶级休闲娱乐、房地产咨询等增值服务	
隆奥达亨银行 （LODHG）	个人服务	家族企业服务
	资产配置咨询建议 管理委托 咨询委托 金融分析支持 财务与继承规划 法律与税务咨询 退休金计划 慈善事业咨询 基金会的设立与管理	全方位管理，世代传承 家族企业管理 家族事业继承规划 家族企业专属办事处 综合顾问团队支持
汇丰银行 （HSBC）	个人服务	家族企业服务
	财富传承及规划 遗嘱拟订及遗产管理服务 信托管理及信托服务 私人投资公司及基金 慈善基金及信托 保险	家族管治及业务继承规划 慈善捐赠 投资顾问服务 企业融资方案 税务咨询服务

　　由于国内私人银行业务发展比较晚，在产品创新方面应该循序渐进，可以从以下几方面入手，逐步改善私人银行产品和服务。

（一）优化普通银行产品和服务

普通银行产品和服务是私人银行产品和服务的基础，可以在这方面进行一些创新，可以发展多币种联合账户、货币市场管理账户，强化信用卡融资便利，积极变通贷款方式和种类等。

（二）完善资产管理服务

可以根据客户的风险偏好和资产平衡等要求，提供不同种类的风险资产组合模式。在某一模式下，客户既可以全权委托投资，也可以只接受顾问。组合中可以包括信托计划、税收计划、不动产计划、保险和养老金计划等。

（三）加强专业化高端产品研发

这类产品是私人银行产品的重要竞争点。高端产品研发需要银行充分了解客户需求，并且要求银行有强大的资源整合能力。高端产品是私人银行产品研发实力的重要体现。

（四）咨询顾问服务

积极型和金融知识较丰富的客户往往希望自己管理财产，咨询顾问服务就是为这类客户设计的。私人银行获得附加值的方式是提供数据和投资研究的成果，并为客户把这些信息转化为投资机会，这项服务的关键是银行的研究能力。私人银行要通过不断的努力，将产品研发推向新的阶段。

表 13 – 5   私人银行产品研发的现状和未来

现状	未来
投资市场逐步建立，监管法规逐步完善 高净值客户群体的迅速发展 消费升级：汽车、房地产、旅游、金融投资和理财 2007 年以来，中外资银行私人银行部门建立，投资产品经理队伍迅速壮大 以结构性保本、保收益的产品为主，另类产品如未上市股权、创业投资、艺术品、奢侈消费品等较少	多层次资本市场的建立：建立买空卖空机制等法规的进一步完善；严格完善的个人税法等 产品创新将迎来快速发展阶段：未来向客户提供全面的产品与服务，包括资产管理、财富传承、税务筹划、法律顾问等，投资范围会超越金融市场，投资工具会超越传统商业银行和投资理财产品

第二节   私人银行主要专属产品介绍

一、信托产品

信托，作为一种"受人之托、代人理财"的财产工具，具有非常特殊的法律关系。信托的设立要求财产权随之转移，因而进入信托的财产将与委托人其他财产完全分开，从而实现与委托人的风险隔离。同时，财产权转移后将在受托人和受益人之间形成管理权与受益权的有效分离，使财产既能处于受托人的管理控制之下，又能通过受益权的分割组合实现特殊受益安排。这种复杂的法律关系赋予了信托灵活多变的特点，正是由于这与私人银行业务的诸多特点相吻合，因而信托成为私人银行开展业务的重要工具。主要的信托产品有以下几类：

（一）财产保护类信托产品

高净值人群面临诸多潜在的财产损失风险，如经营风险、子女过度消费和婚姻变化等，财产保护类信托产品有助于实现客户的资产保值目标。

（二）风险隔离信托

这是基于家庭面临的财务风险而设立的。例如，为防止合伙制带来的无限连带责任风险，事先对一部分家庭财产设立信托，实现其与委托人其他财产的隔离，一旦发生经营风险，置于信托保护之下的财产可免予被追索。

（三）不可撤销人生保全信托

该信托通常由婚姻的一方为配偶或子女设立，其目的在于当婚姻中的一方去世时为配偶或子女提供生活保障。

（四）子女教育信托

这一信托品种的主要意义在于将子女教育金处于信托保护状态下，防止家庭财务危机对子女教育形成不利影响。除此之外，受托人对教育金的直接管理还可以防止受益人对资金的滥用。

（五）财富积累类信托产品

对于高净值人群个性化的投资要求而言，标准化的普通投资工具往往难以满足其需求。信托因具有第三方管理模式而成为一个有效解决手段，它可以通过专门的投资方案设计适应高净值人群的个性化需求。

（六）私募股权投资信托

这是以未上市公司股权为投资对象的信托产品。在我国目前的消费升级和产业升级的背景下，私募股权投资信托将面临巨大的发展机会。而且较高的投资额和较长的投资期使得此类产品只适合于私人银行客户，在本节最后的另类投资当中将对这一产品作更为详细的介绍。

（七）证券投资信托

这是以流通证券为投资对象的信托产品。随着我国证券市场诸多基础性问题的解决，此类产品同样面临着很好的发展机会，适合高端客户运用。证券投资信托主要有三种：阳光私募基金信托、跟踪沪深300指数的增强型指数产品和受托境外理财产品（QDII）。

1. 阳光私募基金信托

阳光私募基金信托通过建立严格的投资顾问准入机制，精心挑选综合能力优异的阳光私募基金管理公司担任投资顾问，将资金灵活投资于股票二级市场，以使私人银行客户享受卓越的投资管理服务，获得较高潜在收益。

2009年，阳光私募基金凭借灵活的配置策略、优秀的业绩和顶尖私募基金经理的明星效应，受到市场追捧，进入了高端客户投资的备选"菜单"。2009年9月，招商银行代销阳光私募基金"外贸信托·重阳3期集合资金信托"，募集金额达到12亿元，创下单只阳光私募基金的最高纪录。随后，交通银行面向高端客户推出了其首款阳光私募基金概念的理财产品"得利宝·至尊5号（重阳5期）"，产品面市两天就募集超过12亿元资金。

阳光私募基金信托产品目前是国内私人银行维护和吸引客户的重要产品，许多银行都在和信托公司以及阳光私募基金公司合作研发此类产品。根据2010年《中国阳光私募基金4月报告》统计，2010年4月，全国共发行45只阳光私募基金新产品，新产品发行环比增速达到66%，全国阳光私募基金产品发行数量超过1 000只。

不仅如此，国内私人银行还在阳光私募基金产品的基础上进行创新，研发出TOT——"信托的信托"产品，简要地说，该产品就是通过一只母信托去投资几只阳光私募基金，通过组合不同的阳光私募基金，分散资产管理风险，使产品投资风格和业绩更加稳健。光大银行、中国邮政储蓄银行、中国银行都已推出此类产品。

2. 增强型指数产品

跟踪沪深300指数的增强型指数产品，在获取市场平均投资收益的同时，通过信托创新和结构化设计，可以满足不同风险偏好客户的需求，并且可以增加收益。

增强型指数产品的特点和优势在于：第一，注重市场行情和时机选择。增强型指数产品注重对市场趋势的判断，使得进取型投资者的安全边际更高，赚取超额收益的几率更大。第二，结构化设计可以满足不同客户需求。增强型指数产品采用优先进取结构化设计，优先投资者享受高于一般理财产品的固定收益，进取投资者可利用不同杠杆获取超额收益。第三，创新设计，增加收益。通过信托的合理创新设计，增强型指数产品可获得高于市场平均收益的超额收益。

3. 受托境外理财产品（QDII）

QDII 是一款针对高净值客户的理财产品，它通过代客投资海外市场，实现资产的全球配置和分散投资风险。

QDII 投资的范围包括境外股票、债券、基金、商品、外汇等金融产品。通过 QDII 进行海外投资，不仅增加了获取收益的途径，并且也规避了投资单一市场的系统性风险。

（八）财产传承类信托产品

财产跨代传承是每个高净值人士都必须面对的问题，尤其是拥有家族企业的人士需要实现有效、平稳的家族股权转移和管理，以防因股权分裂导致企业运营困难。

（九）遗产管理信托

当委托人遗嘱生效时，将信托财产委托给受托人，由受托人依据委托人意愿管理和处分财产，帮助没有能力管理遗产的遗孀或遗孤管理财产，按遗嘱人生前愿望管理信托财产，合理分配遗产，避免遗产纷争等。

二、结构性产品

结构性产品是金融市场与金融技术结合的产物，是为投资者提供理财服务的重要理财工具。结构性产品的发展可分为传统型理财产品和现代型理财产品两个阶段。传统型理财产品主要是指可转换债券、权证等，其结构和交易机制相对较为简单。现代型理财产品产生于 20 世纪 80 年代初期，在 20 世纪 90 年代出现了爆炸式增长，其产品结构可以描述为"固定收益证券 + 衍生产品"。

结构性产品包括三个最基本的要素：固定收益证券、衍生产品和挂钩标的资产（见图 13 - 1）。

结构性产品通过风险资产与无风险资产的合理配置，可挂钩于各类金融资产。此类产品在金融市场上运用一些工具进行交易，最基本常用的工具有期货合约、远期合约、掉期合约和期权交易。

期货合约是期货交易所制定的标准化合约，对合约到期日及其买卖资产的种类、数量、质量作出了统一规定。

远期合约是根据买卖双方的特殊需求由买卖双方自行签订的合约。

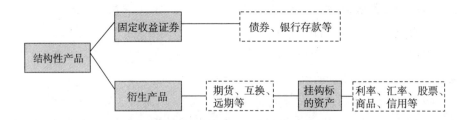

图 13 - 1 结构性产品要素

掉期合约是一种交易双方签订的在未来某一时期相互交换某种资产的合约。更准确地说，掉期合约是当事人之间签订的在未来某一期间内相互交换他们认为具有相等经济价值的现金流的合约。较为常见的是利率掉期合约和货币掉期合约。掉期合约中规定的交换货币是同种货币，则为利率掉期合约；若是异种货币，则为货币掉期合约。

期权交易是买卖权利的交易。期权合约规定了在某一特定时间、以某一特定价格买卖某一特定种类、数量、质量资产的权利。期权合同有在交易所交易的标准化合同，也有在柜台交易的非标准化合同。

下面，来看几个结构性产品的例子。

表 13 - 6   "增强型罗氏能源指数"挂钩结构性存款美元款

产品名称	"增强型罗氏能源指数"挂钩结构性存款美元款
发行银行	荷兰银行
产品类型	非保本浮动收益型
销售期	2009 年 3 月 12 日—3 月 27 日
投资币种	美元
理财期限	5 年
挂钩标的	增强型罗氏能源指数
结构设计	理财产品到期资金：95% 的本金金额；或95% 的本金金额 +60% ×指数表现×本金金额，其中，指数表现 =（期初价格/期末价格）-1
收益解析	当指数表现低于 8.33% 时，投资者存在着亏损，但是最低亏损为本金的 5%；当指数表现高于 8.33% 时，投资者获得正收益，并且指数表现越好，收益水平越高

表 13 - 7 恒生银行股票挂钩"天天开心"美元 1 年可自动赎回产品

产品名称	恒生银行股票挂钩"天天开心"美元 1 年可自动赎回产品
发行银行	恒生银行
产品类型	非保本浮动收益型
销售期	2009 年 3 月 9 日—3 月 20 日
投资币种	美元
理财期限	1 年
挂钩标的	东风汽车、中国移动、雨润食品、中国铁建在香港上市的股票
结构设计	产品每一个月为一个观察期，共有十二个观察期。在最初的两个观察期内的任意一个观察日，如果挂钩股票中表现最差股票的收市股价曾达到或超过其条件回报触发股价（该挂钩股票最初股价的 70%），投资者可在第二个观察期末的条件回报派发日收到条件回报，条件回报 = 100% 投资本金×条件回报率，其中条件回报率为 1.1667%（年化利率约为 7%） 从第三个观察期开始，就每个观察期而言，若挂钩股票中表现最差股票的收市股价达到或超过其红利回报触发股价（该挂钩股票最初股价的 90%），投资者在该观察期的红利回报派发日可获得红利回报，红利回报 = 100% 投资本金×红利回报率，其中，红利回报率为 1.0833%（年化利率约为 13%） 从第三个观察期开始，就每个观察期而言，若挂钩股票中表现最差股票的收市股价曾达到或超过其提前到期触发股价（该挂钩股票最初股价的 100%），那么提前到期触发事件发生，产品提前到期。此时，投资本金支付比率为 100%。投资期内，如从没有发生提前到期触发事件，并且挂钩的股票组合中任意一只股票的收市股价在任何一个观察期内的任何一个交易所营业日曾经低于其"下档触发水平"（该挂钩股票最初股价的 60%），则到期日投资本金支付比率 = 最小值［100%，最大值（90%，最终股价确定日表现最差股票的收市股价/表现最差股票的初始股价×100%）］；否则，到期日将支付 100% 投资本金
收益解析	在该产品中，收益取决于最差股票的表现

随着需求方和供给方的共同推动，结构性产品作为现行理财产品的主力军面临着下述四个方面的改变：

产品细分加强。经验较少的客户将获得简单的产品，该产品提供全额本金保障，保证最低回报率，期限较长；更有经验的客户将获得更加灵活的产品，该产品提供部分本金保障，具有较高的风险回报能力，期限通常较短。

动态化的产品管理。要向客户提供更多重新购买产品和提前退出的机会，提高顾客的满意度，提高收入。

将互助基金列为新的标的资产。互助基金通常由投资信托公司、证券公司等金融机构发起设立，通过发行基金证券，由投资者认购方式筹集资金，然后投资于证券市场上各种上市公司的股票、政府债券和公司债券。有些互助基金还投资于期权、期货，以及货币市场上的各种短期金融工具。互助基金有更高的灵活性，与传统的股票相比，能够制造规模更大的结构性产品。

进一步增加标的资产。如一揽子股票、利率、汇率、商品和通货膨胀率。

三、专户理财

专户理财又称特定客户资产管理业务，是指基金管理公司向特定客户（企业、社团及自然人）募集资金或者接受特定客户财产委托担任资产管理人，由商业银行担任资产托管人，为资产委托人的利益，资产管理人运用委托财产进行证券投资的相关业务活动。

它可以根据高端客户的投资需求和风险偏好，为其提供量身定做的理财服务，充分满足高端客户富于个性化的各种特定理财需求。专户理财业务按照业务形式不同可以分为"一对一"专户理财业务和"一对多"专户理财业务两种。目前专户理财业务门槛相对较高，目标客户以机构客户和高端个人客户为主。

"一对一"专户理财业务。按照《基金管理公司特定客户资产管理业务试点办法》，基金专户理财的试点阶段先行允许基金管理公司开展 3 000 万元以上"一对一"的单一客户理财业务，该业务是指基金公司向单一客户募集资金，接受其财产委托，为单一客户办理的特定资产管理业务。

"一对多"专户理财业务。基金"一对多"专户理财业务，是指基金公司向两个以上的特定客户募集资金，或接受两个以上特定客户的财产委托，把其委托财产集合于特定账户进行证券投资活动，是对"一对一"专户理财业务的拓展。

专户理财属于基金投资的一种，最主要的特点是为特定客户提供个性化的资产管理服务。除具备传统公募基金管理公司专业化管理、组合投资、风险分散、透明度高等优势外，其最大的优势在于量体裁衣的产品设计、相对灵活的资产配置和专业化个性服务。目前的专户理财投资方式主要有储蓄、债券、股票、房地产、基金、保险、黄金、收藏品、外汇和期货。

表 13 - 8　　　　　　　　　专户理财业务与公募基金业务比较

	特定资产管理业务		公募基金业务
	"一对一"专户理财业务	"一对多"专户理财业务	
人数	单一客户	至少 2 人,不多于 200 人,但单笔委托金额在 300 万元以上的投资者数量不受限制	不得少于200 人
规模	3 000 万元起	单个客户 100 万元起,合计不低于 3 000 万元,不高于 50 亿元	一般单个客户 1 000 元起,合计不低于 2 亿元
投资范围限制	监管限制较低,客户可以设定投资范围和限制	投资范围和限制总体上比公募基金宽松,不同的产品合同有不同的规定	受到证监会制定的基金资产配置限制和严格监管
申购赎回	在法规允许范围内,可与客户协商而定合同的投资期限	资产管理合同存续期间,资产管理人可以根据合同的约定,办理特定客户参与和退出资产管理计划的手续,一年不多于一次	大部分交易日可以申购赎回,有较高的流动性
产品设计	根据客户不同的风险承受能力和风险收益偏好量身定做产品	设计不同风险收益特征的产品,向特定的客户发行;或为特定的客户定制产品	标准化的产品
客户服务	专职客户服务人员一对一贴身服务,更高频率的客户报告,客户报告不对外公布	享受高端客户服务,更高频率的客户报告,客户报告不对外公布	标准化服务,客户报告的内容和发布频率由监管机构统一规定

中银基金旗下"中银专户主题 1 号"是国内第一只获批且进入运作的"一对多"专户理财产品,之后,国内各商业银行的私人银行都以专户理财作为重要的渠道吸引客户。专户理财在中国私人银行市场上已成为重要的理财工具,它的特点如下:

(一) 灵活的费率结构

客户可以与资产管理人在法规限制内协商管理费率和业绩报酬比率。采取业绩报酬的模式能给资产管理人有效的激励,调动其积极性,使管理人与委托人的利益一致化,促使资产管理人为资产委托人争取最优的投资成果,为客户谋取最大利益。

（二）广泛的产品类型

专户理财突破了公募基金的某些限制，无论在投资品种还是投资风格上都有很大的设计空间和选择余地。投资标的涵盖了基础金融工具和金融衍生产品，从而可以提供公募基金无法提供的收益创新产品，实现对风险收益偏好的准确定位，满足客户的独特需求。

（三）高端的客户服务

专户理财意味着更贴心的客户沟通。基金管理人会定期编制并向资产委托人报送关于其委托资产的投资管理报告，提供详细的账户资产信息、投资运作说明等内容，向客户提供关于市场状况和投资策略方面的专业资讯。

（四）灵活的投资模式

专户理财能够运用各类投资品种和投资策略，实现更广泛的投资范围、更灵活的资产配置。尤其突出的是，由于仓位和投资比例限制较小，专户理财有高度的投资灵活性，能更迅速地把握市场机会，发挥投资经理的主观能动性，看准投资机会时可以适度集中投资，提高获取收益的潜力。

（五）独立的运作操作

专户理财一般规模适中，比较稳定。更重要的是，专户理财根据与客户共同讨论制定的投资政策进行运作，不参与市场排名，以客户的投资需求为第一目标。投资目标明确，不追求短期收益和排名，投资风格稳定。

四、不动产投资

高净值客户对不动产投资的兴趣一直都很浓厚，这一点是对高净值客户"偏好有形资产投资"的充分体现，下面将主要介绍不动产投资的两种产品：不动产顾问服务和房地产投资信托。

（一）不动产顾问服务

即使在国内，财产管理顾问服务领域的发展也非常迅速。目前，许多私人银行都提供不动产顾问服务，为需要购买或出售不动产的客户提供多种服务，包括管理、改造、估值、调查、物业管理、融资、高端市场按揭贷款服务和不动产投资机会服务等。

（二）房地产投资信托

除上述顾问服务外，不动产还被广泛地追捧为重要的投资类型，这是由于近年来国内房地产价格不断攀升，与房地产相关的投资产品也获得了快速增长。

房地产投资信托在国外许多国家中被称为不动产信托。它是一种以土地及地上固着物为标的物，并以对其进行管理和出卖为目的的信托。在这种信托关系中，核心是房地产财产，基础是信任委托，运作方式是房地产财产的经营与管理。产品涉及房地产的资金融通及风险管理，是许多国家房地产投资的主流金融产品之一。

从国际范围看，房地产投资信托是一种以发行收益凭证的方式汇集特定投资者的资金，由专门投资机构进行房地产投资经营管理，并将投资综合收益按比例分配给投资者的一种信托基金。

国际意义上的房地产投资信托在性质上等同于基金，少数属于私募基金，但绝大多数属于公募基金。房地产投资信托既可以封闭运行，也可以上市交易流通，类似于我国的开放式基金与封闭式基金。

我国当前的房地产投资信托纯粹属于私募性质。中国真正意义上的房地产投资信托的理论研讨日趋热烈，但产品的实际操作还有待破冰。

五、另类投资产品

(一) 红酒投资

极品红酒能给投资者带来的双重效应包括无价的品质和长期稳定的增值。红酒市场面临全球需求量的快速增长和供给有限两方面的影响，被许多投资者看好。除了投资的目的以外，投资者还可以亲身享用世界顶级的红酒。

需求量的增长。一方面，成熟市场的需求量保持平稳发展；另一方面，始于新兴市场的需求量也正随着财富的快速积累而不断增长。极品红酒不仅是一种奢侈品，更标志着人们所向往的高品质生活。

有限的供给。酒庄的面积及产量均受到法律的严格控制，每个酒庄每年所生产的酒量是有限的，而且还会随着正常的消耗而逐年减少。当一支红酒进入成熟的饮用期时，其消耗量会大幅增加，存货逐渐稀缺。

自世界最具权威性的伦敦红酒交易所（Liv – ex）高档红酒指数成立以来，其年化收益高于黄金现货收益。红酒的波动性比股票低，且红酒与股票等其他资产类别的相关性较低，因此，红酒可以作为资产配置的一部分，有效分散组合风险。

红酒投资产品示例：2008 年 7 月，中海信托与中粮集团联手推出了国内首款"期酒"概念的理财产品。客户理财收益有红酒消费和现金两种。"期酒"是指在葡萄酒尚处于窖藏期未成熟时，以理财产品的方式向投资者发售，在葡萄酒成熟装瓶后，投资者根据自身喜好，选择直接消费所购葡萄

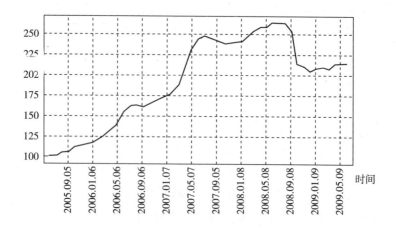

图 13 – 2   2005 年 9 月至 2009 年 5 月 Liv – ex 红酒指数

酒，或持有理财产品至到期赎回资金。该信托计划将买入君顶酒庄干红葡萄酒 2006 年份"期酒"的收益权，期限为 18 个月，预期最高收益率为 8%。

（二）私募股权投资（PE）

私募股权投资是对未上市企业的股权进行投资，此类投资产品具有高风险、高回报和无流动性的特点。国内私人银行市场近年来也在积极研发此类产品，已有几家私人银行陆续推出私募股权投资产品，并且获得客户的积极认购。

私募股权投资产品示例一：招商银行私人银行的一款私募股权投资产品。

表 13 – 9　　　　　　招商银行私人银行私募股权投资产品相关要素

项目	内容
投资方向	投资 5 至 30 家企业，投资领域主要为中小企业
投资期限	3 年 + 2 年投资期限，即 3 年之后如果企业上市，则卖出股权套现，如果企业不能上市，则产品再延迟 2 年，以期待企业上市；但产品的最长投资期限不会超过 5 年
投资顾问	国信证券（它是扶持中小板企业上市量最大的一家券商）
规模	总募集资金 1.5 亿元
风险控制	为分散风险，资金将投资到至少 5 家企业上，有可能是 10 至 30 家，同时规定对每家企业的投资比重不得超过 20%
信息披露	产品正式成立之后，每一个季度会对客户出具书面投资报告，每半年邀请客户参加一次面对面的交流会，报告产品所具体投资的项目以及最新进展
产品风险	投资的企业能否顺利退出，能否如预期那样实现上市，企业是否成熟，它处于什么样的生命阶段，都将影响产品的投资风险和收益

这款产品针对在招商银行至少有 3 000 万元资产的客户发行。招商银行要求客户本着自己的风险承受能力及投资顾问给出的资产配置建议进行投资，不建议其投入太多。保守型客户购买该产品的金额不能超过其资产的 3%，稳健型客户不能超过其资产的 6%，激进型客户不能超过其资产的 12%。

私募股权投资产品示例二：建设银行私人银行的一款结构化私募股权投资产品。

"建设银行财富 3 号" 6 期股权投资类人民币信托理财产品是一款私募股权投资类产品。该产品募集规模大约为 7 亿元，产品设优先级收益和次级收益两个客户级别，投资起点分别为 20 万元和 30 万元，次级收益客户承担更大风险，但如果产品获得高收益，次级收益客户会享受比优先级收益客户更高的收益。产品投资期限为 5 年 +1 年。

（三）艺术品投资

对个人投资者来说，购买艺术品不仅是精神上的愉悦，也是资产组合配置中的重要一环。艺术品是上流人士永恒的奢侈品，名家名作尤具投资魅力，新人新作充满高风险与高收益。投资的力量使得全球艺术品市场从收藏市场转向了投资性市场，这种转向也非常的剧烈。高净值人群推动艺术市场不断走高。

金融危机之后，艺术品价格的下降反而增加了人们的参与度与积极性，这导致了艺术市场的另一种增长方式，即规模性的增长和理性型增长。这主要表现为经典作品价格的持续走高和新晋收藏家的谨慎入场。

第十四章　私人银行业务的服务分析

第一节　私人银行业务的服务平台概述

一、私人银行业务服务平台的概念

私人银行业务是服务层次最高的银行金融业务，体现银行对相关业务综合管理、协调运作的能力，对塑造银行的品牌和形象有很大的作用。就像只有能够打造顶级钻石的珠宝店才能成为最有前途的珠宝店一样，在客户眼中，只有能提供优质私人银行服务的银行才可能成为一流的银行。

私人银行服务并不是单纯产品和服务的叠加，而是致力于为高净值客户打造一个综合各项产品和服务的专业化金融服务平台。

（一）多元化的产品平台

我们在上一章中已经介绍了私人银行丰富多样的产品，作为以财富管理为核心业务的私人银行，正是因为能够提供多种多样可供自由选择和组合管理的金融产品，才获得高净值人群的青睐。

1. 花旗集团私人银行的多元化产品平台

花旗集团私人银行能够为全球的高净值客户提供量身定做的、完善的财富管理服务，包括投资基金管理、客户交易活动、信托服务、结构性贷款、外汇交易、资产衍生品、托管服务，还能提供许多独特的服务，如通过家庭咨询服务帮助客户解决资产管理问题，通过艺术品咨询服务帮助客户挑选、保管艺术品。这些独特的服务项目使得花旗集团私人银行成为全球领先的私人银行服务提供者。

2. 瑞银集团私人银行的多元化产品平台

2003 年，瑞银集团将私人银行业务正式更名为财富管理业务，向拥有大量资产的投资者提供全方位的财富管理服务，使客户享受到精心选定的、品质卓越的、全方位的金融产品和服务，并向这些投资者提供与其个人目标和家庭目标相一致的个性化的金融解决方案。瑞银集团财富管理的服务宗旨是，通过众多精于税收筹划、单一股票风险管理、股票期权投资、财富转移和慈善规划的专家顾问之间的相互协作，制订出与每位投资者的投资计划相适应的规划方案，进而为个人投资者及其成立的信托基金或私人基金，提供能够实现风险与收益平衡的资产分配。

表 14-1　　　　　　　瑞银集团财富管理产品与服务内容

投资方案	退休金和保险
资产组合管理	瑞银集团 Fisca 退休金账户
受托基金资产组合	瑞银集团寿险
主动建议	**瑞银集团全球托管**
绝对回报	**不动产咨询**
投资产品	**附加服务**
结构性产品/衍生品	账户
瑞银集团基金	银行卡
投资基金账户	支付服务
资产分配基金	高级俱乐部
财务规划	**艺术金融**
个人财务规划	艺术品研究
退休规划	艺术品买入与卖出
继承规划	**金币与钱币**
税收筹划	**瑞银集团 Optimus 基金会**
抵押和贷款	
瑞银集团抵押	
个人融资方案	

3. 隆奥达亨银行的多元化产品平台

隆奥达亨银行成立于 1796 年、日内瓦最古老也是瑞士和欧洲最大的私人银行之一，在欧洲、北美洲、南美洲、亚洲等地设有 20 余家分支机构，向个人和机构客户提供资产管理、金融产品和专业领域的一系列咨询服务。它的基本业务是资产管理，它不断创新业务流程，在不脱离资产管理的前提下充分考虑金融产品多元化，不断整合最新的技术。隆奥达亨银行的业务包括私人财富管理、投资银行以及机构投资者服务三个部分。其中，私人财富管理的业务收入占总收入的 60% 左右。该行提供的私人财富管理产品众多，业务范围非常广泛，包括互助基金（传统基金、另类基金、外部基金甄选）、财富规划和咨询服务（财务规划、法律与纳税建议、职业养老金规划、银行保险）、投资建议、股权研究及全球保管等。

多元化的产品平台是私人银行服务平台的关键内容，客户希望为自己提供服务的银行能够不断推出新的金融产品和新的服务项目，因此对于私人银行来讲，宽泛的产品范围、广泛的投资渠道是其吸引和留住客户十分关键的因素。

（二）优质的专业金融服务平台

专业的私人银行服务集中银行、财务、税收和不动产策划、投资、法律以及会计等领域的大批专家，为客户提供最高级别的专业服务。同时，私人银行还要按照产品线和客户线实行相对独立的管理模式，着力培养各个领域的专家，创造一流的销售和服务平台。资产管理部门是后台，不同的产品分别有不同的团队或子公司去经营，每项产品都要以创造品牌为目标；私人银行部门是前台，不同的客户分别由不同的营销服务团队开发维护。私人银行业务对个性化服务的要求很高，银行要通过细分市场和客户，在不断的接触过程中全面了解客户的个性化需求，对每个客户的具体情况进行深入分析，向其提供量身定做的产品方案。而这一系列活动，都需要有高水平的、优质的服务作为支撑。

从事私人银行服务的客户经理首先是一名专业理财师。只有足够专业的理财师才能针对客户在事业发展的不同时期，依据其收入、支出状况的变化，根据其投资偏好、资金配置意愿等因素制订储蓄计划、保险计划、投资计划、税金对策等理财方案，从而实现客户资产的保值、增值。因此，客户经理必须在投资产品的运作模式、财富分析、风险防范、统筹规划等专业技能的培养上下工夫。另外，客户经理还要拥有良好的职业道德和个人品质，能够站在客户的立场上为客户出谋划策，获得客户的信赖。

目前，国际上较为认可的理财师资格认证有国际金融理财师（CFP）、特许金融分析师（CFA）、认证财务顾问师（RFC）、特许财富管理师（CWM）等。国际金融理财师是国际上最权威的金融理财职业资格。

（三）增值服务平台

除多元化的金融产品平台和优质的专业金融服务平台外，"管家式"的增值服务也是私人银行为高端客户服务必不可少的要素。一般私人银行可以提供的增值服务主要包括如下内容：

1. 专家医疗

在私人银行提供的增值服务中医疗是最关键的。比如，如果客户有需要，私人银行可以为其预约全国最权威的医疗专家，甚至还可以联系专家到客户所在的城市上门诊断。在中国，很多情况下，即使腰缠万贯也未必能请到医疗专家，但私人银行通过人脉关系，可以在特定的时间为客户预约专家，为双方提供长时间交流的机会。

除了财富增值，富豪最关心的还是健康，这正是私人银行吸引客户的原因之一。《理财周报》曾经作过调查，发现国内私人银行医疗健康服务普遍与财富管理中心的 VIP 服务相连接，其中，以中国银行私人银行的医疗健康服务最为完备，客户可以通过中国银行私人银行享受顶级医疗专家服务。

2. 子女教育

对客户子女成长的关注，是私人银行对客户家庭关怀的重要方面。对高净值客户子女的关注首先体现在对子女教育服务方面，即建立教育信托基金，为客户子女未来的教育资金作准备。这部分资金主要用于低风险资产投资，比如股权类投资、信托类投资、新股申购、央行票据投资等，通过私人银行的投资运作实现稳健增值，待客户子女成长到一定年龄时到期派息。

在留学服务方面，私人银行还可以挑选具有高等级资质的第三方机构作为专业合作伙伴，为客户的子女留学提供专业咨询和后续服务。例如，留学材料、签证材料等都可以代为准备，出国后涉及的法律、账户安排等问题也都尽可能地为客户提供解决方案。

此外，私人银行还可以为客户子女搭建交流平台，举办一些专题活动，如夏令营等，二代财富继承者可以通过活动认识相同阶层及背景的朋友，建立自己的圈子，同时也将学习诸如财富管理及心理学方面的课程，培养成熟的财富心态与财富观念。这样不仅有利于私人银行与客户建立长期的、相互信任的合作关系，同时也是在培养私人银行自己的潜在客户。

3. 休闲娱乐

私人银行从身心两方面关爱客户的健康状况和休闲活动，提高客户的生活品质。许多私人银行都会组织客户进行网球培训、高尔夫培训，以及策划一系列的俱乐部活动。

表 14 – 2　　　　　　　　　　　　休闲娱乐增值服务

休闲	旅游	论坛及沙龙	信息服务
高尔夫运动（比赛、技能培训课程等）击剑运动（私人教练）马术运动（南京市国际赛马场）私人别墅聚会	国内主题游（考古、花卉、体育赛事、影视基地等）国外专题游（购物、电影节、迪拜国际奢侈品展、欧洲城市列车、游艇、热气球等）国际商会联谊游国际著名企业交流活动	项目投资、财富管理、金融服务经济数据解析、证券市场分析会员交流活动主题化、个性化沙龙	内部杂志、期刊行业投资分析报告会员内部信息交流

二、私人银行业务的"管家式"服务特点

私人银行业务的服务堪比"管家"，要将客户生活中的衣、食、住、行、等多个方面归纳为不同的服务体系，以建立一个系统的服务平台，提供全方位的服务。

（一）私人银行业务的服务内容范围广

传统的零售银行业务主要以销售产品为主，而对于私人银行来说，理财仅仅是一小部分，它的服务还涵盖其他方面的金融服务，包括向客户提供一些不对普通投资者开放的投资机会，如某些对冲基金、股权投资机会等，帮助客户避开投资资格的限制，直接增加服务价值，同时它的服务还包括向客户提供与其个人及家庭生活相关的一些非金融领域的服务，比如代表客户到拍卖场竞标古董，提供收藏鉴定，陪客户品鉴红酒，为客户提供心理辅导。私人银行为客户配备私人银行家和投资顾问专家，几乎可以为客户打理生活中大到财务管理、投资决策，小到订机票、接送子女、缴物业费等生活琐事。私人银行被称为富翁的"账房先生"，它所提供的是从"摇篮到坟墓"的私密与周到的"管家式"服务。

（二）私人银行业务服务多元化

私人银行会针对客户人生不同阶段和重要问题提供"一站式"全面金融服务。私人银行已不仅是单纯出售柜台金融产品的"金融百货店"，而且是客户财富的管家和事业上的助手。

（三）私人银行业务服务突出私密性和个性化

私人银行的会客厅永远是非常私密的房间，更多时候客户根本不露面，

而是让私人银行客户经理"上门服务"。客户经理们提供的不仅仅是财富增值的渠道，更重要的是个性化服务，要为客户生活中的问题寻找解决方案。

私人银行客户经理需要了解客户在多空市场中不同的反应。比如，在市场下跌的时候，有的客户会认为这是逢低承接的机会，而有的客户只愿意等待下一波上涨趋势确立之后才进场。在相同的市场情况下，对于前者，私人银行应该建议其继续持有投资，同时等待低位加码买进。而对于后者，私人银行必须建议客户现行获利了结，以保护其投资。真正个性化的服务是针对不同的客户作出不同的投资建议，在寻求投资回报的时候必须要做到让客户放心和安心。

第二节　私人银行业务的服务准则

私人银行业务的服务是非常具有挑战性与创新性的，需要将各种金融和非金融服务系统化、层级化、差异化、顶级化、细节化，同时，还需要对高净值人群有深入了解，能够跟踪高端客户多方面的需求，对社会各个领域的顶级服务进行发掘和开拓。这样私人银行服务就不是简单的服务加总，而是一个有吸引力的、能捕获客户的强大平台。从客户最开始感受到"专属、尊贵、私密、高端"，到最终形成全面依赖，使这些服务具有不可替代性。因此也可以说，将多种渠道服务整合起来的私人银行服务体系，是不同私人银行之间差异的关键体现。

一、私人银行业务的服务体系建设原则

基于上述目标，私人银行服务体系建设要遵循以下几个原则。

（一）系统化原则

私人银行应努力使其服务全面覆盖金融和非金融的各个领域，拥有一个触及高端客户个人及公司两个层面，涉及所有生活、工作环节的服务体系。系统化建设是长期的、基础性的工作，也是未来私人银行渠道建设的根本。

（二）层级化原则

对于金融产品，可以按照产品的投资期限、投资标的、投资门槛等对产品进行类别划分，并根据客户的需求、风险偏好等维度制订短期、中期、长期的产品研发规划，实现各种产品的交错搭配。对于不同类型的活动，可按照生活需求与兴趣进行分类，客户的需求可分为必要型、提高型、创新型

等，私人银行可要求供应方根据客户的不同需求类型设计活动方案。比如出行、医疗等领域的活动，按照必要型来进行管理，应该要求供应方以最快捷、最专业、最全面的思路进行设计，让客户产生依赖感，将这些领域的服务打造出不可替代性。其他服务，例如奢侈品订制服务，则可按照提高型对其进行管理，要求供应方以最新、最时尚的思路进行设计。又如运动类活动，则以创新型对其进行管理，要求设计者以专业的运动标准，提高客户参与活动的趣味性。

（三）顶级化原则

无论是金融服务还是非金融服务，私人银行都应从客户的顶级需求着手。设计、购买和开发服务的最主要原则是给客户提供最顶级化的服务。私人银行应选择每个服务领域最具竞争力的前三名，或者是领域内最具创意的方案为客户提供服务。

（四）细节化原则

私人银行的服务品质是体现在服务的每个细节上的。在私人银行各种服务的衔接上，都要尽量做到无缝衔接。因为整合的服务体系涉及诸多领域，需要系统化的管理，比如可以制作专门的服务手册，全面系统地介绍服务体系，使客户一有需求就能马上找到接入的方式。建立一个以客户经理为主导、各个供应商为辅助的客户服务中心系统，当客户提出服务需求时，由客户经理直接接洽，但延伸服务则由外围的统一对口系统负责。这种模式也可以让服务更加标准化，同时也对开发和维护客户有推进作用。另外，在各类客户经理可以陪同的活动上，可以多设计让私人银行客户经理参与的环节，以增加其与客户的接触点。这些都是在设计和购买活动过程中需要考虑的一些细节问题。

（五）差异化原则

目前由银行系统提供的服务类型很多，比如财富管理中心的服务、各类银行的信用卡中心的服务。私人银行的服务要与这些服务体现出差异性。这一点也体现在活动层级化管理中，这对提高型和创新型活动的开发提出了更多要求。顶级化原则和细节化原则的有效实施是差异化的保障。

（六）品牌持续延伸化原则

私人银行的各种服务和活动，一定要可持续、可延展，这样才能更好地树立品牌。因而在构建服务体系时，需要仔细思考品牌的意义，作出契合品牌形象甚至能提高品牌形象的服务决策，使私人银行的品牌在客户心中产生不可替代性，并让客户产生忠诚度。

二、私人银行业务的服务准则

私人银行在为客户服务的时候，还需要遵守以下三条准则。

（一）准则一：私人

"私人"的含义，首先是指私人银行服务面向的对象是个人，而不是机构或公司。有人认为私人银行就是为顶级富人提供超高收益的理财产品，这是对私人银行认识上的常见误区。事实上，不可能有十全十美能够解决一切财务问题的理财产品，也不可能有适合所有人的理财方案。对于每一个客户，私人银行都应对其提供量体裁衣的个性化服务，这才是私人银行服务的真正意义。

"私人"一词还涵盖了私人银行业务的三大特性，即私密性、独有性和专业性。私人银行业务更注重于长远的资产配置和投资观念的更新，以实现对财富管理的长远规划，最终达成综合财务目标。

（二）准则二：私密

在世人眼里，私人银行多少有点神秘色彩，它是守口如瓶绝对尊重隐私的地方，是达官贵人、巨贾富豪出入的地方。在花旗银行一间私密典雅的办公室里，一个富豪正在倾听两个金融理财精英的投资建议，仅仅几分钟，富豪即决定将自己的资产，按照建议设立一个私人基金，由所罗门兄弟公司三个投资经验累计超过80年的资深基金经理挑选30只股票，进行全球范围内的证券投资，富豪可以随时随地根据自己的喜好进行买卖。这就是私人银行服务最为常见的一幕场景。

为客户保密是私人银行服务的最基本准则。让客户感受到私密性正是私人银行服务的关键要求之一。这首先包括通过装修布局、提供各种硬件设施，让客户有私密的感觉，其次还包括在接受金融服务时，让客户有不被别人注意的私密感受。

私人银行在为客户提供普通银行服务的过程中，也要充分注意为客户保密。例如，在现金柜台，客户要求查看资产金额，服务人员应将金额输入计算器示意给客户，而不是直接告诉客户；给客户的回单要用信封封好；返还给客户身份证时不能让其他人员看到身份证的正面等。

（三）准则三：专属

首先，"专属"意味着客户有自己专属的客户经理和服务团队。一位客户选择私人银行服务的同时，也即选择了一支专业的服务团队为其提供技术及顾问服务。例如，招商银行是采用"1＋N"的专业服务模式，即由一位私人银行高级经理和多人组成的"投资顾问团队"为客户提供服务，而中国银行则是采用"1＋1＋1"的专业服务模式，即由一位贴身的私人银行经理（PB）、一位经验独到的私人银行投资顾问（IC）和一位私人银行家助理（PBO），共同为客户提供专业化、个性化的金融资产管理服务。

其次，"专属"还意味着以专业化的定制服务满足客户需求。一般私人银行客户经理会与客户商定一个合理的全方位理财计划，包括规避风险、获得相应收益，然后通过私人银行专属产品或者投资股票、信托、基金、债券、结构性金融产品、私募股权、黄金及艺术品等获得收益。一个全方位的理财计划只针对一位具体的客户，这是私人银行服务"专属"准则的体现。

第三节　私人银行业务的服务理念和服务定位

一、私人银行业务的服务理念

从服务理念看，私人银行提供的是整体解决方案，而不是金融产品的简单堆积。私人银行所提供的解决方案并非由客户一时一刻的需求而定，而更多的是考虑和规划客户较长一段时期甚至一生的金融需求。

客户是支撑私人银行业务发展的基础，因此，必须始终遵循以客户为中心的服务理念，把客户利益最大化始终放在第一位。另外，高端服务业必须注重细节，细节决定成败。注重细节就意味着精致的品质，而精致就意味着做大不是目的，做强才见真章。对于私人银行业务而言，应该是在"做强"业务基础上再"做大"业务，而不能只是一味地追求"做大"业务。前文经常提到的隆奥达亨银行，就是"做强"私人银行业务的标杆。私人银行业务是隆奥达亨银行两百多年唯一的专业和事业，它只专注在私人银行一种业务上，没有证券承销、股票经纪与其他银行业务，因此也就不会给客户带来交叉销售金融产品的困扰，因而能够专心管理客户的资产。在私人银行业，隆奥达亨银行已经堪称典范，但它刻意保持现有规模，并不盲目扩张，这既是为保持传统，也是在明确自身在这个激烈竞争的市场上的定位。

二、私人银行业务的服务定位

私人银行业务的服务定位涉及第十一章所讲到的"咨询模式"和"产品

驱动模式"这两种私人银行服务模式的定位。定位不同，所采取的服务方式就不一样。在"咨询模式"下，私人银行服务一切以客户需求为中心，想客户所想，设身处地地为客户出谋划策，排忧解难，帮助客户实现预期目标。而在"产品驱动模式"下，私人银行更多的是从银行角度出发，以产品作为与客户沟通的主要工具。目前在我国，由于监管政策和私人银行运营经验所限，"产品驱动模式"是普遍采用的模式，但是长期来看，私人银行的服务模式只有向"咨询模式"转变，才有可能维持私人银行业务长久的生命力。

（一）私人银行投资顾问在"咨询模式"中的作用

私人银行客户希望私人银行能够提供个性化的服务，保障服务的私密性，并通过直接的沟通和互动为其提供专业的咨询建议，而投资顾问在满足客户的这些要求方面具有无可替代的作用。与国内银行现有的私人银行客户经理服务模式相比，私人银行投资顾问的最大特点是通过团队方式为客户提供多对一的服务。以投资顾问为中心的团队通常包括多个产品专家，如基金、信托、保险专家，其为客户制订涵盖各专业领域的解决方案，从而打破地域限制和不同金融市场的限制。以瑞士信贷为例，私人银行投资顾问能得到两个层次的产品专家团队的支持，一是本地产品专家团队，二是全球产品专家团队，他们一同为客户提供包括财富管理、投资银行、资产管理的全面服务。

而且，投资顾问在为客户提供咨询服务的过程中也能够进行高附加值的销售，这也是私人银行收入和利润的来源。以花旗银行和瑞士银行为例，私人银行顾问在创造银行价值方面发挥着巨大作用（见表 14-3）。

表 14-3　　　2006 年末花旗银行和瑞士银行私人银行顾问绩效

	花旗银行	瑞士银行
私人银行顾问数量（人）	551	4 742
平均每个私人银行顾问创造的年收入（百万美元）	3.91	1.86
平均每个私人银行顾问管理的资产（百万美元）	338	230

资料来源：花旗集团 2006 年年报和瑞士银行 2006 年年报，其中，花旗集团数据仅包括私人银行部门的私人银行家相关数据，瑞士银行数据包含全球的私人银行及财富管理业务数据。

（二）私人银行咨询顾问销售模式

在"咨询模式"中，私人银行顾问承担了制订方案和推动方案执行的职能，通过客户关系管理、分析评估、规划建议、执行和检查调整五个环节，实现从制订方案到执行方案再到修正方案的螺旋式提升。

由于私人银行顾问的风格也有多种，因此，完整的顾问销售模式意味着两个方面的选择：一是选择正确的产品和服务，二是选择正确的销售顾问，以符合客户的风格。

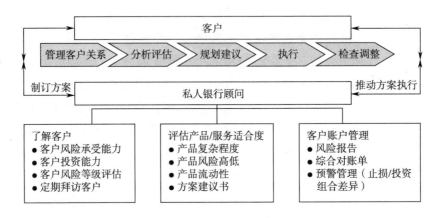

资料来源：Tower Group，美国 CFP 业务执行流程。

图 14 – 1　私人银行咨询顾问销售模式

但是无论采取何种定位，私人银行的服务都要以与客户建立信任关系为核心，私人银行服务的原则是诚实、全面、完整地寻求客户利益最大化，取得客户信任是一切服务的基石。

第四节　私人银行业务的核心服务介绍

一、全球资产配置与投资组合管理

目前国际上流行的私人银行全球资产配置服务大致有两类：第一类是为客户实现资产的保值、增值。私人银行会根据客户的投资爱好，在全球范围内的股票、期货、债券和保险等多种投资方式中作出风险与回报比较合理的投资组合供客户选择，经过客户确认后，由私人银行专业团队按照合同约定的投资计划、投资范围和投资方式，代理客户进行综合的投资和资产管理操作。第二类是帮助客户进行全球化资产配置与长远规划。对于拥有巨额资产的人士而言，把全部资产放在某一个国家风险过高，私人银行可以帮助客户通过投资海外企业、购买不动产和设立信托基金等方式在全球配置其资产，并提供税务规划、遗产规划等服务帮助客户合理避税。

在为客户进行全球资产配置的过程中，私人银行需要运用投资组合管理的原理。投资组合管理是指投资管理人按照资产选择理论与投资组合理论对资产进行多元化管理，以实现分散风险、提高效率的投资目的。而高净值客户由于专业知识方面的欠缺，很难做到组合投资，因此，就需要私人银行发挥其投资组合管理能力，并且借助全球金融平台，施展其资产管理能力。在设计投资组合时，一般要依据以下原则：在风险一定的条件下，保证组合收益的最大化；在一定的收益条件下，保证组合风险的最小化。具体来说，还需要考虑以下几个方面的问题。

第一，进行证券品种的选择。即进行微观预测，也就是进行证券投资分析，主要是预测证券的价格走势以及波动情况。

第二，进行投资时机的选择。即进行宏观预测，预测和比较各种不同类型证券的价格走势和波动情况。例如，预测普通股相对于公司债券等固定收益证券的价格波动。

第三，投资组合多元化。即依据一定的现实条件，组建一个风险最小的资产组合。

全球资产配置不仅能帮助客户在更大的范围内进行投资和资产管理，对于私人银行自身而言，也能促进其内外部资源协同效应的产生。全球资产配置可以像纽带一样把银行集团多元化的业务联结起来，可以有效配置生产要素、业务单元与环境条件，实现协同效应，从而使银行得以更充分地利用现有优势，并开拓新的发展空间。全球资产配置能力卓越的私人银行不仅能有效扩展客户群，并且还能增强产品供应能力，提高整体盈利能力。汇丰集团在发展私人银行业务时就十分重视私人银行同集团其他业务模块合作对客户资产进行全球配置。据统计，汇丰集团 2007 年环球银行和资本市场业务的交易中有 34 宗来源于私人银行业务，集团因此赚取7 000万美元的收入。

二、税收规划

在私人银行的服务中，税收规划业务扮演着非常重要的角色。在高净值客户巨额财富的创造和转移过程中，应缴纳的税款是一笔不菲的开支，合理地进行税收规划是财富管理的核心之一，也是各家私人银行的高端机密所在。私人银行客户经理会在资深税务师的协助下，根据客户资产、收入、投资、开支等状况向客户提供税收规划的建议，并通过信托、离岸账户、保险等工具尽可能地减少客户税务负担。

高净值人群往往在多个国家和地区都有投资，面对的是几个国家和地区复杂的税法。因此，最快捷的途径是找一家私人银行为其解决这方面的问题。具体而言，税收规划主要有两个方面的内容，一个是选择税负低的投资品种，另一个是选择税率低的"避税天堂"。

选择税负低的投资品种。例如，在美国，本国纳税人在投资股票类资产时，持有期不足一年的，要付出最高28%的资本利得税，持有在一年以上的，要付出最高15%的资本利得税，因此，美国富人通常都会尽早将财产受益权转移给后嗣，以延长后代持有股票的期限，同时尽量选择当期收益少、长期升值潜力大的投资产品。

而把财产转移到税率低的地方，是私人银行为客户进行税收规划最常用和最实用的手段。目前，新加坡已经超越瑞士，成为世界上最隐秘的私人银行资产管理地。新加坡通过了一项法律，该法律规定任何在新加坡经营的金融机构不得对外公布在新加坡投资的境外客户的资料。这项规定既保证了富人财富的隐秘性，又达到合理避税的目的。

私人银行客户经理并不直接向客户提供税务咨询服务，其竞争优势在于他们掌握最为富有的客户资源，全球最优秀的会计师、税务师、律师等专业人士都乐意同其合作。有了全方位的规划，私人银行才能据此提供真正个性化的服务，将税收规划方案付诸实施。

三、财富传承

随着家族财富创始人的逐渐老去和财富继承者的不断成长，如何让父辈积累的资产实现平稳交接，就成了迫在眉睫的问题。私人银行的重要职责之一，就是做好财富传承。中国有句古语说"富不过三代"，而私人银行的理念就是要把财富一直传承下去。

家族信托基金是私人银行保障客户财富、为客户做好财富传承的有效方式。信托基金是指委托人（客户）将其财产所有权转移至受托人（银行），让受托人按照信托契约条文为受益人的利益持有并管理委托人的资产（信托基金）。根据信托协议，受托人是财产的合法拥有者，必须根据管辖法律与信托协议的条款管理财产。基于受益人拥有信托财产的合法权利，且受托人须对受益人负诚信责任，因而只有受益人可强制执行信托的条款。

信托基金具有较强的灵活性，委托人可按其特别要求制定信托协议的条款，特别是有关处理财产的条款。同时，信托基金保密性很高。受托人以其本人的名义负责信托的所有业务，使第三者无法得知委托人或受益人的身份。即使委托人（客户）发生意外或因犯罪其资产被政府冻结，信托基金的资料仍受到保护，不会外泄。

通常，信托与离岸公司同时使用更为安全。信托也可取代遗嘱，避免预立遗嘱与遗嘱认证程序的公开。

此外，信托基金还可以成为安排后代财富继承的有效方式，减轻甚至豁免遗产税（信托名下的资产不会被视为遗产）。"全权代管信托基金"赋予受托人许多弹性，使其可根据外部环境的转变灵活处理信托基金。

四、公司财务管理

作为客户的"管家"，私人银行不仅为客户管理家庭资产，当客户的公司遇到财务方面的问题时，私人银行也要为其提供顾问服务。

私人银行可以协助客户公司进行海外投资、提供公司收购合并的咨询建议、协助客户对公司进行重组和设置控股架构等。在客户公司有融资需求时，私人银行可以协助客户公司在资本市场上发行商业票据或发行公司债，以达到融资目的。在客户公司进行国内外贸易时，私人银行可以协助其进行转口贸易或离岸贸易，也可以协助客户成立外国公司为企业争取海外订单，还可以通过私人银行的海外分部协助客户管理海外专利或者商标。当客户公司有上市需求时，私人银行可以协助其引进战略投资者进行先行配股，为公司重组架构提供建议，协助公司联络上市工作需要的中介机构，如审计机构、律师事务所、资产评估公司等，协助公司进行本地或海外上市。

除此之外，私人银行还可以为客户公司提供专业的物业房地产选购意见、安排房地产贷款，并尽量以最优方案实现投资物业房地产的增值。

五、离岸服务

离岸服务是私人银行区别于一般财富管理业务的重要内容，私人银行的离岸服务主要有两个方面，一方面是通过设立离岸公司协助客户进行财务管理和税收、遗产规划，另一方面是通过私人银行平台进行一些离岸投资，以使资产增值。

（一）设立离岸公司

除了跨国的投资安排，一些私人银行还向客户提供全球财富保障计划。在海外免税国家与地区成立离岸公司是其中的一项重要方案，这有助于税务和遗产规划。离岸公司的主要功能是持有外币存款、证券投资、黄金、物业和土地等资产，如果配合境外成立的家族信托基金，财富保障效果会更好。通过设立离岸公司，客户可以节省收益、利息和遗产的相关纳税支出，增加财务私密性，使财产免受法律审核与纠纷，避免政治与经济动荡导致的房地产充公和没收风险，自由支配财产，并且可以减少投资与融资的交易成本。离岸公司也可用于经商贸易。离岸公司所在的国家与地区政治、经济、社会稳定，法律制度健全，离岸公司无须缴纳当地税，只须每年交少量的年费。

离岸公司的设立还可以使原公司增资扩股、资产转让等重组手续更为简便。以中国为例，一个直接在国内成立的独资或合资企业，当其股东需要转让股份、改变股权结构的时候，按照目前《中外合资经营企业法》的有关规定，它必须取得原审批机构的批准，手续复杂，耗时过长，也许它获得有关批准后，市场机会早已过去。但是如果转让手续可以在一个离岸公司完成，就无须经过国内有关部门的审批。

（二）离岸基金

离岸基金（Offshore Fund）也称海外基金，一般是指一国的证券基金组织在他国发行证券基金，并将募集的资金投资于本国或第三国证券市场的证券投资基金。它的主要作用是规避国内单一市场的风险，帮助客户进行全球化的资产配置。根据基金发行公司注册地以及计价币种的不同，离岸基金可以分为两种。一种是由国外基金公司发行并募集资金，通过在国内成立的投资顾问公司引进，供国内投资者申购的基金。这类基金注册地在海外，特别是一些"避税乐园"，如英属维尔京群岛、巴哈马、百慕大、开曼群岛、马恩岛、都柏林和卢森堡等地区和国家，这也有助于吸引全球的私人银行客户。还有一种是由国内基金公司发行并募集资金，将资金运用于海外投资的基金。

如果私人银行客户有移民或子女出国留学的打算，想把部分财产转移到国外，离岸基金将是一种合适的财务工具，因为如果单纯把资金汇到境外，可能会遇到意想不到的后果。不少国家的税率很高，税率在40% ~ 50%非常普遍，一旦资金进入国外的银行，将来做任何事都会牵涉到纳税的问题。所以，最好是先将资金放在离岸基金上，这样可以方便投资者作全球的资金调配以及实现最佳的避税效果。

而在那些希望进行匿名投资的私人银行客户中，离岸基金更是大受欢迎。境外私人银行客户经常会通过私人银行向对冲基金投资，在这种情况下，对冲基金的管理人很难知道真正的投资者。一笔来自瑞士某私人银行的资金，可能至少代表了5 ~ 10个投资者。

对于私人银行业务而言，这种产品最初的功能设计正是出于在全球市场投资并获取相对高额收益的目的。离岸基金基本上不受监管，它的运作方式及投资选择，在所有的基金里都是最宽松自由的。严格地说，很多离岸基金没有固定的投资方向。离岸基金一般都是以获得短期收益为主，流动性很强，如果一个国家出现了一个有盈利机会的金融领域，离岸基金的资金就可能迅速进入，投机性很强。

六、家庭办公室

家庭办公室作为私人银行的最高服务形式，服务对象一般是资产在8 000万美元以上的客户。家庭办公室旨在提供最全面意义上的财富管理服务，目标在于为顶级富豪的家庭保护资产并传承财富。

（一）家庭办公室产生的原因

几个世纪以来，私人银行都是权贵、政客及富豪财富的"避风港"。当世界各国出现越来越多的富人且他们的资产规模越来越大，但他们没有精力和经验使资产保值、增值时，家庭办公室便出现了。家庭办公室最早是为富豪家族独家打理财富。后来，它发展为一组专家或者一家私人银行同时服务许多客户的私人银行形式。多客户家庭办公室的鼻祖是位于纽约的贝西默信托公司（Bessemer Trust），它成立于1907年，现在为全球大约1 300个家族提供资产管理服务。

（二）家庭办公室发展现状

据统计，美国现在大约有2 500 ~ 3 000个家庭办公室在运作。家庭办公室的服务成本很高。近年的数据显示，1个家庭办公室1年的开销为100万 ~ 200万美元，这让富裕人群中的中下层富人望而却步。因此近年来，不少私人银行在向下开放家庭办公室服务。例如，英国投资银行 Granville

Baird 已经开始为资产规模在 2 800 万美元到 1.4 亿美元之间的客户提供一种名为"虚拟服务网络"（VSN）的家庭办公室服务。它将原来物理上在一起的家庭办公室移植到以 IT 系统为基础的虚拟工作平台，会计师、遗产顾问、律师、投资顾问等可以不在一个地区甚至不在一个国家，但他们通过虚拟工作平台，完全可以为全球各个角落的中层富人提供具有家庭办公室水平的个性化服务。这一模式将最新的科技和标准化的流程融合在一起，把向中层富人提供服务的各方融合在一起。全球各地的工作组可以凭借虚拟网络共同工作，采取流水线的程序，将财富管理的各个部件整合为一个协调整体，由此，还降低了各方参与的成本。

（三）家庭办公室的任务

家庭办公室将针对家庭事业连续性或传承的成功投资战略、细致的纳税统筹与战略规划结合起来，以保证财富向下一代按计划传承，满足家庭的具体需求，由此实现全面财富管理服务的目的。家庭办公室最重要的目标有两个：一是家庭资产的保值，通过选定和建立起一种适当的保有和转移资产所有权的法律结构保护家庭资产；二是家庭资产的增值，通过适当的资产战略配置以实现家庭的总体投资目标。

（四）家庭办公室的业务内容

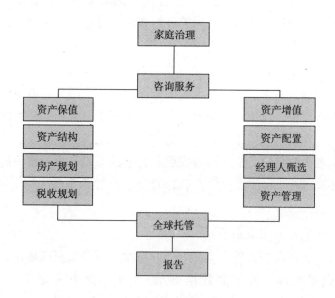

图 14 - 2　家庭办公室业务内容

表 14 - 4　　　　　　　　　　家庭办公室服务的具体内容

资产在 2 000 万美元以上	资产在 5 000 万美元以上	资产在 1 亿美元以上
财务规划	财务规划	整合规划
税务筹划	税务筹划 遗产规划	税务筹划 遗产规划
退休金规划	费用分析	费用分析 风险管理 流动性管理
银行融资	银行融资 税法原则 现金流管理	银行融资 税法原则 现金流管理
	保险管理	保险管理 托管 私人信托服务 托管代理
	公司信托选择	公司信托选择 地产管理
记账和做表	记账和做表	记账和做表
	总托管	总托管
保管	合并报表	合并报表 合并报表分析 合伙会计
投资策略	投资策略	投资策略
资产分配	资产分配	资产分配
经理上门服务	内部核心经理 外部替代经理	外部经理选择 业绩表现报告
	业绩表现报告	业绩表现报告分析 家庭资产分析 家庭治理
业绩表现报告	客户教育	客户教育 家庭会议 家庭公益事业 慈善规划
	基金会管理	家庭基金会管理 个人捐赠 生活管理 代付及账单服务 物业管理 个人旅游管理 收藏管理

（五）家庭办公室的特点

1. 极高的机密性

作为私人银行的顶级服务，服务的机密性是摆在家庭办公室面前的首要任务。家庭办公室的客户都认为低调、守秘是非常重要的。因此，客户和银行的关系非常直接而亲密。这要求私人银行本身也非常低调，避免作任何公开宣传。

2. 高度的信任

家庭办公室是最传统、最典型的私人银行服务。它除了能够提供全方位的服务之外，还需要服务对象的高度信赖与配合。在充分掌握客户资产细节的前提下，"财务管家"们才能进行全面合理的规划，这需要"财务管家"与其客户之间的高度信任。所以，得到客户的理解和认同非常重要。家庭办公室的服务对象也必须认可私人银行的管理理念，只有在这个基础上，双方才可能达成良好的合作。

3. 杰出的经理人

家庭办公室对其经理人的要求非常严格。他们必须十分可靠、需要拥有良好的教育背景以及社会背景，要有能力站在客户的角度分析问题，熟悉奢侈品，有品位。因此，家庭办公室的经理人通常也都是来自社会上流阶层。只有这样，他们才可以感同身受地替客户考虑。除此之外，这些客户经理必须十分谦虚，可以倾听客户的要求，而不是自己滔滔不绝地发表高论。不以销售为目的，而是真正根据客户需求给出最专业、最优化的建议，也是家庭办公室不同于其他私人银行服务的重要特点。

4. 费用开支大，收益较稳定，但不承诺回报

一个家庭办公室一年的开销为一两百万美元，但是其却不为客户承诺回报率。因为投资回报率是由金融市场的表现来决定的，而家庭办公室的职责是根据客户的要求、喜好与风险承受能力提供最佳建议，因此，客户投资回报率主要还是由其个人的投资偏好决定，取决于客户是风险爱好者还是风险趋避者。资料显示，在过去 50 年间，提供专业家庭办公室服务的百达银行的年平均回报率在 7% ~ 17%。

第四篇　未来篇

第十五章 全球财富管理
业务的未来展望

中国的财富管理服务和私人银行业务在很大程度上仍处于探索阶段，从业人员需要不断从其他金融领域和国际成熟机构汲取经验教训，推动产品和服务的研发创新，以持续满足富裕人群的需求。结合全球经济日益紧密的关联性和金融市场与日俱增的复杂性，笔者预测，未来全球财富管理业务将变得日益广泛和深入，银行集团内部一体化效应将更加突出。在一体化模式下，每一个平台都能以自己的资源为另一个平台的客户服务，目的是获取基于客户推荐、资源分享、风险分散的协同效应和规模经济效应。因此，从业者们只有需要转变发展思路、变革经营模式、强化战略重点，才能抓住市场高速增长和市场细分带来的机会。但这一发展过程也面临着诸多挑战。

第一节 全球财富管理业务发展的新趋势

金融市场环境的快速变化，促使财富管理行业认真审视总结自己的经营成果，并在新的业务形势下探索新的业务发展方向。为深入挖掘现有客户的价值潜力，同时吸引新客户创造更高的收益，财富管理从业者们需要不断致力于客户关系的巩固和深化，提高客户黏性和忠诚度，以提升客户价值贡献。同时，财富管理从业者们需要推进产品和服务创新，提供更契合客户需求、范围更宽泛、手段更个性化的产品和服务方案，建立开放式产品平台，扮演好产品销售过程的咨询顾问角色。创新经营管理模式，实现渠道建设的硬件配置和软件升级兼顾，提高运营效率。同时，把握外部市场的新利润增长点和新兴市场发展机遇，谋求财富管理业务的升级发展。上述这些问题，都是未来发展阶段中财富管理从业者们应该关心考虑的问题。本节将主要从上文提到的客户关系、产品服务创新、经营模式和外部市场环境这四个方面来探讨未来财富管理业务发展的新趋势。

一、客户关系的巩固和深化

财富管理行业面对的客户群体正随着市场环境而不断变化，客户数量和需求的复杂性也在不断增长。客户群体之间的特征和差异日益分化，意味着要在细分市场基础上加强精细化分层管理和客户价值管理，提高服务的专业性和客户关系管理水平。提升既有客户的渗透度和忠诚度，可有效深化既有客户关系；而通过建立新的目标客户群，可以不断夯实客户基础，扩大管理资产规模，通过范围经济提高经营业绩，也可以源源不断地补充客户资源。

（一）提升既有客户群体的价值贡献和忠诚度

财富管理业务利润增长的一个重要驱动因素是提升既有客户群体的价值贡献，尤其是中高端客户。中高端客户普遍看重资产收益性和安全性的平衡，而私人银行客户对综合金融服务的需求更为强烈。为加强对既有客户群体的渗透程度、提升客户的钱包份额，财富管理从业者需要关注以下三个方面的问题：

一是了解客户的需求与期望。在实际中很少有财富管理机构能够真正做到精准评估客户需求，并基于此提供针对性强的服务和产品。财富管理机构应通过前台调查，发掘和引导客户需求，并及时将需求分析结果反馈到产品研发和服务提供的中后台部门，通过业务联系形成与高端客户长远、深入的客户关系。

二是专注于价值贡献高的客户。客户细分在财富管理行业中占据重要地位，但在激烈的市场竞争环境下，许多机构暂时接纳了资产不达标、利润贡献低的潜力客户，以期望他们在未来资产增长达标。在这种情况下，财富管理机构分析投入—产出—利润贡献度的重要性更为明显。为了提高业绩，从业机构必须更专注于高价值客户所创造的利润和价值，通过收费逐步放弃不经济客户。真正的高价值客户是稀缺资源，因此与其盲目扩张客户规模，不如把大部分精力与资源放在与真正的高端客户建立更紧密的联系上。

三是为客户创造有价值的服务。财富管理机构应专注于向目标客户群体提供高价值的服务，这依赖于客户经理深入了解客户的需求与期望以及客户自身的价值所在。私密性、投资业绩、服务专业性都是提升服务价值的重要表现手段。此外，财富管理机构还应提供更广泛、更开放的传统型或创新型的产品与服务，能够基于客观中立态度提供咨询建议服务，而非主观的产品销售。

　　上述三个方面不仅要求财富管理机构把战略重点更集中于客户需求之上，还要求财富管理机构对客户关系维护有深入、系统的分析，并在此基础上提供优质的产品与服务。

　　（二）拓展新的目标客户群

　　由于监管严格和业务的特殊要求，传统财富管理机构获得新客户主要依靠现有客户的推荐与客户经理关系营销，很少利用大众传媒宣传吸引客户。近年来，财富管理机构获得新客户的渠道大为拓宽，财富管理机构不仅积极运用多种营销与促销手段，还经常通过收购或建立业务联盟从其他机构获得客户，如积极通过财务顾问、高端俱乐部、律师和会计师事务所等合作专业机构获取客户资源。商业银行一体化背景下的全能型财富管理部门也偏向于通过内部协同效应获得新客户。

　　市场营销方面，个人理财业务仍将以大众传媒为主要宣传途径。近年来，智能手机、平板电脑等电子传媒技术的革新也为精准采集客户需求开展营销奠定了基础。私人银行业务则重点以针对性强、资源稀缺、形象高端的活动作为营销载体，例如高尔夫、赛马等体育娱乐活动，以及教育讲座、经营论坛等。财富管理业务需要充分考虑不同子业务种类差异化的特点和需求，将营销宣传策略由广义的品牌形象转为具体的产品服务推广，这样才能有效发挥营销资源的价值。

　　人口统计学的研究结果表明，北美洲和欧洲等传统理财成熟市场未来受人口增长的制约，业务增长机会有限。财富管理未来的一个战略重点是通过现有客户来发掘新业务，并重点关注与客户下一代的关系，将客户的下一代作为新客户扩展的一个重要来源。其中，私人银行通过各种资源向家族潜在继承人介绍财富管理相关业务，并将其咨询顾问工作扩展到换代转移财富的产品和服务，以此来提高代际转移财富水平。私人银行通过培养下一代客户，实现持续性战略目标，与客户建立深入、持久的关系。例如，德意志银行"私人财富管理"每年在美国举办为期三周的研讨会，为客户的年轻后代提供从行业专家那里学习金融、商业慈善和金融责任的机会；罗斯柴尔德私人银行定期邀请客户20岁左右的子女，进行两周时间的考察学习，让他们深入了解私人银行业务是如何运作的，就复杂的财富管理以及家族治理和遗产继承规划等问题教育客户的家族成员；西班牙 Banif 则鼓励客户安排成年的子女（20岁以上）担任其附属公司的董事。这些活动和培训可以有效提高年轻人的财富管理能力，使其形成宏观经济判断力，也可以为财富管理机构创造即时的收入和珍贵的加强客户关系的机会。

（三）客户关系管理团队化经营

财富管理强调"以客户为中心"，本质上是一种以人为本的业务。中高端客户则越来越倾向于把财富管理机构看做一个处理银行、投资、顾问、信托、财务、税务及其他服务的综合平台。而财富管理机构的客户经理是客户与财富管理机构之间的连接点和提供服务的主界面，他们在吸引新客户、服务既有客户群体等方面行使基本的职能，执行多方面的任务。

传统的财富管理客户经理往往独立发挥能力。但是，随着金融市场复杂性的增加、客户需求日益多样化以及产品服务范围的不断扩大，对客户经理的要求也不断提高，单个客户经理已很难完全依靠自己的能力高效履行职能。因而，基于专业团队的客户经理服务模式的重要性逐渐显现。

在基于专业团队的客户经理服务模式下，客户经理专心致力于面对客户，根据需要调动机构内部的专业经验和资源。如图 15－1 所示的花旗集团私人银行业务的客户经理服务模式，其客户经理四周有各种金融顾问专家，为客户经理提供专业支持，形成由客户经理牵头的服务团队。对于综合金融集团框架内的财富管理机构，建立基于团队的客户经理模式能更加有效地调动其母机构其他部分的资源，也有助于使客户关系制度化，减少对单个客户经理的依赖。

美林银行在建立基于团队的客户经理服务模式方面是一个比较好的范例，其团队模式包括：（1）律师事务所模式。团队的结构参考律师事务所，每项业务由一到两个合伙人在顶端负责，由一批精通不同专业领域的助理支持。（2）枢纽辐射模式。团队的中心是一个或多个客户经理，他们专注于自己技能最强的客户关系管理领域，围绕着他们的是一圈专家，这些专家被临时组织和吸收进来补充团队的核心技能并解决具体的财富管理问题。（3）公司治理模式。组织类似股份公司，有首席执行官、首席运营官以及在其下执行具体职责且界定清晰的部门，其优势在于提供了一种股份公司执行人士熟悉而又感到舒服的结构。（4）家庭办公室小组。小组为满足少数超高净值个人及其家族的特殊要求而组建，服务内容几乎无所不包。

二、产品和服务创新

产品和服务创新是财富管理业务战略调整的一个重要方面。像金融服务业的其他领域一样，财富管理业务也要依赖投资银行或其他专业机构来提供

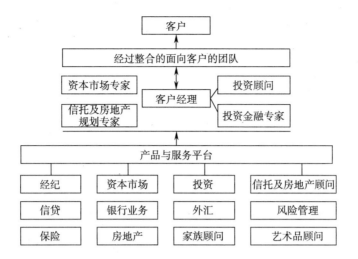

资料来源：王若冰：《基于委托—代理理论的私人银行业务分析》，载《大连海事大学学报（社会科学版）》，2009（5）。

图 15-1　花旗集团私人银行业务的客户经理服务模式

这种创新。一般来说，产品创新主要通过财富管理机构的外部资源来实现，需要利用到第三方产品供应商或集团机构内的其他部门。事实上，真正来自本部门的高价值产品创新很少。财富管理机构所作的实际就是以客户所欢迎的方式，向客户提供包括商业银行服务、投资银行服务、经纪公司服务以及各种专业咨询服务在内的"打包"服务，并辅之以相对高档的服务方式和独有的品牌优势。

产品创新方面一个重要的举措是加强产品生命周期的管理。产品生命周期不断缩短，应对监管和税务方面的工作也日益繁重。财富管理机构不得不加强产品生命周期的管理，以满足客户的需求。此外，它们必须更大胆地从产品库中除去那些使用不多的低价值复制式产品。传统上，银行总是大量制造产品而不愿废除它们，财富管理行业也是如此。产品和服务创新应该致力于抛弃低价值产品和服务，而更专注于能够创造价值的业务。

在非金融服务方面，改善富裕客户生活方式所提供的服务，包括如下四类：一是生活组织服务，即为客户的休闲、娱乐、购物等提供的组织服务和便利；二是旅行服务，即为客户旅行作出的协助和安排；三是房产和家庭服务，即为客户在居家和财产上的需求提供帮助；四是采购奢侈品服务，旨在帮助富裕客户购买和管理大规模的奢侈品。这些服务一般被看做是附赠的待遇，而不是增加的服务方案的组成部分。在目前变化多端的金融市场中，财富管理机构必须通过提供非金融服务来开发新的收入来源，增加收入机会，提高客户的忠诚度和深化对客户的认识。

三、经营模式和发展战略的调整

全球财富管理业务的战略重点和经营模式的转变体现在以下几个方面：

（一）从传统投资转向提供全面的金融服务

财富管理所涉及的业务品种丰富多样、纷繁复杂，具体涵盖资产管理、投资、信托、子女教育规划、移民计划、税务及遗产安排、收藏、拍卖等领域。投资者可以使财富在多元化的产品上实现保本投资、风险投资和情趣投资之间的均衡配置。

财富管理行业越来越被认为在扮演一个"综合者"的角色。这种"综合者"的活动意味着财富管理从业者们必须能够更快捷、高效地获取、分销和评估各种产品和服务。

（二）从产品销售角色转到强调信任的咨询顾问角色

财富管理致力于从产品销售角色转向强调信任的咨询顾问角色，提供更宽泛、更专业、更个性化的增值性解决方案。财富管理业务向客户提供的是个性化的金融解决方案，并非金融产品的简单堆积，它的精髓是站在客户的立场上，根据客户拥有的金融资产和具有的金融需求设计出一个合理的个性化解决方案。产品仅仅是解决方案的组成部分，而非解决方案本身。

咨询顾问服务还更加重视"完整的客户资产负债表"——财富管理从业者们提供全面的投资及咨询服务，以便取得客户财富的更大份额。以客户全部财富为管理目标，能使从业者提升既有客户的钱包份额，帮助客户和自己产生更大的收益，还可以帮助客户发掘新的业务。一言以概之，从业者不可避免地要围绕"可信任的财富顾问"这一概念，来重点加强品牌建设，以便从现有客户中产生更大价值，并在高增长市场上发掘新业务。

跨越所有理财领域来提供咨询顾问服务被许多人视为未来财富管理行业重要的利润增长点。咨询顾问的功能越强大、服务越积极主动，财富管理机构就可以收集到越多客户及其家族的需求信息。然而，提供咨询顾问服务的一个很大挑战在于这种服务往往依赖于经验丰富的专家。

（三）从自有开发产品转到开放式产品结构

由于客户对其最佳价值解决方案的要求越来越清楚，在设计和分销理财服务方面更多应用开放式产品结构的趋势是不可避免的。随着财富管理机构提供的产品与服务的种类不断增加，它们所需要的各种专业技能也日趋复杂，因此财富管理机构开始实行"开放式产品结构"，即标准化产品和服务由财富管理机构自己提供，而专业服务（如非传统投资、结构性产品、各种咨询服务）则从第三方获得。

图 15－2 概括了财富管理行业经历的一系列转变。

转变前	转变后
以产品销售为主 保密和保存资产服务 以自有产品为主 主要是投资服务 以股票和债券产品为主 交易性定价方式 以离岸为重心 分散的服务模式 研究仅是普通的服务 通过交易费用来收取研究费用	可信任的顾问 增值的解决方案 开放式（产品）结构 提供全面服务 非传统投资及衍生产品等 年金方式（定价） 以在岸为重心 整体的服务模式 研究推动投资 明确收取研究费用

图 15－2　财富管理行业的转变

四、未来市场环境展望

（一）在传统、新兴市场的潜在增长机会

从地域角度来看，在北美洲和欧洲，财富管理业务利润增长的重要源泉是既有高端客户群体，相比而言北美洲财富管理业务的增长将快于欧洲，而且由于其规模巨大，北美洲仍将是一个重要的市场。在中东地区，财富管理业务利润增长还将来自于财富继承和与能源有关的业务。在新兴市场（亚洲、东欧、拉丁美洲），财富管理业务利润增长将主要来自于新客户，这些客户主要是成长中的企业家和财富新贵。

新兴市场被认为是最具潜力的市场。这给财富管理从业者带来很多问题。一方面，新兴市场需要采用与成熟市场不同的产品分销管理方式和资产配置方式；另一方面，与成熟市场相比，新兴市场的投资者往往较少注重以均衡的方式来配置资产。

（二）在岸业务发展将快于离岸业务

各国监管机构在全球范围内合作打击洗钱的力度不断加大，各国的税收

政策也逐渐趋于一致，全球离岸财富管理业务发展存在一定的阻力，离岸市场将比在岸市场增长慢，尤其是在欧洲。由于透明度和信息披露要求，以及投资收入跨境税收新方案的实施，成熟市场的财富管理业务越来越注重提供本土的产品和服务，如瑞士银行的在岸私人银行业务的资产增长速度已经连续三年快于其离岸私人银行业务的资产增长速度。可以说，注重在岸业务已成为国际财富管理业务发展的一大趋势。

第二节　财富管理行业面临的主要挑战

一、来自客户方面的挑战

调研显示，中高端客户通常习惯将资产分散于不同的财富管理机构。因此，财富管理机构的客户维持能力就成为一个关键性挑战，这也是财富管理行业最重要的价值驱动因素。行业内一个广泛认可的规则是，一个新客户的获得成本是维持一个老客户成本的 5 倍，而且，每增加 2% 的客户保持数相当于削减成本的 10%。因此，财富管理从业者们正在为维持客户作出加倍的努力。从业者们需要通过常规性的客户或组群调查以及通过客户经理的全面反馈，对客户进行系统性的了解。然而，来自客户方面的挑战正越来越困扰着财富管理从业者们。

（一）客户逐渐变得成熟，要求越来越高，忠诚度在下降

随着整个财富管理行业的不断成熟，从业者们会发现他们的客户越来越成熟，其需求覆盖面越来越广，所提的要求也越来越高。这就要求财富管理机构能从更广泛的领域来寻找投资机会，这些领域包括传统的资本市场和相对较新的投资领域，如对冲基金、私募股权、风险投资、并购基金等。客户们对投资业绩、产品价格和服务品质会变得更加敏感，当不满意时会倾向更换财富管理服务提供商，同业竞争的激烈也使得更换变得相对容易。另外，谨慎监管和合规性要求的加强，也会促使各财富管理机构更新投资工具。

可以利用的金融信息、数据和资讯越来越多，使得客户对资产回报率、投资业绩、咨询建议质量的要求也越来越高。这给财富管理从业者们提出了更高的要求，也促使财富管理行业转而更专注复杂领域的营销和咨询服务，这客观上推进了行业的进步。客户们不再被动地轻易接受客户经理和投资顾问的建议，而是在财富管理过程中主动寻求对其财富的更多掌控。多数客户

更积极地介入其财富的管理活动，常常视财富管理机构为自己的投资选择搭档，而不是纯粹的代理人。

客户趋于成熟的另一个表现是客户忠诚度会随着市场竞争的加剧而逐渐降低，甚至有轻易更换财富管理机构的趋向。由于财富管理业务复杂性的特点，对于高端客户而言，出于多样化、保密性及寻求更专业化服务等方面的考虑，他们通常拥有不止一个财富管理服务提供者。IBM 欧洲财富和私人银行业调查（2005 年）发现，60%的客户使用一个以上的财富管理服务商。实际上，客户们越来越普遍的做法是，先分别把少量的财富交给多家财富管理机构去管理，再逐渐向其中表现优异者托付更多的资产。客户们很少对不能达到标准的财富管理机构表示出宽容，不管是因为服务质量差还是投资业绩欠佳。

（二）跨代财富传承进一步带来分裂性影响

在许多国家，两代人间的财富传承正给财富管理业带来巨大影响。财富管理从业者们因此需要及早着手，处理好与年轻一代的关系。在客户选择财富管理机构的理由中，跨代传承是重要因素。北方信托的一项调查显示，在美国有51%的财富管理高端客户已经退休，大规模的财富跨代传承还将继续，这意味着财富管理机构有抓住巨额财富的机会，当然，从另一面讲，这也是失去巨大财富的机会。

第一代高端客户一般是通过商业经营或各种高薪酬来创造财富，而第二代则主要是财富的继承者。一般财富创造者在本质上不会太关注财富管理，但他们会自己慢慢去学习如何理财，并为后代提供一个可遵循的模式。尽管两代客户在风险偏好和行为上的差别在缩小，需求日趋相似，但我们一般认为第一代财富创造者比其继承人有着更高的风险容忍度。财富创造者普遍相信即使失去财富，他们仍然能够再创造出来，而且他们积极介入财富管理活动，认为自己能够在自己的产业领域内取胜，也同样能在其他领域获胜。而继承人则相反，他们更厌恶风险，更倾向于保护财富。投资行为和风险承受能力的差异会使财富跨代传承带来分裂性影响。

（三）客户结构趋于复杂，出现了金融需求不同的新客户群

客户构成的变化也越来越成为财富管理行业面对的一种挑战。现在的高端客户除了企业家之外，还包括公司高管、文体明星、专业人士、财富继承人以及一些特别群体，如彩票赢家等。客户群体的多样性和明显的差异性，促使一些财富管理从业者已迈出重大改革步伐，推出针对性更强的财富管理

服务以适应各个群体的不同需要，但仍有大量的从业者还在固守"一招应全局"的模式。要抓住这些新客户群带来的新财源，挑战表现在两个方面：一是要获得这些客户需要新的创造性的途径，二是每个细分的客户群都有非常个性化的需要，所以必须修正已有的方案，或设计全新的方案。

二、来自产品研发及销售方面的挑战

为满足客户的需求，并争取竞争优势，财富管理从业者们正致力于应对产品研发及销售方面的挑战，归纳起来主要集中在产品范围、定价水平、分销渠道三个方面。

（一）产品数量和复杂性大增，需要理念创新和建立开放式产品结构

现阶段的客户们比以往任何时候都需要更为丰富的金融产品，且他们所需的金融产品不仅要覆盖资产负债表的全部项目，而且还要包括宽泛的非金融产品和增值服务。客户要求跨地域、跨资产类别、更广泛、更多样化地配置其资产，这要求财富管理机构从多方面大大拓展产品范围，这对财富管理机构而言，是一个很大的挑战。

然而，在产品大量涌现的背景下，盲目去扩大或更新产品范围，会导致财富管理机构的专业性和公信力下降，反而影响其服务的质量。在激烈的同业竞争下，行业内目前存在这样一种错误观念，即只要提供多样化的产品就能创造高额利润。实际上，产品范围的不当扩大，会导致产品数量和复杂性大增，加重中后台的成本和运营负担。在此情况下，产品管理技术就成为关键性挑战。

在产品周期缩短和产品容易复制并批量化生产的驱动因素下，财富管理机构必须通过不断创新，才能脱颖而出。在一定程度上，这要求财富管理机构能够获得具有市场竞争优势的产品，同时修正产品组合以得到更具创造性的产品与设计方案，这在实施上有很大难度。它要求财富管理机构在投资政策、收入分配安排上作出妥善安排。新的复杂产品也常常要求产品经理走出单纯的设计开发转而走向一线，给予前台一线人员更多的产品培训和专业支持，使得后者能够更有效地向客户解释和销售这些产品。

开放式产品结构的流行是毋庸置疑的。很多财富管理机构正在谈论这样一种情况："某些我们最好的客户并没有使用我们自己的产品。"但在实践中，多数财富管理机构并不接受开放式产品结构的概念，或者至多只有一半是发自内心的，他们宁愿是自己或通过自己集团的资源来开发产品。对那些

真正信奉开放性产品结构的财富管理机构，一个关键的挑战是如何确保稳定的客户关系，以及如何与提供产品的第三方进行合适的接触。

（二）财富管理行业需要新的定价机制

财富管理机构与多数金融服务领域的从业者一样，面临着产品和服务价格下跌的无情压力，且这一压力会随着金融危机以来的市场低迷而增大。客户们在投资业绩表现相对差时往往会对服务收费格外计较。定价方面还有一个很大的压力表现在高端客户们愿意财富管理机构互相竞争，而且透明度的要求也使财富管理机构有更多被相互比较的机会，因此定价压力一定程度上还与竞争强度直接相关。

对于多数财富管理机构而言，改进定价是一个主要的挑战，同时也是一个巨大的机会。一个定义清楚、执行良好，并贯彻始终的定价策略，能够迅速创出巨大的价值。正确的定价决策的起点是能够深刻、全面理解如下内容：一是产品和服务成本；二是目前的定价水平和实践。目前许多财富管理机构对这两点都缺乏清楚的认识。

由于通过谈判定价仍然是目前财富管理行业的普遍做法，因而改进定价的一个关键点是如何加强定价管理，以应对收费折扣导致的收入流失。许多财富管理机构都相信它们已经建立防止过度打折的规则，即使对于某一部分客户打折了，也可以从其他客户增加的收入获得补偿。但据分析，在财富管理行业内部，客户经理的定价原则千差万别。为了消除这一现象，需要建立更清晰的规则、流程和激励机制，而且应该建立监控系统以保证定价规则的有效实施。少数财富管理机构走得更远，它们已经开始研究使用复杂的定价模型。

（三）分销渠道上的挑战增加财富管理机构的成本

财富管理业务从本质上讲是以人为本的业务，客户经理被看做最基本的品牌差异化因子。麦肯锡研究表明，良好的人才管理与强劲的资产增长之间有明确的正相关性。财富管理机构不仅需要确定其目标市场与相关的产品供应，还需要致力于吸引高素质的客户经理以执行多项高难度的任务，因为财富管理机构所提供的所有产品和服务的信息与建议，都是通过客户经理主动或被动地传达给客户的。优质的客户关系是财富管理业务的关键价值驱动因素，然而像财富管理机构的客户一样，近来客户经理和投资顾问也频频跳槽。

行业扩张使财富管理机构对高水平的客户经理的需求增大，出现了所谓的人才争夺战，其中又以亚洲最为激烈。在这样的背景下，自然有很多财富管理机构开始升级聘用流程，并且更加注重对现有客户经理的发展与培训。财富管理行业在招募新员工的方式上也颇具创造性，常常会把眼光由内部转向外部，投向金融服务业之外，如政客、律师、艺术家等各种专业人士。坦率地讲，更多非专业人才的加入意味着财富管理行业将变得更加专业。领先的零售银行业已经成功从其他零售行业寻求管理人才，加强其在定价、营销和品牌战略等方面的专业水准。

尽管客户经理仍然是目前财富管理业务的主要销售渠道，但财富管理机构仍面临开发和管理多种渠道的挑战。客户对财富管理服务渠道的选择日益向安全、快捷、方便等方面发展。财富管理网络的发展趋势是以物理网点为依托、以电子服务渠道为扩展的一个随时随地可进行财富管理服务的全国乃至全球的立体网络。

除了使用自有的分销渠道，大多数财富管理机构还开发了外部合作伙伴网络来获得客户资源。多种新兴渠道也为财富管理机构带来了新的机会和挑战，它们能够给客户提供更多的方便和更多的选择。比如呼叫中心在欧洲成为财富管理机构与较富有客户沟通的主要渠道。再例如网络渠道，尽管起步较慢，却已成为一些财富管理业务的主要渠道，尤其是它适用于提供交互式的服务等。同时，移动通信技术带来了新的机会，也为探索宽带技术的更强大功能提出了迫切要求，其中利用可视通信技术为客户提供咨询服务的业务已经出现。财富管理机构在采用了新的客户接触技术后，能够开发出多渠道的交付系统，如通过分支机构、电话、邮件、互联网和第三方供应商，更有效地提供财富管理服务。此外，将多渠道交付系统与后台和中台系统整合起来，可以为客户提供价格更低、质量更高的服务。

通过多渠道为客户提供服务已经在技术上成为可能，当然这方面的工作任重而道远。将来，财富管理机构需要按照客户的要求提供任何种类的联系渠道，不管是面对面还是远程，这同时也意味着财富管理机构必须尽可能削减渠道成本，开拓产生收益的机会。

三、来自竞争者和经营模式方面的挑战

行业竞争是财富管理行业正经历的一个关键性挑战。在低迷的市场环境下，一些业绩表现较差的从业者可能被淘汰出局；但随着市场的恢复和复苏，行业竞争强度随之增加，竞争者增多，因此从业者会更加关注业绩的良

好、定价的领先 、管理资产规模的增长和市场份额的提高。

在竞争加剧的压力下，财富管理经营体系正经历着部门协同效应最大化、重新整合价值链、剥离非核心业务这三个显著变化。

财富管理机构开始关注"协作"这一重要概念。协作的内容涵盖三方面：一是综合性经营者内部的合作。许多大型金融机构都在积极寻求集团内部协同优势的最大化，这其中的关键挑战是在克服竞争利益冲突的基础上，如何分设产品细类，进行有效的客户接触，实现与集团其他部门的妥善工作安排。二是经营者之间的合作。在产品结构日益开放的影响下，产品范围越来越大，外源式和第三方支持的经营模式逐渐成为发展趋势，但必须要注意分销渠道的成本和效益。三是客户之间的合作。整合客户资源、打造客户活动平台、为客户提供合作机会已成为私人银行吸引客户的一个重要手段，但不可否认，客户之间合作的加强会增加商业银行"金融脱媒"的威胁。

由于市场低迷或减少资源内耗冲突的需要，部分瑞士的财富管理机构已经重组和剥离了非核心业务（主要是机构经纪业务和公司金融），因为这些业务对财富管理业务而言往往没有什么附加利润。如果市场持续向好，财富管理机构甚至有可能推迟必须进行的重大调整决策。由于客户账户的自然增长缓慢，行业合并的机会有限，再加上产品价格的无情下跌，财富管理机构正在逐渐抛弃传统的收取佣金的证券交易业务。这一过程的困难在于如何明显提高咨询能力和建立更宽广的产品平台（包括资产管理、银行和信用业务），以便在抛弃传统业务后依然能抓住客户财富的更大份额。

高昂的经营成本要求财富管理业务规模化和范围经济化。原则上，高昂的固定成本决定了财富管理业务的范围经济性。业务的范围经济性应该能带来良好的业绩表现，即使没有净增新的资金，通过正确的投资平台，对已有客户资产的合理运用也会扩大收入基础并产生更高的利润。但不可否认，有时财富管理业务的范围经济性被夸大了，至今仍没有明确证明大的经营规模就一定能推动业务发展。然而，越来越趋于一致的看法是，扩大业务范围对提高后台的运营效率还是很有必要的。

总之，财富管理业务的经营模式正在发生着巨大变化，有些人认为这些经营模式的挑战与投资银行业在20年前所面对的一样。当时，投资银行正挣扎于价值链崩溃、经营范围受限、业务越发复杂以及跨境扩张困难重重等问题。回首历史，当时是美国的机构掌握了主动，许多超级机构诞生于那时，并带来了一直延续至今的行业震动。可以想象，财富管理业务也正处于这样一个类似的拐点。

四、来自外部环境方面的挑战

相关咨询和研究机构的看法较为一致，未来的五年内全球财富市场规模将以每年约6%的速度增长，大大低于2008年之前的增长速度。金融和其他资产的价格趋势具有的不确定性将增强。

在地域上，欧美财富市场增长较慢，亚洲和中东、东欧地区的财富规模增长较快。但新兴市场的经济环境、法律环境、文化环境和欧美等成熟市场的差异较大，在新兴市场财富管理跨境服务和资产国际配置难以实施。

由于有些地区和国家出台了新的税收方案，全球离岸财富管理业务的增长趋于缓慢。在岸业务的快速增长，也迫使许多财富管理机构提高新资源的投资和分销能力，开发新的方案。

持续加强的国际金融监管将使财富管理行业面对的合规成本上升。监管的加强正影响着财富管理业务的各个方面。如果要实行新的规章，财富管理机构必须持续检测更新IT支持系统，改造既有的产品开发模式，有时甚至需要重新考虑整体战略，这无疑都将增加其面对的合规与监管成本。规模较小的财富管理机构由于资源有限而经受冲击，规模较大的财富管理机构，也会由于产品品种过于丰富、经营范围过于宽泛而感受到监管压力。

第十六章 中国财富管理业务的整体格局和发展展望

第一节 中国财富管理业务的整体格局

近几年来，中国社会财富的不断成长与巩固，资本市场的快速发展，带来显著的个人创富效应，国内高净值人群与日俱增。居民家庭市场主体地位的崛起和强化，引导居民金融消费观念变化以及个性化、综合化、知识化的金融需求增长。财富管理一时之间已经成为外资银行和中资银行竞争的焦点所在。财富管理业务已经成为商业银行零售业务、公司业务和资金业务的集合点，成为产品和服务创新的主要领域，有力地推动着国内银行整体业务的发展。

一、个人理财业务

随着国内金融市场的快速发展和个人金融需求的多样化，商业银行不断加强理财业务发展，产品和服务领域创新成绩显著，业务范围逐步拓宽。目前我国金融市场上涉及的理财产品已经包含信托、保险、结构性理财产品、基金组合、债券等种类，并涉及和多个市场和多种币种，产品结构日趋多元化，并由单一的储蓄业务向多元化的业务发展。

随着未来监管政策和经营范围的逐步放宽，商业银行除向客户提供传统的银行业务外，还可以与证券公司、保险公司、基金公司、信托公司等非银行业金融机构合作。目前，国内商业银行已经逐步转向为客户提供证券、保险、信托、基金、贵金属交易、另类投资等金融服务，业务范围已不局限于零售银行业务领域。

国内银行现有的理财服务尚不能满足高收入客户群体的需求。近年来尽管国内商业银行的个人理财品种不断增加，同时也出现了为不同客户群体量身定制的差异化理财产品，但是多数理财产品投资品种有限，收益和投资期限相近，创新品种也相对较少，而且不少理财品种对客户条件有较多限制，不能满足高收入客户群体现有的理财需求。另外，个人理财业务尚未做到真正的分层服务。目前各家中资商业银行提供的大众理财业务差别不大，产品同质化程度高。

未来的竞争具体体现在理财产品的种类和属性、增值服务的种类和提供方式等方面。"升级理财服务"的财富管理业务虽然已经起步，但整体仍处于渠道扩张和客户识别绑定的阶段，尚未形成明显的业务层级差异，未来竞争将逐渐展开。

中国财富管理行业非常有潜力，所以商业银行、证券公司、基金公司、投资公司、信托公司、保险公司、第三方理财公司等各家机构都积极参与，共同竞争，个人理财业务已成为典型的交叉性金融服务。在各家参与机构中，商业银行具有声誉、客户、渠道等方面的经营优势，未来还将是个人理财业务的主体。

二、私人银行业务

私人银行以服务的专业性以及产品的多样性、综合性为基础。高端客户需要的私人银行不是售卖理财产品的"百货商店"，而是能够为其提供全面、专业的投资建议以及理财方案的财富管家。

2008年以来，中国市场私人银行渠道扩张的步伐明显加快，中国私人银行市场正在经历从分支机构扩张到市场争夺的过渡阶段。从工商银行、招商银行、中国银行的私人业务发展现状看，私人银行业务在中国尚处于发展的初级阶段，各商业银行赢得市场先机的关键在于能否加大战略投入，能否在体制机制创新、专业能力提升、产品和服务创新等方面取得突破。

私人银行业务在中国具有发展历史短、业务增速快、目标客户基数大、服务覆盖率低的市场特征。根据中国银行与胡润百富合作的《中国私人财富管理白皮书》的调查，2008—2011年，我国高净值人群及其私人财富保持着20%以上的年均增长率，我国是亚洲乃至世界增速最快的市场。截至2011年末，中国可投资资产超过千万元人民币的高净值人群达到96万人，亿万财富人群达到6万人。富有阶层的出现和财富规模的不断扩大与集中已经是不争的事实。这就暗示着中国私人银行业务存在着潜在的市场规模和巨大发展空间。

中国的高净值人群以白手起家的富一代为主，近六成属于民营企业主，其主要财富来自制造业、房地产业、零售业等行业。随着中国培养出越来越多的专家人才，更多的专业人士（如职业投资者和大型企业高管）也加入富人的行列。调研显示，全球富豪的主要财富来源是金融投资、娱乐文化和零售行业，这意味着将来中国会有更多富裕人群出自这三个行业。

我国高端客户普遍处于事业上升期或巅峰期，他们注重企业和个人财富的持续积累和转移传承，倾向于接受包括个人财富管理、公司咨询、企业融资等在内的一揽子综合金融服务计划，普遍追求高品质的生活，希望通过高端社交平台拓展视野和人际网络，以实现资源分享及获得社会认可；他们的投资移民和海外上市等需求增加；由于经济全球化，他们对银行跨境服务提出更高要求。

中国市场目前尚未形成真正的私人银行业务的发展环境。从外部因素看，虽然股指期货已经推出，但中国尚缺乏完善的对冲和衍生金融工具市场，金融二级市场相对分割，很难为资产规模庞大的私人银行客户设计风险分散计划和套期保值方案。从内部因素看，私人银行业务强调对客户资产的整合管理能力，即对金融资源及相关行业资源进行深度整合，中资银行尚不具备符合要求的机制和能力。此外，品牌形象空泛模糊是当前国内私人银行业务普遍存在的问题，主要原因在于各银行的品牌宣传重整体形象、缺内涵支撑。虽然具备了高档物理渠道、优先优惠项目和增值服务资源，但私人银行业务的核心产品和服务内容高度趋同，与个人理财业务没有形成显著差异。

第二节　金融危机对中国财富
管理业务的影响及应对策略

21 世纪初期，财富管理业务被认为是整个金融服务业中成长最快的一部分。2003—2008 年全球经济的快速增长和金融市场价格的持续攀升，更是使整个财富管理行业呈现出相对高增长、高利润和风险稳定的发展局面。在此期间，发达国家商业银行的财富管理业务每年的平均利润高达 35% ~ 40%。然而，受 2008 年全球金融危机的影响，许多财富管理机构都暴露出很多经营管理问题，一时之间财富管理行业似乎也褪去了昔日的光环。正如沃伦·巴菲特的那句名言"只有在潮水退去之时，你才会知道谁是在裸泳"。这场集信用风险、市场风险、操作风险、政治风险于一体的金融危机，拖累了投资银行、商业银行、对冲基金甚至实体经济，引起一连串的骨牌效应。幸运的是，自2009年以来全球金融市场逐步恢复。展望未来，财富管理这一行业依然前景光明。

本节将从客户、产品、经营模式、金融创新、风险控制和监管政策六个方面阐述金融危机对商业银行财富管理业务的影响及相关应对策略。

一、对客户层面的影响

（一）客户对财富管理机构产生怀疑和抵触情绪

受经济下行周期和金融危机的影响，全球金融市场进入市场风险、信用风险的高发期。在经历金融危机和一系列行业丑闻之后，财富管理行业面临的一个最为严峻的挑战就是如何协调客户和机构自身的利益冲突以及恢复财富管理的核心内容——客户的信任。财富管理业务本质上属于委托代理制度，代理人必须按照委托人的意愿行事，不得使他们的利益与责任发生冲突，也不得获得未经授权的报酬等。但是，金融危机的爆发和随后的行业丑闻（如内幕信息交易、投资银行和共同基金利益输送等），使许多客户对财富管理人员充满了怀疑，认为后者会把自身利益放在首位。这种警惕、怀疑和不信任的氛围对财富管理行业的进一步发展是一个巨大制约。

（二）个人财富缩水，风险偏好有下降趋势

由于金融危机殃及实体经济，居民可支配收入总体减少。中国沿海地区的外贸企业主，受海外市场影响更为严重，由于出口量锐减，企业利润和个人收入减少。在企业财富和金融财富缩水的双重影响下，中国的中高端客户（尤其是企业主客户）会相应缩减投资资金规模，客户整体的风险偏好会呈下降趋势。

（三）客户投资行为呈现明显的阶段性特征

金融危机期间，客户的投资行为改变明显，且这些改变呈现一定程度的阶段性特征。2008年末至2009年初，由于市场大幅震荡，结构性产品的市场需求下降，客户对高风险和结构复杂的产品产生反感情绪。由于客户投资短期内损失严重，客户开始不信任产品的提供者，对银行的理财产品产生怀疑，开始倾向于增加现金和自我理财管理，并转而青睐简单透明、流动性高、风险收益相对低的产品。2009年第二季度以来，随着金融市场的逐步复苏，投资者逐渐开始乐观，希望投资于有增值潜力的高风险产品以弥补金融危机中遭受的损失。但就算在这一阶段，低收益产品仍占主导地位。

二、对产品层面的影响

（一）危机初期产品收益率下滑，危机后期收益率趋于合理

金融危机爆发初期，银行的本币或外币理财产品的收益率都表现为一条快速上扬后大幅下挫的曲线。以人民币固定收益类理财产品为例，在经济周期上行期，其一年期平均收益率从 2004 年的 2.82% 上升到 2007 年的 6.60% ；而在经济下行期，其一年期平均收益率又下降至 2009 年第一季度的 3.84%，这显示出金融危机对商业银行理财业务的强大影响力。

金融危机下各国一般都会采取宽松的财政政策和货币政策，如降低利率、扩大转移支出、增加货币供应量、降低税收等，长期来看，这对理财产品、债券和股票的后期走势是利好政策支持。

（二）固定收益类产品成为主流

商业银行一般通过信托模式，把募集的理财资金以信托合同的方式投资于货币市场、资本市场、信贷市场等，投资标的相对丰富。在 2003—2007 年经济上行阶段，理财资金比较集中于资本市场和信贷市场以及大宗商品市场，诸如"打新股"理财产品、信贷受让计划理财产品以及与大宗商品走势挂钩的结构性理财产品，是经济上行阶段的主流产品。但自 2008 年经济进入下行期后，特别是受金融危机的影响，银行理财产品的投资标的趋于保守。风险较大的结构类产品数量大幅下降，与资本市场联系紧密的新股类产品的数量也随着 2008 年股票市场波动的加大而逐渐减少。而风险相对较小的债券票据类产品增幅较大，基本上成为 2008—2009 年理财市场的主流。这说明在经济下行周期中，市场更加关注风险相对较小的债券、票据资产，因为它们不仅可以获得稳定的收益，而且可以保持较高的流动性。

（三）保障性投资受到追捧，外汇资产和房地产配置减少

由于经济不景气和各国货币相继贬值，黄金作为硬通货成为很多资金避险的港湾，无论是在经济衰退时期还是通货膨胀时期，黄金保值、增值的作用不可忽视，中高端客户家庭在财力范围之内开始考虑适当配置黄金，以及通过合理配置银行存款、债券和基金的结构来达到保值的目的。此外，由于危机初期世界各国纷纷实行宽松货币政策，外币存款利率不断走低，投资者相继减少外汇资产配置。

三、对商业银行经营模式的影响

（一）财富管理业务受到重视并加速发展

金融危机后，央行采取了一系列的不对称调息措施，货币政策调整挤压了银行的利差空间，虽然商业银行存贷款业务规模大幅增长，但利润提升空间有限。在这种情况下，多家中资商业银行开始寻找新的利润增长点，纷纷加速推进零售银行战略和综合经营战略，鼓励发展占用资本量少、收入稳定、经营风险相对较低的财富管理业务，并对财富管理业务的目标市场、业务内容以及营销模式等展开全面深入的探讨研究。

（二）渠道多样化，业务流程化

经历了金融危机，目前国内财富管理业务的发展有两个明显趋势：一是在理财产品和企业融资方面，出现利率市场化趋势；二是银行综合化经营的趋势明显。在这样的背景下，财富管理业务未来的发展方向是渠道的多样化和业务的流程化。渠道的多样化主要是指自助银行、网上银行、电话银行和手机银行等渠道的发展，这也意味着未来零售银行的管理要精细化，以满足不同层次客户的需求。零售业务流程化是指随着业务规模的不断扩大，对业务流程要进行优化，提高效率，降低成本，有效控制操作风险。

四、对金融创新层面的影响

由于我国目前仍然实行分业经营，银行理财产品的种类和结构受到限制。银行不能直接涉足证券、保险等直接投资领域，使得银行还不能为客户提供全方位的金融服务，产品的创新范围和创新深度十分有限。

随着分业经营政策的逐步放宽和高净值客户观念的改变，国外成熟市场的一些做法和产品将被逐步引入，只要在政策允许的范围内，商业银行就可以大胆地去实践创新，从而满足中高端客户日益复杂的金融投资需求。可间接投资海外资本市场的 QDII 产品、阳光私募基金、私募股权基金、股指期货等创新产品的出现和系列相关业务管理办法的陆续出台，预示着未来财富管理业务投资的范围会越来越宽，发展的步伐会越来越快，面对的风险也会越来越大。国内商业银行只有克服困难迎接挑战，革新传统产品销售观念，坚持金融持续创新，增强综合盈利能力，才能在未来市场上取得更大成绩。

五、对风险管理层面的影响

中国商业银行在拓展财富管理业务的同时，要严格遵守国家法律、法规和金融监管规定，积极借鉴财富管理业务风险管理的国际惯例和先进经验，建立适应财富管理业务特点的风险管理和内部控制制度。

财富管理业务的风险种类及控制措施主要表现在以下几个方面：

一是洗钱产生的信誉风险损失。这类风险监管部门最为关注。这是因为客户经理均是中高端客户利益的维护者，加之客户多重开户、资金快速大额流动，以及财富管理业务严格保密的特征，这些都容易为洗钱提供条件。对于私人银行，针对员工的专业培训、反洗钱意识的强化和综合素质的提升，应该成为一项可持续的常态的长效机制。

二是客户投资多元化导致潜在市场风险增大。为此，许多财富管理机构都配备了经济分析专业人员专门研究金融市场和金融产品，为客户的投资决策提供有力的支持；同时，相关法规部门还对客户的投资咨询流程进行规范，并通过法律文件的形式明确银行与客户双方的权利、责任。

三是客户的信息安全风险。银行应根据信息管理的要求，制定中高端客户对应层级的标识管理规则和信息安全制度，建设、升级与维护客户关系系统及其他相关业务系统，管理中高端客户信息。其中，高端客户信息管理尤其需要严格的保密措施，这些措施具体包括建立完善的签约客户信息和交易信息档案、明确银行内部防火墙设置和安全通道建立，应用系统加密算法，建立协调一致的验证机制。

四是客户经理的道德风险。之前国内曾发生理财客户经理利用职务之便盗取客户存款的案件。为此，今后商业银行将更加注重对客户经理职业操守的教育，并在账户管理、资金交易等方面采取风险双控措施，不允许客户经理直接为客户办理交易手续。中资商业银行有必要在市场风险、操作风险、管理风险等方面也进行更为严格的控制，建立全面、全程、实时的风险管理体系，加强日常与定期监管，确保个人理财业务与私人银行业务的健康、稳健、持续发展。

六、对金融监管层面的影响

（一）加强产品检查和规范产品销售

金融危机爆发后，监管机构对中国商业银行财富管理业务的市场风险、操作风险、管理风险等方面进行了更为严格的控制，其中银监会承诺对财富管理业务的监管将更加坚定有力。银监会针对银行理财产品进行了专项检查，检查重点是银行理财产品在销售之前是否对客户进行了风险评估。对于银行在销售过程中过度强调收益、风险提示不足的情况，银监会将采取以下监管措施：一是加大对理财从业人员的监督管理，提高从业人员的专业素质和职业操守；二是进一步加强财富管理业务监管法规体系建设；三是加强对财富管理业务的事后监督检查，加大查处力度；四是加强公共投资者教育，倡导健康理性的理财计划。

（二）业务发展促进监管机制进一步完善

目前，适用于商业银行财富管理业务监管的规范性文件有两个：一是《商业银行个人理财业务管理暂行办法》，二是《商业银行个人理财业务风险管理指引》。银监会正在研究调整措施，重新拟定更具针对性和操作性的监管规范。针对银行理财产品营销不当和信息披露不全面的问题，监管部门有必要在银行理财产品发布和信息披露方面加以规范，必要时还需要提出标准化的要求。2008年4月，银监会发布《关于进一步规范商业银行个人理财业务有关问题的通知》，新规定明确规定：商业银行理财产品的宣传和介绍材料中应全面反映产品的重要特征和与产品有关的重要事实，在首页最醒目位置揭示风险，说明最不利的投资情形和极端投资后果，对于无法在材料中提供科学、准确的测算依据和测算方式的理财产品，不得出现"预期收益率"或"最高收益率"等字样；如果宣传材料中含有对某项业务或产品以往业绩的描述和未来业绩的预测，应指明引用业绩的时间和信息来源，并提示以往业绩和未来业绩预测并不是产品最终业绩的可靠依据，不得作为业务宣传的重要内容。

在规范的同时，监管政策和经济调控也促进了理财业务的发展，客观上推动了金融产品创新。例如，近期监管机构对于银行贷存比、资本充足率、房地产融资、银信合作的监管不断严格，催生了信贷资产转让的理财产品，促进了表内理财产品的发展，推动了融资性集合信托的发展。

第三节　中国商业银行财富管理业务前景展望

我国商业银行的财富管理业务正处于快速发展的关键时期和全方位的改革时期，已逐步体现出一些新的发展趋势。本节作一个简要归纳。

一、从单一的银行业务平台向综合理财业务平台转变

随着国内金融市场的发展、政策的逐步放宽以及混业经营趋势的加强，

国内商业银行财富管理业务已经逐步向金融产品综合服务平台的方向转变。首先，财富管理业务的范围逐步拓宽，品种逐步丰富。国内商业银行通过整合现有产品，提升服务层次，由单一的储蓄业务向多元化的业务模式发展，尽可能为客户提供其所需的各类金融产品和服务。其次，加强跨行业合作。一是商业银行与证券公司、基金公司、保险公司等金融机构的合作更加密切。国内商业银行将充分依托渠道优势，进一步深化与金融同业的合作，整合服务资源，搭建完整、统一的综合理财业务平台，使居民的货币资产在储蓄、证券、保险、基金等投资领域合理流动，得到更优化的收益。二是商业银行与其他行业，如航空、房地产、电信、医疗、教育等建立战略联盟，为客户提供更多的个性化服务，引导理财业务快速发展。届时客户可以从商业银行享受到"一站式"的金融理财服务。

二、财富管理业务由分业经营向混业经营趋势转变

目前分业经营的管理体制是制约商业银行理财业务发展的重要瓶颈。近年来对于分业经营的监管政策已经出现了松动的迹象，有学者认为，随着全球混业经营趋势的影响，从长远来看，我国金融业必将走上混业经营的道路。

黄国平认为，我国金融理财业务正是遭受金融抑制最严重的领域之一，金融抑制是造成中国金融发展现状与中国经济发展现状不匹配的根源。随着我国理财市场竞争的日趋激烈，利润空间不断收缩，过去粗放式以争夺市场份额为目的的理财业务发展模式将无以为继，势必要求进一步放松金融管制，为金融产品和服务创新提供了制度、政策和环境支持。

混业经营是当今西方商业银行普遍采用的一种经营模式，中国商业银行实行混业经营，既是拓展自身业务特别是财富管理业务的需要，也是适应金融国际化、应对外资银行挑战的需要。2003 年修改后的《商业银行法》对混业经营的禁止性规定有所松动，法律对商业银行从事信托投资和股票业务的问题，既有严格限制，又给予一定的发展空间，这给商业银行混业经营留下了发展空间。随后，金融机构在金融市场的经营跨度开始逐步增大。中信集团、光大集团等金融控股公司下属的子公司都获准从事银行、证券、保险信托、资产管理、期货、租赁等综合经营业务；2005 年 4 月，国务院正式批准确定工商银行、建设银行和交通银行为首批直接投资设立基金管理公司的试点银行，混业经营趋势不断强化；2005 年 9 月，银监会正式公布《商业银

行个人理财业务管理暂行办法》和《商业银行个人理财业务风险管理指引》，使我国金融业混业经营的趋势进一步明朗，预示着我国金融市场格局正在发生一场深刻的变革。如果我国的商业银行在政策松绑后实行混业经营，那么它们可以集银行、证券、保险、信托等业务于一体，像发达国家商业银行一样，在传统商业银行业务之外，为客户提供包括保险、股票、基金和债券等金融产品在内的一揽子金融服务，一旦政策壁垒拆除，将从体制上大大推进财富管理业务的发展，这对未来中国财富管理业的发展会产生不可估量的影响。

三、之前高不可攀的贵宾理财日益"平民化"

财富管理业务出现之后，零售银行产品体系发生了巨大变化。同业竞争的格局也在快速变化。以前竞争的焦点集中于储蓄存款，而现在竞争的焦点已演变成对高净值客户的争夺。竞争的主体包括所有中外资银行，竞争的手段包括价格竞争、产品竞争与技术竞争等。

各家中资银行贵宾理财的门槛基本维持在 20 万元至 50 万元。但当各大银行都盯上了高端客户这块"肥肉"时，中外资银行对贵宾理财客户的争夺陷入愈演愈烈之势，银行贵宾理财门槛有下调的趋势。例如，浦发银行的"卓信贵宾理财中心"，将贵宾理财准入门槛降至月日均金融资产 30 万元；交通银行沃德理财拟将贵宾理财门槛从 50 万元降至 20 万元。外资银行的门槛甚至比中资银行更低，花旗银行贵宾理财已把门槛从开业初的 10 万美元降至 5 万美元，而东亚银行推出的"显卓理财"更是将贵宾理财门槛仅限定为 3 万美元。贵宾理财服务准入门槛的降低不仅是近年银行争抢高端客户的竞争愈发激烈的表现，也是对潜在贵宾客户进行细化的过程。业内人士称，这样的设计能让同样身处贵宾阵营中的客户拥有更大的自由度，更加合理地分配资金。但是，正如上一章中提到的，规模的盲目扩张和准入标准的降低，容易导致贵宾理财服务质量的下降，甚至会使其逐渐变得与银行一般服务一样，这一潜在威胁值得银行警惕。

四、理财规划分层机制更为完善

一直以来，国内银行向个人客户提供的服务是无差别的、标准化的大众服务。随着市场竞争的加剧和居民金融需求日益多元化、个性化，国内银行必将逐步完善客户的市场细分，推动财富管理业务由大众化向差异化、个性化方向发展。首先，进一步完善客户细分，准确进行市场定位，根据客户的年龄、性别、收入、理财偏好、职业、受教育程度以及对银行利润的贡献度等多个标准进行客户细分，进而根据客户的需求开发出各种差异化、个性化的新产品，有选择性地进行金融产品的营销和客户服务，把有限的资源用于重点优质客户；其次，逐步对客户服务实行分流，对低端客户主要提供电话、网络、自助设备等自助服务，而对高端客户则主要通过客户经理实行"一对一"服务，凭借客户经理全面、主动、人性化的服务，吸引与维护黄金客户。

与分层化趋势并行的，还有高端化趋势，即银行将体系中的资源集中向顶端的高净值人群倾斜，争夺金字塔尖的客户资源。根据调查，国内超富裕人士（资产超过 3 000 万美元）客户群虽仅占中国富裕人士的 1.4%，但他们却是盈利最大的客户群。因此高端的理财服务（财富管理和私人银行），是金融服务行业最具盈利能力的领域之一，国内外的金融机构都在积极争抢该领域的客户资源，向富豪阶层客户提供高度个性化的专家级顾问服务，充分挖掘其盈利潜力。

客户细分是有效营销和优化服务的基础。目前财富管理分层的标准主要是资金规模，但是这种分层方法难以反映客户的个性化需求。近年来，中资商业银行财富管理业务采用的客户细分维度日趋多样，对于不同类别的客户，实行分层营销策略，提供针对性更强的产品和服务方案。例如工商银行深圳分行将深圳高净值客户分为私营企业主、香港籍人士和深圳本地居民三个群体分别进行拓展与维护，在细分基础上选择合适的财富顾问以及合适的产品和服务，提升了服务质量，赢得了客户认可，取得了良好效果。

五、财富管理业务逐步转为有偿服务

商业银行提供服务会耗费相应资源，产生一定的成本。银行作为企业，依据服务成本和市场竞争情况合理地收取费用，为投资者带来回报，是无可非议的。同时，银行实行收费服务也能进一步体现银行服务的价值，更好地维护客户的权益。从客户角度来讲，付出了费用就有权向银行提出服务质量要求，以获取相应价值的服务甚至超值服务；从银行的角度来讲，实行了收费机制就要实现服务承诺，通过提供优质服务来提高客户的忠诚度与满意度。

国外银行的利润来源已经不仅是存贷利差，而更多的已转向包括财富管理业务在内的中间业务收费。但国内商业银行由于带有一定的政策性，即使进行了商业化和股份制改革，仍然一直主要通过利差来获取收益。目前财富管理业务中的大部分服务项目是不收费的，国内居民对银行理财服务收费的概念也比较陌生。

银行收取服务费符合国际惯例和发展趋势。例如，汇丰银行已在国内推出外币"卓越理财"服务，该服务中的每一项收费都是根据成本核算制定，完全与国际接轨。目前国内银行的收费还受到管理部门的制约，收费的种类和标准不能够自己制定，但与国际惯例接轨实行收费服务，是国内财富管理发展的方向，也是创造中外资银行公平竞争的重要举措。

随着管理部门的有关规定、规章进一步适应市场变化，银行实行收费的法律环境将进一步宽松。

六、从以产品为导向的发展模式向以服务为中心的综合性发展模式转变

目前我国商业银行的财富管理业务正处于从以产品为导向的发展模式向以服务为中心的综合性发展模式转变的过渡期。正如发达国家财富管理业务的发展轨迹一样，随着我国银行经营理念的日益成熟和发展能力的日益提升，"客户"的战略地位会被提到前所未有的高度，以客户为导向的发展趋势将进一步强化。

作为金融业竞争发展新趋势的金融品牌竞争，越来越受到各家金融机构的重视。在商业银行金融产品同质化的今天，商业银行要在财富管理业务中立于不败之地，留住高端客户、吸引中低端客户，就必须加强品牌建设，提高理财品牌的差异性和个性化。个人理财面对的是广大个人客户，个人理财品牌将进一步体现出其所承载的银行服务的价值定位和文化内涵。个人理财品牌一旦在客户心目中树立良好的形象和声誉，就会大大提高金融品牌的附加值和银行的信誉，对银行整体形象的提高和业务发展有着不可低估的作用。

第四节　未来中国财富管理业务发展展望

一、利用一体化协同效应打造财富管理综合平台

在金融全球化背景下，商业银行内部协同合作、资源共享、利润共赢的

思想，对于财富管理业务发展至关重要，也是提高商业银行整体服务水平的关键。随着人们金融活动范围的扩展，健全的产品和综合服务网络平台是日后商业银行竞争的另一个焦点。

商业银行的传统存贷款单一业务结构，正逐渐被涵盖银行、证券、投资、保险的多元化结构替代，其风险管理能力也大大提升。国有大型银行集团凭借历史背景优势、扎实的客户基础以及丰富的渠道和管理资源，以商业银行为核心，以银行业务单元或非银行子公司的形式提供多元金融服务，涉及领域较多。以光大集团旗下的光大银行、招商集团旗下的招商银行为代表的集团旗下中型银行，采用依托金融集团开展综合经营的模式，通过不同类别的子公司提供多元金融服务，集团母公司通常不从事具体经营。以华夏银行、兴业银行为代表的其他中型银行，则是根据自身经营特点，精选一到两个领域，探索多元化综合经营。

金融集团内部业务相互渗透，金融混业雏形初显。但是由于我国银行业、证券业、保险业、信托业各自拥有相对独立的运营及监管体系，综合化经营仍然受到许多限制。分业经营态势限制了财富管理行业研发和提供跨领域的产品和服务。例如，全权委托资产管理是西方财富管理的重要业务之一，但由于分业经营的限制，中资商业银行只能采取迂回的办法通过与信托公司合作等方式来满足客户这方面的需求。

打造金融混业综合服务平台有利于中资商业银行充分依托渠道优势，进一步加强与非银行业金融机构及其他非金融机构的合作，从而为商业银行提供更多的财富管理业务品种创造条件，为整个业务市场节约运营成本，满足中高端客户丰富的产品和服务需求。混业合作也有利于整合金融服务资源，搭建完整统一的财富管理综合业务平台，运用服务界面和服务通道，快速、高效地调动多种资源为客户提供高质量、多样化的金融产品与服务，充分满足客户深层次、多层次的需要。

二、完善经营管理体制，提高流程效率

国内商业银行要以市场为导向来改革现有的经营管理体制。国内商业银行的广人基础客户群中存在着大量的优质客户。财富管理业务经营体制改革的目标是建立以客户为中心、简单明确的交易流程和后台支持流程。财富管理机构应定位于成为以客户关系为主导的综合服务渠道以及中高端客户需求的发起者和终结者。

与此同时，国内商业银行的金融产品部门可以通过交叉销售和联动营销为这些客户提供优质的产品组合，推动售前、售中、售后三个环节有效结合的销售模式创新。财富管理业务应以资产管理和顾问咨询作为区别于零售网点的主要服务手段，形成售前注重调研、售中加强指导、售后跟踪服务的良性互动机制，争取与客户建立长远、深入的客户关系。

突出客户部门和营销部门在组织架构中的核心地位与职能，是未来中国建设高效率的"流程银行"的关键所在。财富管理综合业务平台在技术上要求有先进、功能强大的系统提供支持，除拥有为客户数据的大集中、集团内部单位之间的系统联结、产品服务供应商之间的系统联结等提供支持的系统硬件外，还为客户使用系统提供先进的技术支持。如汇丰银行供客户使用的创富智囊系统，主要功能有目标策划、投资组合策划、产品搜寻、市场透视及投资表现。

国际先进银行已基本实现业务流程的精细化运作，建立了客户信息全面集成、管理信息高度集合的零售业务综合应用系统。而国内大多数银行的业务流程相对复杂，前、中、后台业务缺乏有效贯通，缺乏全流程归口管理。

三、加强财富管理整体和分层的品牌建设

世界经济正在步入知识时代，金融品牌影响力的竞争正越来越受到各家金融机构的重视，成为现代金融机构竞争的着力点和核心所在。尤其是财富管理业务，在金融产品研发门槛低、同质化现象严重的市场背景下，要保持与众不同的竞争优势，品牌无疑是值得重视的竞争手段之一。

品牌效应使得客户对银行财富管理业务的认知程度大大提高，从而品牌建设成为吸引客户的一个重要手段。财富管理品牌的形成基础是创新、积累以及服务。金融机构需要不断更新观念，采取新措施，推出新业务，来持续形成独特的品牌。同时，品牌背后需要文化底蕴作为支持。随着人们生活水平的提高，人们对理财服务的需求不仅仅是一种使用价值的需要，更是一种品牌、一种文化的认同。同样是资源的投入，同样是业务宣传，一旦从品牌的角度出发，市场的格局就清晰了，整体的观念就显现了。财富管理业务面对的是广大个人客户，因此，财富管理品牌要进一步体现出个性化、情感化、人文化的发展趋势，体现银行服务的准确定位和内涵。

任何产品或服务要迅速打开并占领市场，就必须得到客户认可，对于高利润空间的财富管理业务更是如此，必须让客户对所提供的产品和服务满

意。由于中国人普遍具有"怕露富"的心理，很多客户不愿全权委托银行进行理财服务，所以，为了迅速打开并扩大市场份额，银行必须加大力度增加客户对自己的了解、认同和信任，当客户愿意为自己的产品支付高价，品牌效应就变成了有形的利润，同时也有效地防范了来自同业的竞争风险。

四、加快专业序列和人员队伍的建设

客户经理的专业服务能力在一定程度上决定了商业银行财富管理业务的竞争力。无论是个人理财业务还是私人银行业务，都要求客户经理具有相对丰富的从业经验、较高的专业素质，了解个人财富和企业财务管理以及资本市场运作的流程和规律，并具有高效的客户沟通能力和营销能力。

提升财富管理业务的专业化程度，建设专业序列可以通过以下四个方面实现：一是推进国内培训与境外合作培训相结合、制度培训与产品培训相结合、服务培训与技能培训相结合、传统方式培训与现代方式培训相结合，打造一支专业化、高素质的客户经理团队；二是提供专业晋升空间和长期职业发展规划，在绩效考核和业绩激励上体现客户经理创造的价值，以市场化的薪酬体系和专业晋升序列留住人才，提高队伍凝聚力，充分调动优秀人才的积极性；三是建立独立的投资顾问团队，为产品和服务项目的开发设计提供专业的咨询意见，改变目前中国大多数人对国内银行财富管理业务提供的专业意见持怀疑态度的现状；四是以队伍精品化为主要目标，在确保人员配置达到服务要求的前提下，淡化产品销售等定量指标考核，以队伍专业水平和为客户所创造的价值收益作为主要评价标准。

五、提升产品和服务的供应能力

财富管理的核心竞争力体现在产品和服务方面。优质的财富管理服务需要以充足的产品和服务供应能力为支撑和保证，秉承"以客户为中心"的服务理念。

与国际领先银行相比，国内商业银行在产品和服务供应能力上尚存在较大差距。对于商业银行如何提升产品和服务的供应能力，主要有以下三个方面的建议：一是借鉴国际领先银行的产品服务框架，充分利用银行内部的投研能力和条件资源，采取综合化经营的方式，加快新产品的投放速度。二是采用第三方产品引入机制（包括海外产品引入），建立开放式的产品结构，由总行层面实施指导。三是建立开放的产品遴选平台，探索第三方销售合作渠道，以产品带动新市场开发，推进多渠道联合销售模式的建立。其中，第三方产品以基金、结构性产品、另类投资工具、税务筹划专业产品为主，第三方产品是内部独立提供产品的有效替代。商业银行为保持其核心竞争力，产品和服务仍以内部提供为主流。

六、提高服务质量，注重售后服务

售后服务方面，财富管理机构可从以下方面提升质量：第一，按业务性质及客户分层分设客服渠道，提供网上实时查询市场信息和投资组合现值服务，提供定期市场分析与投资专题报告，举办投资研讨会，进行投资组合评估等；第二，规定客户经理按拟定的方式与客户沟通，由独立的部门专门负责处理投诉，并将处理结果及时反馈给客户；第三，对客户的投资方案由客户设定止损点，由银行的财富管理系统自动监控，定期提示。

参考文献

[1] IBM 商业价值研究院：《以客户为中心，创新业务模式——建立咨询驱动的本土私人银行》，2007。

[2] 巴伦一：《从香港私人银行发展谈内地私人银行业务》，载《金融博览》，2009（9）。

[3] 毕奇：《我国商业银行开展私人银行业务的国际借鉴与思考》，吉林大学硕士学位论文，2007。

[4] 常敏、吕德宏：《我国商业银行个人理财业务创新阶段及对策研究》，载《浙江金融》，2008（10）。

[5] 陈学彬、傅东升、葛成杰：《我国居民个人生命周期消费投资行为动态优化模拟研究》，载《金融研究》，2006（2）。

[6] 陈煜：《中资银行发展私人银行业务策略研究——银信合作》，载《时代金融》，2009（11）。

[7] 程锐：《商业银行混业经营新论》，中国人民银行金融研究所硕士学位论文，2006。

[8] 崔璐：《商业银行管理前沿》，北京，中信出版社，2005。

[9] 戴建兵：《金融创新与新金融产品开发》，北京，中国农业出版社，2004。

[10] ［英］戴维·莫德：《全球私人银行业务管理》，刘立达译，北京，经济科学出版社，2007。

[11] 付志宇、缪德刚：《从〈货殖列传〉看司马迁的理财思想》，载《贵州社会科学》，2009（12）。

[12] 郭妍婷：《财富管理的发展以及在中国的前景》，载《科技信息》，2008（35）。

[13] 胡佳：《浅析我国商业银行个人理财业务的发展前景》，载《时代金融》，2009（11）。

[14] 胡文韬：《财富管理业务的新发展》，载《新金融》，2006（5）。

［15］华金秋：《中国居民理财研究》，西南财经大学博士学位论文，2002。

［16］滑明飞：《解读零售银行三大趋势》，载《经济参考报》，2009 - 12 - 14。

［17］黄国平：《中国银行理财业务发展模式和路径选择》，载《财经问题研究》，2009（9）。

［18］金晖：《我国商业银行开展个人理财业务的探析》，载《中国商贸》，2009（6）。

［19］金苹苹、涂艳：《探秘中国私人银行业：顶级财富管理者蹒跚前行》，载《上海证券报》，2009 - 05 - 11。

［20］金融理财师（AFP）指定教材：《金融理财原理》，北京，中信出版社，2009。

［21］康志溶：《兴业银行财富管理业务研究》，湖南大学硕士学位论文，2009。

［22］孔曙东、朱询、梅气：《商业银行客户经理制度的有效性安排》，载《广西财政高等专科学校学报》，2002（6）。

［23］雷玉婷：《抓"危"中之"机"，变"危机"为"转机"——浅谈建行私人银行业务的发展策略》，载《今日财富》，2009（8）。

［24］黎四奇：《对我国商业银行个人理财业务法律制度的检讨与反思》，载《时代法学》，2009（2）。

［25］李春满：《私人银行业务》，长春，吉林大学出版社，2008。

［26］李青云：《私人银行业务中的信托服务分析》，载《中国城市经济》，2006（7）。

［27］李青云：《银信合作：私人银行服务的有效实现模式》，载《银行家》，2007（6）。

［28］李婷婷、董晓琪：《我国商业银行个人金融理财业务发展研究》，载《商业文化（学术版）》，2007（11）。

［29］李扬：《我国居民的理财行为分析》，中国人民银行金融研究所硕士学位论文，2007。

［30］连建辉、孙焕民：《走进私人银行》，北京，社会科学文献出版社，2007。

［31］连建辉、余小林：《私人银行业务：国际经验及现实启示》，载

《中国金融》，2008（2）。

　　［32］刘靓：《我国私人银行业务的盈利模式解析》，载《浙江金融》，2009（11）。

　　［33］刘伟：《私人银行业务及其在中国的发展》，中国人民银行金融研究所硕士学位论文，2007。

　　［34］龙天和康财富管理：《中国私人财富管理报告（2009）》，2010。

　　［35］陆红军：《国外财富管理的借鉴》，载《现代商业银行》，2006（11）。

　　［36］马建勋：《招商银行，赢在先机》，载《经理人》，2009（3）。

　　［37］马天宇：《我国商业银行个人理财业务发展的理论与实践探析》，山东大学硕士学位论文，2006。

　　［38］麦肯锡、中信银行：《私人银行经理工作指导手册》，2007。

　　［39］毛娜、邱圣忆：《国外银行理财业务预览》，载《农村金融研究》，2005（2）。

　　［40］牛柯新：《财富中心对个人高端客户有效服务模式的探讨》，载《金融管理与研究》，2009（5）。

　　［41］冉可宇：《基于客户需求分析的银行个人金融理财业务的研究》，复旦大学硕士学位论文，2008。

　　［42］任丁秋：《私人银行业与资产管理——瑞士的范例》，北京，经济科学出版社，2000。

　　［43］施峥嵘：《我国商业银行财富管理业务发展策略研究》，载《新金融》，2007（11）。

　　［44］史蒂文·M.巴特斯、姜涛：《亚太地区财富管理机遇来临》，载《银行家》，2007（3）。

　　［45］史玉光：《我国商业银行开展私人银行业务的策略》，载《金融会计》，2008（5）。

　　［46］世界奢侈品协会：《2009—2010年全球年度报告》，2010。

　　［47］宋琳、姜晓燕：《人民币理财产品与我国利率市场化进程》，载《山东财政学院学报》，2005（5）。

　　［48］孙春国：《危机后高端客户财富回归银行》，理财周报网站，2009－12－21。

　　［49］谭明：《行为金融学理论简述》，载《商业经济》，2004（5）。

[50] 陶玲：《金融机构理财业务的现状、问题及法律规范》，载《金融法苑》，2005（10）。

[51] 田文锦：《金融理财》，北京，机械工业出版社，2006。

[52] 王聪、于蓉：《关于金融委托理财业演变的理论研究》，载《金融研究》，2006（2）。

[53] 王敬、张莹、李延喜：《期望理论及价值函数的实证研究》，载《大连理工大学学报（社会科学版）》，2006（6）。

[54] 王鹏：《我国商业银行个人理财业务发展研究》，华东师范大学硕士学位论文，2007。

[55] 王醒春、李康：《关于商业银行客户经理制的初步研究》，载《农村金融研究》，1998（11）。

[56] 王元龙、王艳：《发展我国私人银行业务的若干思考》，载《河南金融管理干部学院学报》，2007（4）。

[57] 王芸芳：《个人理财业务发展前景——我国商业银行个人理财业务发展》，载《甘肃科技》，2008（14）。

[58] 王志军：《当代国际私人银行业务发展趋势分析》，载《国际金融研究》，2007（11）。

[59] 卫功琦、蔡友才：《商业银行个人理财业务的发展及监管》，载《金融会计》，2006（7）。

[60] 吴冲锋、刘海龙、冯芸、吴文锋：《金融工程》，北京，高等教育出版社，2005。

[61] 徐为山、赵胜来：《私人银行与投资银行的协同：一种财富管理融合模式》，载《新金融》，2007（10）。

[62] 阎焱，周亚琼：《私人银行业务：高端客户争夺之战》，载《西部论丛》，2007（1）。

[63] 杨飞：《商业银行个人理财业务研究与展望》，载《金融论坛》，2009（4）。

[64] 杨馄、王醒春、李志成：《商业银行客户经理制度》，北京，中国金融出版社，2001。

[65] 杨如彦、孟辉：《中国金融工具创新报告》，北京，中国金融出版社，2006。

[66] 叶菲、张红军：《汇丰私人银行案例研究及启示》，载《金融论

坛》，2009（3）。

［67］叶菲：《创新实践，开局良好——中国工商银行私人银行一周年回顾与展望》，载《经营管理》，2009（7）。

［68］叶菲：《在本土化实践中寻求金融创新——国内私人银行业务评析与展望》，载《新金融》，2009（8）。

［69］尹龙：《商业银行理财业务的发展与监管》，载《中国金融》，2005（5）。

［70］于若阳：《关于提升商业银行个人理财业务服务水平的思考》，载《金融观察》，2008（7）。

［71］余波：《金融产品创新的经济分析》，北京，中国财政经济出版社，2004。

［72］杨高林：《现代商业银行金融创新》，北京，中国金融出版社，2004。

［73］虞月君、李文、黄云海：《国外商业银行零售业务经营战略》，北京，中国金融出版社，2003。

［74］［英］约瑟夫·A.迪万纳：《零售银行业的未来——向全球客户传递价值》，覃东海、郑英、蒲应龚译，北京，中国金融出版社，2005。

［75］翟立宏、孙从海、李勇：《银行理财产品运作机制与投资选择》，北京，机械工业出版社，2009。

［76］张宝秋：《中国银行个人理财业务发展研究》，清华大学硕士学位论文，2004。

［77］张红艳：《商业银行个人理财业务发展的障碍与对策研究》，载《时代经济信息》，2009（4）。

［78］张蕾：《对商业银行个人理财问题的研究》，载《山西财经大学学报（高等教育版）》，2009（2）。

［79］张立军、张春子：《发展我国商业银行的财富管理业务》，载《银行家》，2007（11）。

［80］张茂：《商业银行个人理财发展策略及产品设计探讨》，西南交通大学硕十学位论文，2007。

［81］张梦：《外资私人银行叩击中国》，载《中国外资》，2005（11）。

［82］张鹏：《我国商业银行个人理财市场现状研究》，对外经济贸易大学硕士学位论文，2006。

［83］张晓华、唐家锦、戴家忠：《发展私人银行业务的制约因素及路径选择》，载《现代金融》，2009（12）。

［84］张云峰：《我国银行业的明日之花》，载《银行家》，2005（11）。

［85］招商银行、贝恩咨询公司：《2009年中国私人财富报告——中国私人银行业：坐看风起云涌》，2009。

［86］赵从从：《国内商业银行个人理财业务发展趋势研究》，载《商场现代化》，2009（26）。

［87］赵龙：《关于商业银行个人理财业务健康发展的思考》，载《金融经济》，2009（8）。

［88］赵笑泳：《商业银行财富管理发展战略的SWOT分析》，载《新疆金融》，2008（5）。

［89］郑向居：《银行个人客户经理必读》，长春，吉林大学出版社，2007。

［90］中国银行业从业人员资格认证办公室：《个人理财》，北京，中国金融出版社，2006。

［91］中国人民银行金融研究所：《中国金融产品投资理财类》，北京，世界知识出版社，2007。

［92］邹菁：《私募股权基金的募集与运作》，北京，法律出版社，2009。

［93］波士顿咨询公司（BCG）：《中国财富管理市场（2009）》，2009－11。

［94］波士顿咨询公司（BCG）：《中国财富管理市场（2010）》，2010－11。

［95］波士顿咨询公司（BCG）：《2010年全球财富管理报告》，2010－08。

［96］波士顿咨询公司（BCG）：《2011年中国财富管理报告》，2011－12。

［97］Hottinger银行网站：www.hottinger.com。

［98］百达银行网站：www.pictet.com。

［99］花旗银行网站：www.citi.com。

［100］汇丰集团网站：www.hsbc.com。

［101］交通银行网站：www.bankcomm.com。

［102］ 瑞士信贷集团网站：www. credit – suisse. com。

［103］ 瑞银集团网站：www. ubs. com。

［104］ 渣打银行网站：www. standardchartered. com。

［105］ 招商银行网站：www. cmbchina. com。

［106］ 中国工商银行网站：www. icbc. com. cn。

［107］ 中国建设银行网站：www. ccb. com。

［108］ 中国银行网站：www. boc. cn。

［109］ 中信银行网站：www. ecitic. com/bank。

［110］ David Maude, Dr Philip Molyneux, Private Banking：Maximizing Performance in A Competitive Market, Euromoney Publications PLC, 1996.

［111］ Global Wealth Management Businesses Continue to Surf Wave of Prosperity, Scorpio Partnership's Private Banking Benchmark, 2007.

［112］ Merrill Lynch and Capgemini：World Wealth Report, 2006 – 2008.